国家社科基金后期资助项目研究成果

互联网时代媒体平台
经济发展的理论与实践

林　翔　著

国家圖書館出版社
National Library of China Publishing House

图书在版编目（CIP）数据

互联网时代媒体平台经济发展的理论与实践／林翔著. -- 北京：国家图书馆出版社，2018.5
ISBN 978 - 7 - 5013 - 6418 - 3

Ⅰ.①互… Ⅱ.①林… Ⅲ.①互联网络—传播媒介—经济发展—研究—中国 Ⅳ.①G206.2

中国版本图书馆 CIP 数据核字（2018）第 060827 号

书　　名　互联网时代媒体平台经济发展的理论与实践
著　者　林　翔　著
责任编辑　高　爽

出　　版　国家图书馆出版社（100034　北京市西城区文津街 7 号）
　　　　　　（原书目文献出版社　北京图书馆出版社）
发　　行　010 - 66114536　66126153　66151313　66175620
　　　　　　66121706（传真）　66126156（门市部）
E-mail　btsfxb@ nlc. gov. cn（邮购）
Website　www. nlcpress. com ──→投稿中心
经　　销　新华书店
印　　装　北京鲁汇荣彩印刷有限公司
版　　次　2018 年 5 月第 1 版　2018 年 5 月第 1 次印刷

开　　本　710×1000（毫米）　1/16
印　　张　16. 75
字　　数　290千字

书　　号　ISBN 978 - 7 - 5013 - 6418 - 3
定　　价　70. 00 元

国家社科基金后期资助项目
出版说明

后期资助项目是国家社科基金设立的一类重要项目,旨在鼓励广大社科研究者潜心治学,支持基础研究多出优秀成果。它是经过严格评审,从接近完成的科研成果中遴选立项的。为扩大后期资助项目的影响,更好地推动学术发展,促进成果转化,全国哲学社会科学规划办公室按照"统一设计、统一标识、统一版式、形成系列"的总体要求,组织出版国家社科基金后期资助项目成果。

全国哲学社会科学规划办公室

目　　录

图 目 录

表目录

1

前　言

形成于工业时代的媒体经济,首先遭遇由互联网构筑起来的新经济规则。原有的市场主体——我们称之为传统媒体——既面临生死存亡的挑战,又恰逢脱胎换骨的机遇;而应互联网时代而生的新兴媒体,在打破由传统媒体一统市场格局的同时,迅速成长为当今媒体经济中的主要市场力量,并成为推动媒体经济发展的重要引擎。因此,在相关的理论研究和产业实践研究方面,凸显出以下问题:

现有媒体经济理论研究资源无法满足现实发展需要。媒体经济研究对象超出了既有媒体经济理论研究范畴,亟待挖掘新的理论资源去充实和完善既有媒体经济理论体系,去解释互联网时代新媒体经济现象。

传统媒体转型与新兴媒体发展何去何从。无论是在转型过程中遭遇困惑的传统媒体,还是不断调整发展模式的新兴媒体,作为市场主体都须思考如何面对和适应瞬息万变市场环境的问题。

该书本着解决以上问题的宗旨,从 2010 年开始酝酿,到今天正式出版,时间跨度八年,问题本身已经不再新鲜,但是从解决问题的角度看,用时间诠释初衷是其价值所在;同时,也验证了"互联网的平台属性深刻影响着媒体经济的发展方向,'平台'思维为解决媒体经济发展问题提供了新的思考途径和解决方案"。

在基础理论层面,以基于技术逻辑的媒体形态演进为横向分析维度,以互联网的"网络"概念转向"平台"概念演化为纵向分析维度,建立互联网时代媒体平台经济发展逻辑分析框架,实现将身处不同话语体系、存在强烈差异特征的传统媒体和新兴媒体纳入同一研究视野,强调互联网基于去中心的本质,通过"平台化"进行再中心化过程。

在历史发展层面,基于媒体经济发展平台化逻辑,梳理互联网时代不同阶段媒体平台经济发展情况,形成"传统媒体—Web1.0—Web2.0—移动互联"的媒体平台经济发展脉络,揭示互联网时代媒体经济发展的特征:媒体经济平台化发展是其适应互联网时代发展的必由之路。

在产业实践层面,传统媒体转型问题和网络新兴媒体发展问题,是阐释媒体经济未来发展趋势的核心要义。具有双元市场结构特点的传统媒体经济,呈现出负交叉网络外部性特征和单边平台经济本质。在互联网时代,负交叉网络外部性特征使传统媒体无法适应互联网平台无限延展性的特点,进而导致在平台扩张上不具备优势;而单边平台经济本质使传统媒体不具有完整的双边市场盈利结构,一旦广告市场受到网络新兴媒体的冲击,就面临生存危机。所以传统媒体欲走出困境,必须平台化转型以寻求网络媒体化生存。在具体策略上,则有两点可以探索:做专业化、特色化的内容平台实现平台扩张;建数据云生存下的盈利模式实现双边经济。

互联网时代媒体经济发展中的另一市场主体网络新兴媒体,表现出网络媒体平台化发展的实质性问题:平台的无限延展性体现于网络媒体的商业模式创新。网络媒体的商业模式基础在于免费机制,免费机制是形成网络媒体平台的价格结构基础,它的价值体现于对注意力稀缺资源的争取,于是免费机制成为激发需求方规模经济实现供给方范围经济的关键。但是免费机制只是网络媒体平台商业模式构建的必要条件,网络媒体平台商业模式的本质依然遵循基本经济规律,即盈利。因此,在对媒体经济的产业实践分析中得出结论性观点:基于单一信息流的商业模式不足以支撑媒体经济未来的发展;在此基础上,构建网络媒体平台化发展思路:平台网络效应的延展与整合,具体来说,就是构建基于增值服务平台延展的多边经济商业模式,以及构建信息流与资金流、物流平台整合的商业模式。

遵循“传统媒体—Web1.0—Web2.0—移动互联”的媒体经济平台化发展脉络,聚焦中国,探寻媒体经济未来发展趋势。在传统媒体方面,以电视和报纸为代表发起的中国传统媒体与新兴媒体融合平台发展正从产业实践的角度不断得到论证;而以互联网交互式信息平台传播模式为分水岭,中国网络新兴媒体正在完成商业模式从Web1.0到Web2.0,再到移动互联网的迭代创新。三大门户网站、百度、腾讯、阿里巴巴等具有代表性的网络新兴媒体形态纳入本书的实证研究视野当中;移动互联网时代的今天，"BAT"三大网络媒体巨头的"再中心化"重构，以及基于"平台覆盖"的市场竞争格局，又成为本书所探寻的媒体经济未来发展趋势的最好解读和诠释。

本书成稿之时，到定稿付梓之日，不过一年光景，媒体平台经济发展一日千里，让本书所呈现的案例和数据似乎跟不上时代的步伐了。但媒体经济发展基本规律与商业本质不会改变，改变的唯有思维方式和解决问题的方法。本书作为抛砖之作，以待引来更多的金玉良言，发掘更丰富的思想财富，爆发出更强劲的实践动力。

林翔

2018 年 3 月 9 日

1 绪论

1.1 研究背景和问题的提出

1.1.1 研究背景

1.1.1.1 互联网时代人类经济社会异质性特征日益凸显

已经进入互联网时代的人类社会正依靠不断创新的数字技术与网络技术,实现从大规模制造的现代经济向高附加值的异质性经济转变。何谓异质性?法国思想家乔治·巴塔耶在其著作《普遍经济学》中首先提出这个概念:"异质性,这个特殊的词语表示它相关于那些不可同化的要素,这种不可能性对社会同化过程产生一种根本的冲击,对科学的同化过程亦然。"①通俗的解释就是,异质性所指出的关于个性化生产特质,对工业时代的大规模同质化生产是一种"根本的冲击"。

20 世纪 90 年代初,欧洲粒子物理研究所(CERN)的科学家蒂姆·伯纳斯·李(Tim Berners Lee)开发出万维网(World Wide Web)和简单的浏览器(浏览软件),互联网(Internet)由此诞生。遵循摩尔定律(以 18 个月为一周期,计算机微处理器速度翻一番)、吉尔德定律(进入 21 世纪的 25 年间,以 6 个月为一周期主干网宽带增加一倍)、麦特卡尔夫定律(网络价值同网络用户数量的平方成正比),在不断推陈出新的数字技术与网络技术作用下,互联网凭借超链接和海量信息优势,以爆发式成长速度在全世界范围内普及。互联网把整个世界连成一个统一的网络,迅速深刻而直接地影响着人类社会政治、经济、文化等各个方面,"以网络

---

① 汪民安.色情、耗费与普遍经济:乔治·巴塔耶文选[M].长春:吉林人民出版社,2003.

为中心的时代"已经到来①。可以说,其影响之深远、意义之伟大,从某种程度上讲,超过了人类历史以往的很多重大发明。

互联网发展对经济的影响,有研究称之为经济的"倍增器"②。1996年12月30日,美国《商业周刊》(Business Week)组稿发专栏,将基于信息技术的全球化经济称之为"新经济"并加以广泛讨论。近20年发展至今,应用互联网可以大大降低信息获取成本和交易成本,提高资源配置的效率,节约资源消耗,推动经济增长方式转变,这在全球范围内已达成共识。基于这样的现实发展,互联网将创造出怎样的新经济形态,将构建出怎样的新经济社会,正成为当今社会各界开始关注和研究的重要课题。

姜奇平(2009)从经济的角度,认为基于数字技术与网络技术发展的互联网,表现出的最核心生产力特征:一是节点,对应个性化,价值分布于节点,而不是中心,"去中心化"成为研究网络经济核心关键词之一;二就是互联,对应网络效应,价值存在于互联互通、资源共享,而不是机械的简单对立③。而基于互联网应用机制,"信息"成为重塑人类经济社会的重要力量,改变以规模经济为研究出发点传统经济学所构筑的以数量(使用价值)、价格(货币价值)为二维度的经济空间,建立起由信息、数量、价格共同形成的完整的三维经济空间④。互联网俨然成为新经济生产力的动力,而经济异质性凸显是这场生产力革命带来的划时代的结果。正如长尾理论的提出者安德森所言,"原子经济本质上是以大规模生产取胜,它遵从的是单一化、标准化、格式化。原子经济崇尚专业主义、精英文化,是权威横行的温床。比特经济则是多元的、个性的、小众的、扁平的。它崇尚的是主客一体、多元共生并存、贡献的满足和分享的快乐"⑤。以节点互补为内核的互联网同以社会网络中的个性化为内核的异质性经济相互影响、相互决定,现代人类社会经济环境正在发生根本性的巨变。

1.1.1.2 信息传播新时代的开启

信息成为构成现代完整经济空间的三大维度之一,从信息传播的角

① 戴维·莫谢拉. 权力的浪潮[M]. 高铦等译. 北京:社会科学文献出版社,2002.
② 汪向东. 面向互联网时代的"新经济"[M]. 北京:三联书店,2003.
③④ 姜奇平. 后现代经济:网络时代的个性化和多元化[M]. 北京:中信出版社,2009.
⑤ 克里斯·安德森. 免费:商业的未来[M]. 蒋旭峰,冯斌,璩静译. 北京:中信出版社,2009.

度来审视一下它重塑经济社会的力量,正如管理学大师彼得·德鲁克(1999)所预言:真正推动社会进步的是"information technology"(信息科技)里面的"information"(信息),而不是"technology"(科技)①。

从传播模式上讲,诞生于以大规模生产为特点的工业经济的大众传播时代正在终结。一个时代的结束势必意味着新时代的开启,随着数字技术与网络技术的纵深开发与应用,基于 Web2.0 互联网技术的网络交互式信息平台实现了信息传递的交互式和信息结构的开放式,并整合媒介资源,建立起新的信息传播模式。

可以说,互联网技术由 Web1.0 向 Web2.0 的进步,是信息传播模式改变的一个巨大飞跃。"Web2.0"这一概念由互联网先驱、O'Reilly 副总裁戴尔·多尔蒂(Dale Dougherty)在 2004 年正式提出,他认为"Web2.0 对电脑工业来说是一种商业革命,起因于开始把网际网络当成交易平台,并企图去理解在新的平台上通往成功的规则"②;IBM 公司的社群网络分析师 Dario de Judicibus 给出另外的定义:"Web2.0 是一个架构在知识上的环境,人与人之间互动而产生出的内容,经由在服务导向的架构中的程式,在这个环境被发布,管理和使用。"③虽然研究者们对 Web2.0 的理解在表述上不尽相同,但是其本质可以一言以蔽之:Web2.0 就是一种新的互联网应用方式,Web2.0 扩展和促进了在网络上人与人间的信息交换和协同合作,Web2.0 技术的核心概念体现于"交互"。林翔(2012)从传播要素和传播条件两个方面对基于 Web2.0 新环境的传播模式的特点进行了归纳,指出基于 Web2.0 技术应用,作为传播要素的传者与受者的角色不再固定不变,传者(信息源)从专指定义变成泛指,参与其中的每一个人或组织都可以成为传播者,非线性传播系统概念的建立将打破传统的传播模式框架④。

传播模式的变革,重新定义了参与信息传播活动的主体,带来信息传播环境的巨变,也进一步说明了信息已不再简单地作为被驾驭要素而存在,而是成为重塑人类社会的一种重要力量。

① 彼得·德鲁克.21 世纪的管理挑战[M].朱雁斌译.北京:机械工业出版社,2009.
② Web2.0 概念始于 2004 年美国出版商 O'Reilly 和 Media Live International 之间的一场头脑风暴论坛。
③ 祁金华.Web2.0 环境下企业级产品信息传播方式探讨[J].现代企业文化,2010(2).
④ 林翔.基于网络交互式平台系统的传播模式实现[J].东南传播,2012(1).

1.1.1.3 互联网实质上就是平台

互联网自诞生之日起,未被任何单一团体所拥有、控制或组织管理,仅仅是以一种相互的协议(TCP/IP 协议)为基础,由国际上相互连接的计算机运作所组成的网络,所以其一直本着不受任何控制的精神在发展,而且在发展初期,互联网被看作是"公共传输模式"的媒介①。在实际应用中,互联网对所有潜在的登录者,包括网络技术应用开发商、网络运营商、内容提供商、用户等,都是开放的,它的发展很自由,所以,当一切信息都可以用"0"和"1"表示的时候,开放的互联网越来越像大众媒体。

同时,正因为互联网表层上所有权的虚无和控制权的去中心化,任何一个人和组织无法独占或者控制它,就意味着全民共享,正如互联网之父温特·瑟夫所指出的互联网的三条黄金法则:没有人拥有它,每个人都可以使用它,任何人都可以往上面添加服务,这是互联网跟之前所有媒介的区别②。互联网成为真正意义上全开放的无中心和利益主体的平台。

互联网所表现出来的平台特质早在 1999 年列文斯通(Livingstone,1999)给出精辟的阐述:网络所带来的新气象,在于可能结合互动以及那些对大众媒介来说是创新性的特征,没有限制的内容范围、广大的受众规模以及传播的全球化本质③。而真正对互联网作为"平台"概念的阐释来自张金海(2010)提出的"互联网交互式信息平台"的概念:以互联网为载体、彰显并运用具有新媒体交互特性的手段,激发受众主动性和参与感,最终达到传播、交流、营销等目标的信息平台,媒介的未来发展方向就是基于互联网交互式信息平台的发展④。这是首次将互联网与"平台"的概念联系起来,也将媒体经济发展研究置于更加宏阔的视野中。

互联网交互式信息平台可以视为基于现代数字网络信息化社会特点提出的新的媒介形态概念,是对未来信息传播环境特征所做出的判断。它将是形成本研究环境的重要概念,并贯穿始终。对其的具体阐述

①③ 丹尼斯·麦奎尔.大众传播理论(第五版)[M].崔保国等译.北京:清华大学出版社,2010.

② 唐·泰普斯科特,安东尼·D.威廉姆斯.维基经济学:大规模协作如何改变一切[M].何帆,林季红译.北京:中国青年出版社,2007.

④ 寇紫遐,张金海等.互联网交互式信息平台营销传播探析[J].新闻界,2010(6).

会在后续章节加以呈现。

1.1.1.4　平台经济发展及研究方兴未艾

平台经济作为一种经济现象很早就存在,如婚姻介绍所、超级市场等,但在发展过程中,受到地域的限制,其自身的"交叉外部性"随着规模扩大而迅速减弱。得益于近年来信息技术和互联网技术的迅速发展,人们在很大限度上突破地域限制,各类超级平台迅速成长起来,于是平台经济快速兴起,成为被业界和学术界热切关注的一种新型的经济形态。这种经济形态最大特点在于有效地搭建双边或多边平台;通过平台去连接两类或更多类型的终端用户,让他们通过平台进行交易或者信息交换。我们称其为"双边市场"或者"双边平台"。

基于"交互"特征的互联网 Web2.0 技术出现之后,对于平台经济发展有了进一步的推动。例如,全球范围内的苹果的"三合一"战略、谷歌的云战略、Facebook 的社会信息发布、Twitter 的社会化微博、Groupon 的团购模式、InnoCentive 的社会化创新等,我国的即时通讯 QQ、百度的媒体平台战略、模仿 Twitter 的新浪微博、模仿 Facebook 的人人网等,都在以不同形式在信息所构建的维度上,推进平台经济发展。

平台经济发展也带动关于平台经济的理论研究。可以说平台经济理论(或称双边市场理论)是近十年才粗具规模。从 2002 年开始,一些主流经济学和管理学杂志,开始不断发表这类研究成果。蒂罗尔(Jean Tirole)、埃文斯(David Evans)、阿姆斯特朗(Mark Armstrong)、罗歇(Rochet)等著名学者纷纷投入这个领域的研究中。与此同时,学者们开始将前期的研究成果应用于企业战略咨询。平台经济的双边市场结构及其交叉外部性的重要特征,颠覆了传统经济的单边市场结构,这个理论一经提出,各种产业实践纷至沓来。平台经济研究为新经济时代提供了强有力的理论支撑,也为传统经济的发展开辟了全新的理论思考空间。

1.1.2　问题的提出

本研究对象是媒体经济,基于上述的研究背景,媒体经济未来的发展将以互联网为物理基础平台是一个不争的事实,互联网将成为未来媒体经济发生物质(信息)交换的必然场所,互联网的平台属性也将深刻影响媒体经济的发展脉络。而形成于工业时代的媒体经济,在互联网乃至移动互联网时代势必面临发展问题。

1.1.2.1 互联网时代媒体经济将呈现怎样的发展逻辑

为了便于理解,我们首先给媒体经济下一个简单的定义:媒体经济指的是由媒体的信息传播活动所引发的相关经济活动和经济现象。可见媒体经济的发展与信息传播活动息息相关。信息传播模式的改变直接影响媒体经济形态。

新的信息传播模式带来的变化可以归纳为以下三个方面:实现"从单一传播向整合传播"的转变;实现"从单向传播向双向传播"的转变;实现"从大众传播向分众传播"的转变。如此变化带来的是在信息生产、信息传输和信息消费三大环节上实现从有限到无限、从有序到无序、从整体到碎片的转变。而这正是异质性经济特征的集中体现。

姜奇平将人类社会进入互联网信息时代后的异质性经济特点具体描述为:个性化,集群化,网络化,协同化,体验化,模块化,平台化[①]。其所描述的特点可以解释为:从需求的角度满足一对一的消费选择多样化,从供给的角度体现企业的区域经济和范围经济,从市场的角度强调资源的共享与分享,从资源的角度强调共聚而非集成,从消费的角度预示需求的升级和以人为本的精神,从生产的角度描述大规模定制的特点,最终落脚于平台化,宣告经济社会将进入一个基于新的秩序规则、新的价值观和新的商业模式为基础的新时代。由此可见,互联网时代媒体经济平台化发展成为一个必然的趋势,互联网时代的媒体经济将呈现平台化演进逻辑。

1.1.2.2 在新的媒体经济发展趋势下,市场主体将做出如何回应

1998 年 5 月,联合国正式将互联网列为报纸、广播和电视三大传统媒体之后的"第四媒体",标志着媒体经济市场格局发生重大改变。媒体经济市场已不再仅仅是传统意义上的媒体组织和企业(以下简称传统媒体)的天下,新兴的基于互联网应用的媒体组织和企业(以下简称网络媒体)从此成为推动媒体经济发展的重要力量。随着互联网技术的发展,网络媒体也层出不穷,凭借其不断创新的商业模式,在自身不断完善发展的同时,也对传统媒体的生存与发展构成越来越大的威胁与挑战。

时至今日,互联网技术由 Web1.0 推进到 Web2.0,再到移动互联网时代的到来,这不仅对信息传播模式带来巨大变革,而且在此基础上,使

---

① 姜奇平.后现代经济:网络时代的个性化和多元化[M].北京:中信出版社,2009.

无论传统媒体,还是网络媒体,乃至信息消费者,都成为适应新市场环境的信息服务模式的关键"节点"。于是,传统的封闭的信息传播模式中的各个环节都无限膨胀并裂变为无数碎片,原有的产业体系发生重构,产业边界模糊并融合为一个混沌的市场领域,产业中的各竞争主体必须适应这种剧变。

在这一背景下,作为市场主体的媒体企业将如何面对瞬息万变的市场环境,成为媒体经济研究的新课题。谷虹(2012)认为,海量碎片化的信息、庞杂而混乱的网络关系通过平台实现高效的交互,互联网颠覆传统的信息传播模式,实现"去中心化",平台的出现则是一种再中心化的重构,通过平台重新聚合从信息生产、传输、需求等环节分裂出来的碎片①。这给了我们一个提示:"平台"思想将为媒体经济发展提供新的思考途径,或者是一种方案。从平台经济视角关注媒体经济发展问题彰显研究价值和现实意义。

1.1.2.3 在新的媒体经济发展趋势下,媒体产业实践将呈现怎样的发展特点

媒体经济平台化演进逻辑,伴随着两个维度的发展背景:一是媒介融合,得益于数字技术的突飞猛进,媒介的融合模糊了媒介之间的界限,也模糊了信息传播的四个层面,即大众、组织、群体和人际传播。另一个是媒介产业融合,基于互联网技术的传统媒体产业的融合,还包括与通信产业、互联网产业之间的融合,金碚在2002年提出一个相关概念"媒介信息产业"②,谷虹(2012)在其研究中提出"媒信通融合大产业"的概念③,前者是对媒体产业发展大趋势的判断,后者是结合现实情境对媒体产业发展的归纳。在经济学的分析框架中,这体现的就是互联互通的问题,平台经济特征得以充分扩大。

媒介融合与媒介产业融合成为信息化进程中新的产业经济现象。媒介融合引发产业融合,原先固化的产业边界变得模糊,让身处其中的媒介组织所面临的市场环境不确定因素更加复杂,这种不确定因素不仅来自原有产业体系的竞争对手,而且来自不同产业体系、不同产业链环

① 谷虹.信息平台论——三网融合背景下信息平台的构建、运营、竞争与规制研究[M].北京:清华大学出版社,2012.
② 金碚.信息技术产业与媒介经济的发展[J].经济理论与经济管理,2002(12).
③ 谷虹.信息平台:三网融合的产业制高点[J].国际新闻界,2012(3).

节的陌生的甚至是看不到的竞争者。这种不确定的状态恰恰反映我们对未来媒介产业融合背景下的产业结构缺乏一个清晰的把握。

原先身处不同产业的市场主体现在进入同一个市场竞争平台，他们的角色和相互关系与传统产业分立状态时相比，发生很大的变化，一些处于传统产业链条中重要环节的强势企业在未来的竞争格局中可能面临边缘化的不利形势，相反，一些在传统产业链条中似乎不大引人注目的企业很可能把握住平台化演进机遇，站稳脚跟，并占据重要的位置。

2014年8月，中央全面深化改革领导小组审议通过《关于推动传统媒体和新兴媒体融合发展的指导意见》，习近平总书记通过这个指导文件强调，推动传统媒体和新兴媒体融合发展，要遵循新闻传播规律和新兴媒体发展规律，强化互联网思维，坚持传统媒体和新兴媒体优势互补、一体发展①。这不仅一针见血地重新定义传统媒体与互联网新媒体作为市场主体之间的竞争关系，而且指出两者的融合发展是新的媒体经济发展趋势。由此可见，传统媒体经济发展原有的思维模式和实践方法已很难适应互联网时代的现实情境。传统媒体与新兴媒体的融合发展要想实现破局，必须清晰地认识和掌握当今媒体经济的新规律和特征。

基于这样的认识，从产业实践的角度来看平台经济视域下的媒体经济发展问题也显得相得益彰。

1.2 研究目标和研究思路

1.2.1 研究目标

对基于平台经济理论的媒体经济发展研究背景的分析和研究问题的提出，旨在说明本研究的意义。以平台经济理论为主要理论基础构建新媒体经济发展理论框架，去探寻互联网环境下媒体经济发展的规律和趋势是本研究的总体目标。研究总体目标的实现将体现于以下几点。

1.2.1.1 突破原有的描述性研究局限，力图做一个规范的阐释性研究

基于平台经济理论的媒体经济发展研究，主要发生在两个学术领

---

① 中共中央文献研究室. 习近平关于全面深化改革摘编［M］. 北京：中央文献出版社，2014.

域:经济学领域和传播学领域。在前者,由于传统概念中的媒体经济的特殊性和局限性,对媒体经济发展的关注和研究一直处于被边缘化境地;而在后者,特别是在中国,自黄升民(2009)首次将平台的概念引入媒体发展研究中①,传播学界开始高度关注这一新兴的媒体经济现象。但是由于理论工具的限制和对平台经济了解的局限,学界一直停留于表面的描述性研究。随着数字技术和网络技术的发展,平台经济活动日益成为现代经济增长最强有力的引擎,成为人际交往、生活模式和社会结构变革的重要推动力,平台经济理论近十年随之也得到发展和完善。相应地,昔日的媒体经济在产业融合的大环境下,其涵盖和涉及的范围也日益扩大,逐渐成为促进现代经济社会发展和进步的重要力量,其经济形态的平台化发展也是大势所趋,因此,应用发展起来的平台经济理论正好能够成为合适的理论工具,对互联网时代的媒体经济发展做规范的阐释性研究,以达到本研究的总体目标。

1.2.1.2 结合媒体发展研究的技术逻辑,试图以平台逻辑建立新的理论分析框架

应用平台经济理论对媒体经济发展做阐释性研究,可以说是在以往媒体经济研究的基础上,开拓出更广阔的新的研究空间。以往关于媒体发展演进的描述性研究一般遵循技术逻辑法则,这可以认为是考察媒体发展的基础法则。在媒介融合、产业融合的大趋势下,原有的传统媒体经济分析框架已越来越无法解释发展中的经济现象,本书以平台经济理论为研究工具,试图开创出新的媒体经济发展演进研究思维:平台逻辑。在此基础上,建立新的理论分析框架。

1.2.2 研究思路

为达成以上的研究目标,本研究在三个层面上形成研究思路,即基础理论层面、历史发展层面和产业实践层面。

1.2.2.1 基础理论层面

平台经济理论为媒体经济发展研究打开一个全新的理论视野。皮卡特曾对媒体经济研究有概括性的描述:关注和研究形形色色的媒体运营者如何在各种资源非常有限的前提下,满足受众、广告商在社会资讯

---

① 黄升民等.数字媒体时代的平台建构与竞争[J].现代传播,2009(5).

与娱乐等方面的需求①。艾尔巴兰(Albarran)曾指出,媒体经济研究之根本在于如何将稀缺资源合理配置并有效利用与内容生产和制作,并将产品分配给社会中的消费者以满足他们不同的欲望和需求②。由此可见,媒体经济学研究对象是传播媒介,陷入的困境是资源配置不当,不能满足消费者的需求,而解决的办法就是以市场手段或行政指令或其他方法使得这种配置尽可能合理。

通过对《传媒经济学杂志》(JME)和《国际传媒管理学刊》(JMM)上收录的文章观察,评估1988年以后15年间研究媒体所使用的理论范式,发现有77%的研究是基于经济学理论或管理学理论③。由新古典主义经济学为主流研究分析框架,到博弈理论、双边市场理论、网络外部性理论、信息经济学等,开始对产业组织研究做出贡献④,理论分析框架的变化也映射出媒体经济形态的变迁。霍斯金斯(2004)认为,在新经济中,只有对媒介产业的构成做更为宽泛的界定才有实际意义⑤。继续寻找合适的理论工具符合整体研究发展需求。而平台经济的发展以及平台经济理论的应用和完善,既是对以上理论范式的继承,又是对以上理论范式的归纳与提取,在此基础上形成新的媒体经济发展分析框架。

1.2.2.2 历史发展层面

刚才提到理论分析框架的变化映射出媒体经济形态的变迁,我们也可以这样理解,媒体经济形态的演变是形成合适的理论分析框架的前提和基础。在媒体经济形态演变的过程中,媒介在悄然发生着革命性的变化,媒体的重要性已大大超出了人们的想象,当然变化一定是在特定的历史条件下进行。技术逻辑下的媒介发展构成了媒体经济的历史发展脉络,吴信训(2011)对自20世纪60年代起近40年世界范围内的媒介发展沿革进行了考察⑥。随着数字技术和网络技术发展所带来的新媒体的层出不穷,如搜索引擎让信息获取方式彻底从被动变为主动,不"专门"生产媒体内容的腾讯、淘宝以信息门户的姿态挑战传统的媒体巨头,新媒体时代为人们到

---

① 罗伯特·G.皮克特.媒介经济学[M].赵丽颖译.北京:中国人民大学出版社,2005.
② 安澜·B.艾尔巴兰.传媒经济学[M].陈鹏译.北京:中国传媒大学出版社,2009.
③④ 安澜·B.艾尔巴兰.传媒经济与管理学导论[M].崔保国译.北京:清华大学出版社,2010.
⑤ 柯林·霍斯金斯等.媒介经济学:经济学在新媒介与传统媒介中的应用[M].支庭荣等译.广州:暨南大学出版社,2005.
⑥ 吴信训等.国际视野下新媒介研究的沿革与动向[J].新闻与传播研究,2011(1).

底带来了什么？对这一切的回答都需要从历史的角度加以审视。

整体把握媒体经济形态的演变发展脉络,不仅有助于理解理论分析框架的形成,而且对后续的产业实践层面论述奠定基础和建立参考系统。

1.2.2.3　产业实践层面

产业实践层面的研究核心是商业模式。从概念上讲,商业模式反映的是某一类事物发展的商业逻辑。商业模式这个词最早出现于20世纪70年代的计算机科学杂志上,在互联网兴起后,大量的新型企业采用不同以往的方式经营他们的业务,为了和"传统经营"进行区别而广泛使用"商业模式"一词①。可以看到,商业模式这一概念从一开始就与网络经济的发展密切相关。网络经济的异质性与传统经济的同质性之间的差别,决定网络媒体在商业模式上与传统媒体之间的差异。

诞生于以同质性为经济特征的工业时代的传统媒体,演绎的是传统经济学视域下的经济现象,也就是说,一般按照新古典经济学概括:市场是只看不见的手,经过供给方与需求方的协调而达成市场均衡,供求关系建立在供求双方实现自身利益最大化及产生的社会福利最大化基础上。而随着数字技术和网络技术的发展,异质性经济特点的凸显,新兴的媒体类型不断涌现,媒体经营的时空界限逐渐被互联网打破,特别是在移动互联网时代尤甚,以传统经营思维作为商业模式的传统媒体将面临来自以互联网平台经济领域作为主要战场的网络媒体的严峻挑战,而网络媒体作为已打上"虚拟经济"和"免费经济"烙印的网络经济的市场主体,将面临来自自身基于无限创新发展的严峻考验。企业要生存就必须要盈利,必须创造价值的同时还要适应外界环境的改变,随着外界环境的改变,企业的商业模式必须发生改变,这是必由之路。

1.3　研究方法和技术路线

1.3.1　研究方法

为了寻求媒体经济平台化发展趋势的一般性解释,并作为一种研究创新的尝试,本研究定位于理论视野的创新。无论从客观还是主观上

① 罗珉.商业模式的理论框架述评[J].当代经济管理,2009(11).

讲,这一研究创新的现实条件正在具备。从世界范围来看,互联网经济的欣欣向荣,平台型网络媒体巨头发展的一日千里;在我国,"三网融合"的强力推进,三大产业融合与竞争正式上演……都在说明培育媒体经济平台化发展研究的现实土壤养分不断丰富。根据研究目标和研究思路,本研究主要采取理论思辨和实证(案例)分析相结合的方法进行研究。

理论思辨的理论基础来源于双边市场理论、网络外部性理论为基础的平台经济理论,以及信息传播理论和网络经济理论。本研究通过广泛收集相关中英文文献,对这些文献进行深入的分析研究,并以此作为严密的思辨和逻辑推理的理论基础和参考。理论思辨将完成对媒体经济发展的平台化逻辑的阐释。

在对一般理论进行探索的基础上,本研究进一步结合传统媒体和网络媒体平台化生存和发展的现实进行实证和案例分析,既是对理论探索的实践验证性分析,也是对本研究所关乎的媒体经济平台化问题的现实解读以及未来发展的展望。

1.3.2 技术路线

在以上研究方法的基础上,本研究依照以下技术路线展开,如图 1-1 所示。

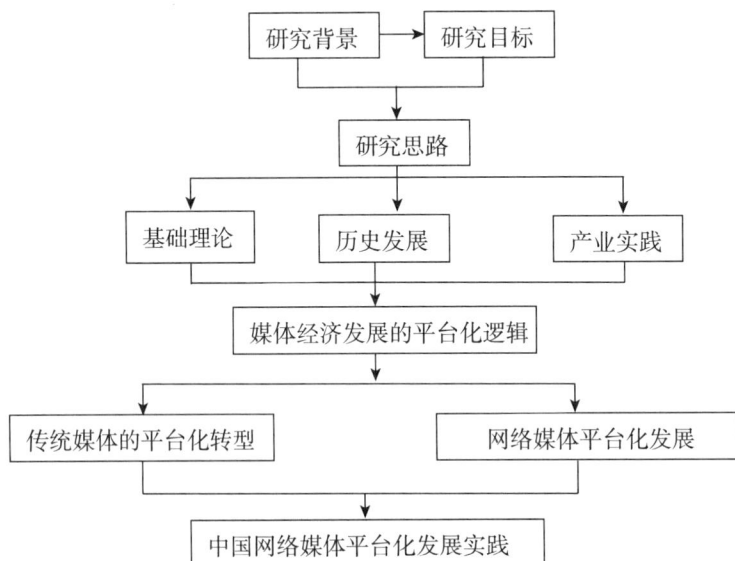

图 1-1 互联网时代媒体平台经济发展研究技术路线图

理论篇:平台化逻辑的建构

2 研究综述与理论基础

2.1 概念的说明

2.1.1 平台

本研究所论述主题的关键词就是"平台"。而平台概念的泛化,在研究之前有必要对其进行界定性的说明,确定讨论对象和研究范围,保证论述的严谨性。

谷虹(2012)在其研究中对"平台"一词的注解做过较为详尽的归纳①,从平台物质具象的含义,到平台虚拟抽象的引申,我们可以看到平台作为一个词语所包含意义之广。徐晋(2007)在其研究成果中,结合英文中对"平台"(platform)单词的解释,说明平台概念在应用层面的意义②。

随着数字技术与互联网技术的不断发展和成熟,平台成为信息传播数字化和网络化过程中不可忽略的话题。早在 20 世纪 90 年代,有着"数字化教父"美誉的尼葛洛庞帝(Negroponte,1997)就提到"平台",他直接就将数字化生存概念与平台联系,认为数字化就是为生存和活动于现实社会的人提供进行信息传播和交流的平台,这个平台借助于数字化结构,虽是虚拟,但真实能感受到而非想象,是一种"真实的"虚拟空间③。于是乎,平台这个并不清晰明确的概念,逐渐成为世界各国与信息

① 谷虹.信息平台论——三网融合背景下信息平台的构建、运营、竞争与规制研究[M].北京:清华大学出版社,2012.
② 徐晋.平台经济学——平台竞争的理论与实践[M].上海:上海交通大学出版社,2007.
③ 尼葛洛庞帝.数字化生存[M].胡泳译.海口:海南出版社,1997.

相关产业实践、政策法律法规文件经常使用的词汇之一,如计算机产业、软件开发产业。在这些产业里,通过运用"平台"来描述和归纳相关技术进步,如技术平台、业务平台、应用平台等,"平台"俨然成为信息产业的专业术语。

数字技术与互联网技术进步引发世界范围内的产业组织形式的变革,"平台"又作为新的组织概念逐渐广泛应用于产业经济领域,这也是进入 21 世纪以来平台经济兴起的直接原因。在这个过程中,平台型企业成为关注的焦点,"平台"一词也逐渐成为这一类企业的代名词,平台经济理论也成为人类进入 21 世纪以来受到学术界和业界重视的前沿理论之一。

随着平台经济影响力的扩大,平台概念在经济领域的应用范围越来越广泛,徐晋(2007)将平台的概念与"市场"的概念结合起来,认为在平台经济研究中,平台实质上是一种交易空间或场所,可以存在于现实世界,也可以存在于虚拟网络空间,该空间引导或促成双方或多方客户之间的交易,并且通过收取恰当的费用而努力吸引交易各方使用该空间或场所,最终追求收益最大化[①]。更进一步,谷虹(2012)以中国的"三网融合"产业实践为背景,提出"信息平台"的概念,系统全面解释各类信息平台的结构特征、功能属性、分类标准、运营规律、竞争模式以及规制方法,试图从平台构建、平台运营、平台竞争、平台规制四大方面建立平台系统理论[②]。

从以上的分析中,我们可以看出"平台"的概念在研究的过程中逐渐被泛化。本研究所界定的"平台"概念基于两点:

一个是在上一章所提到的"互联网交互式信息平台",这里的"平台"概念所指的是一种信息传播机制。这种信息传播机制核心的作用是实现双边或多边体之间的互联互通,使双方主体只要通过接口接入平台所营造的交互场域,就可以实现与另一方中任何主体的连通,从根本上改变了传统的线性传播形态和模式。所以该平台的概念主要起到描述本文研究所构建的基础环境的作用,而并不体现本文研究主题。

另一个就是嵌于"平台化"思维的平台概念。平台化反映的是一个

①　徐晋.平台经济学——平台竞争的理论与实践[M].上海:上海交通大学出版社,2007.
②　谷虹.信息平台论——三网融合背景下信息平台的构建、运营、竞争与规制研究[M].北京:清华大学出版社,2012.

过程,在这个过程中,将呈现怎样的规律性特征? 这就是本研究的核心要旨。此时的平台概念,既不是指有形的物理属性的平台,也不仅仅指无形的虚拟属性的平台,而是对一类规律性活动和现象的定义,并揭示活动的内在本质和特征。互联网时代的媒体经济发展,就是指在大众信息传播机制发生翻天覆地变化的基础环境下,媒体组织的市场行为所反映出的对传统经济运行模式的改变,而这种改变所揭示活动的内在本质和特征,用"平台"的概念提炼和概括。这就是本研究所阐释的平台概念的核心内容。谷虹(2012)对此有过生动的描述:在这个过程中,市场结构和企业关系从垂直的、线性的产业链向产业价值网络转变,竞争思维从封闭、控制、垄断向以开放来获得成长、以合作来获得竞争优势转变,产业组织形式从金字塔式层级结构向基于平台的对等协作转变①。

2.1.2　商业模式

商业模式一词,在上一章节我们提到,是伴随着网络经济的兴起而诞生。在传统经济研究的范式中,并没有商业模式这一概念。经济学研究的本质就在于揭示有限或匮乏的资源如何分配才能够满足经济体彼此相互竞争而永无止境的欲望和需求。姜奇平(2009)对传统的经济研究特点有过这样的归纳:在研究对象上,同质化、标准化、规模化、理性化,而多元化、差异化、个性化、情感化的社会现象排除在研究范围之外;在研究方法上,崇尚数学、物理为思维路径的研究方法,而把心理、伦理为思维路径的研究方法排除在外②,在传统经济研究中对理性人的假设正是基于这一点。进入互联网时代,这种科学意义上的经济研究,从对象到方法都面临巨大挑战,因为它越来越无法从根本上解释现实,解释当代经济社会的发展趋势,例如大规模生产下的"中国制造",效率有了,但不值钱,而"定制的就一定是高成本"的论断也越来越站不住脚。在这个过程中,资源禀赋与市场环境的变化,经济体之间的关系以及本身内在成长机制也逐渐成为影响整个经济运行模式的重要和不可或缺的因素,也成为"多元化、差异化、个性化、情感化"异质性经济特点的极致表现。而商业模式概念的引入,正是为解释新经济现象和模式提供了一个

---

① 谷虹.信息平台论——三网融合背景下信息平台的构建、运营、竞争与规制研究[M].北京:清华大学出版社,2012.
② 姜奇平.后现代经济[M].北京:中信出版社,2009.

途径。

　　管理学大师彼得·德鲁克(Drucker,1994)将商业模式称之为企业经营理论[①],美国管理学家迈克尔·汉默(Hammer,2004)将商业模式称为运营创新,是企业的深度变革,运营创新意味着要用全新的方法来完成任务。琼·玛格丽塔(Magretta,2002)认为,商业模式反映的是企业的每个部分如何分工协作组成一个系统以帮助顾客创造价值而进行的活动[②]。印度学者马哈迪温(Mahadevan,2000)认为,商业模式融合了价值流、收益流和物流三种对企业至关重要的流量,而且是唯一的[③]。罗素·托马斯(Thomas,2001)认为,商业模式为企业总体建造出一项有利可图的业务,涉及流程、客户、供应商、渠道、资源和能力[④]。哈佛大学的切斯布鲁和罗森布鲁姆(Chesbrough、Rosenbloom,2002)认为,商业模式是反映企业商业活动的价值创造、价值提供和价值分配等活动的一种架构[⑤]。罗珉(2005)认为,企业经营和参与市场竞争的目的是获得超额利润,企业商业模式创新是一种有目的地寻求和获取企业经济租金的理性行动[⑥]。简而言之,商业模式的建立,旨在清晰地说明为企业用户创造的价值主张,确定了市场细分和用户人群,建立起企业内部经营的价值链结构,评估成本结构和盈利潜力,描述价值网中连接供应商和顾客的公司位置,包括潜在进入者和竞争者,最终制定竞争战略,通过此战略获得和保持竞争优势。

　　基于互联网的网络经济时代颠覆了传统经济中对于成本和定价的认识,正如安德森所说,这种把货物和服务的成本压低到零的新型卓越能力,不是传统营销手段的翻新,而是建立在以电脑字节为基础的全新商业模式,通过免费获得市场和用户基础,再通过交叉网络效应在更隐蔽的层面和领域获取利润,这就是互联网经济的成长方式[⑦]。

---

① 彼得·德鲁克.企业经营理论[J].哈佛商业评论,1994(72).
② 琼·玛格丽塔.商业模式的缘由[J].哈佛商业评论,2002(80).
③ Mahadevan B. Business Models for Internet-based E-commerce:An Anatomy[J]. California Management Review,Summer 2000,42.
④ Russell Thomas. Business Value Analysis:Coping with Unruly Uncertainty[J]. Strategy & Leadership,2001,29.
⑤ 罗珉.商业模式的理论框架述评[J].当代经济管理,2009(11).
⑥ 罗珉,曾涛,周思伟.企业商业模式创新:基于租金理论的解释[J].中国工业经济,2005(7).
⑦ 克里斯·安德森.免费:商业的未来[M].蒋旭峰,冯斌,璩静译.北京:中信出版社,2009.

追寻商业模式研究的线索,我们也能发现相关的对经济平台化趋势的预见。如贺宏朝(2005)的观点:平台经济是通过整合或者借助关联组织的能量组成一个新的竞争系统,从而达到提升自身竞争力的目的,合作各方均衡地享有新系统带来的增值利益①;桑福德和泰勒的观点:商业化平台实质上是指一系列商业能力,这些能力可以建立、连接、扩展其他的能力,通过这种方式来满足客户的需求以及与各种需求关系进行匹配②。

综上所述,商业模式是揭示经济平台化发展规律和特征的关键所在。

2.2　媒体经济研究综述

2.2.1　媒体经济形态发展综述

从经济学意义上说,当人类的信息传播活动经历三个重大转变后,即由为少数上层人士服务转为为广大民众服务,由临时偶尔为之转为固定的专业化操作,由单纯传输信息为目的转为以商业盈利为目的,媒体市场便开始出现,媒体经济也开始萌芽,当以盈利为目的的传播活动粗具规模时,媒体经济就诞生了。随着人类社会科技的进步和传播媒介的变革,媒体经济也不断发展,其形态日臻完善,范围日趋扩展,不断走向成熟。

关于媒体经济形态的概念,可以从两个层面理解:一是静态层面,反映的是媒体市场及其市场主体在一定条件下存在和发展的表现形式,是在本质支撑下的外在形式和状况;二是动态层面,反映的是媒体经济运动规律,通过媒体经济形态进行研究,也是对代表当时先进生产力的生产活动的抽象描述,经济形态的发展变化与经济社会的发展变化相适应。

在这里需要说明的是,从报纸成为大众媒体,发展到20世纪80年

---

① 贺宏朝.平台:培育未来竞争力的必然选择[M].北京:机械工业出版社,2005.
② 琳达·S.桑福德,戴夫·泰勒.开放性成长——商业大趋势:从价值链到价值网络[M].刘曦译.北京:东方出版社,2008.

代,即在进入互联网时代以前,媒体经济形态已经成为一种复合式经济形态。皮卡特(Picard,1989)曾对媒体经济的构成给出一个谱系(见表2-1),并进一步对媒体进行私有产品和公有产品的区分,认为如果对某个媒体产品的消费可能会影响到其他人对该产品的消费,那么该媒体产品为私有产品;反之,如果对媒体产品的消费不会减少其他人对该媒体产品的消费,那么该媒体产品为公共产品①。

表 2-1　20 世纪 80 年代及以前的媒体经济构成谱系

生产特性	传播形式		
	听觉	视觉	听觉兼视觉
印刷媒体		书籍(私有) 杂志(私有) 报纸(私有)	
电子媒体	唱片(私有) 广播(公共)		有线电视(公共) 电影(公共) 电视(公共) 录影带(私有)

在综述里呈现媒体经济在进入互联网时代之前的发展,旨在研究出传统媒体经济活动和现象的规律和特点,为进入互联网时代的媒体经济平台化发展研究做铺垫,所以选择了三大传统媒体——报纸、广播、电视为分析主体,并没有涵盖表2-1所示的所有的媒体经济体。

媒体经济形态发展研究始于对报业经济的关注。15 世纪中叶,德国金银匠谷登堡发明金属活字印刷并提出一套完整而高效率的印刷程序,标志着现代印刷术的诞生。现代印刷术使印刷的速度和数量实现质的飞跃,彻底颠覆以往信息传播介质的昂贵以及信息传播范围的局限。15世纪下半叶,印刷的新闻传单开始流行,16 世纪后,开始出现印刷的小册子和新闻书,与新闻传单相比,信息容量大增,而且逐渐趋于定期发行。1665 年创刊的《牛津公报》成为人类历史上第一张真正的现代型报纸,1666 年英国的《伦敦报》正式创办广告专栏,从此,广告成了报纸的组成部分及其经济收入最重要的来源。19 世纪被称为报业史的技术发

---

① 罗伯特·G.皮卡特.媒介经济学:概念与问题[M].赵丽颖译.北京:中国人民大学出版社,2005.

明和实用的历史①,也正是在这期间,美国本杰明·戴发动便士报运动,标志着报纸成为真正意义上的大众传播媒体,开创了报纸发展的新纪元,同时也标志着信息传播真正进入大众化的历史时期。19世纪,世界经济中心由英国向美国转移,美国广告业出现空前繁荣,催生出真正意义上的现代广告业。而作为大众传播媒体的报纸,其具备的高效率、低成本和广泛传播的特点成为理想的广告媒体。另外,得益于19世纪下半叶电子技术的发明和应用,信息商品化进一步增强报纸的商品特征,受众面向一般大众迅速扩大,报纸不再看重直接的销售利润,而是把广告收入作为其经济基础,这也逐渐形成现代报纸的运营模式雏形。两者相得益彰,形成以报纸为核心的媒体经济活动和现象。1911年,学者Thomas Lloyed撰文对报纸发行和消费理论进行研究,可谓是媒体经济研究的开山之作②,此后引发其他研究者从不同角度关注和探讨报业经济,如报纸发行量和消费理论、收入模式、劳资关系等。1963年,英国剑桥大学瑞德威(Reddaway)教授首次在《经济杂志》(*Economic Journal*)上正式提出"报业经济学"的名称。

19世纪末无线电技术的发明,催生出广播媒体。1925年,美国威斯康星大学社会学和经济学教授杰米(Jome)在他的《广播产业经济学》著作中提出"广播经济学"的概念。广播经济学之所以首先兴起,与当时广播媒体在20世纪20年代出现后受到社会各阶层的极度关注,甚至达到狂热状态的社会环境密不可分。各方的追捧致使广播媒体呈现出非常态发展,以广播为核心的媒体经济的发展不是基于对广播电台投资收益的理性分析,而是靠着新兴媒体形态的概念赚足大众的注意力。美国权威媒介经济学者亚历山大(Alexander,1993)对当时的广播经济过热现象做过评述:高额的成本付出和未能预知的收入回报使得广播业投资变得十分危险③。艾尔布兰(Albarran,1996)对广播经济有过深入的分析,指出在广播广告出现之前,广播电台运营的唯一经济支撑在于销售无线电收音机,如当时的美国无线电广播公司(RCA)作为一家生产和销售收音

---

① 冉华,张金海,程明等.报业数字化生存与转型研究——基于产业发展的视角[M].武汉:武汉大学出版社,2010.
② 黄孝俊,洪真.媒介经济解读:概念和运作的分析框架[J].浙江大学学报(人文社会科学版),2007(5).
③ 艾利森·亚历山大等.媒介经济学理论与实务[M].丁汉青译.北京:中国人民大学出版社,2008.

机而著称的电器厂商,毅然涉足广播节目内容制作领域,而且在全美范围内联系合作的广播电台,就是希望通过广播内容提供服务,并带动收音机的销售。广播广告的出现,为广播电台的经济收入创造新的渠道,而且广告所创造的利润很快就远远超过收音机销售利润,广告盈利模式迅速在整个广播市场中蔓延开来①。广播电台的蜂拥而起,广播节目的数量骤增,让学者们对这一过热的媒体经济现象产生浓厚的兴趣,并迅速做出回应,掀起当时广播经济研究的热潮。

而电视媒体的后来居上,让媒体经济市场热点迅速发生转移。从电子技术进步的角度,与广播同样诞生于 20 世纪 20 年代的电视,在二战结束以后的 20 世纪 50 年代开始突飞猛进地发展,并在西方发达国家迅速得到普及,成为当时西方发达国家家庭的主要娱乐和信息传播工具。得益于广播经济在发展中建立积累起来的成熟的操作模式和运营经验,电视媒体迅速创立电视传输网络,建立电视节目制作生产体系,以及完善广告运作实践等。电视媒体的社会经济力量在 20 世纪 70 年代初期开始变得强大,电视媒体的崛起给广播经济带来极大的冲击,以至于受到相关监管机构的发展限制,如美国的联邦通信委员会(FCC)②。但不可否认的是,电视经济随之发展成为媒体经济中最重要的经济形态。1960 年,美国加州大学伯恩斯坦(Bernstein)教授在其著作《电视片生产与发行的经济学》中提出"电视经济学"的概念③。

自电视作为大众媒体形态登上人类的历史舞台,注定成为媒体经济发展中不可忽视的力量。电视不仅改变人们所接收信息的形态(文字、音频、视频信号的合一),而且改变人们对信息的认识,这是给人类带来最大的进步所在。从黑白电视的发明,到彩色电视的问世,再到有线电视、卫星电视乃至新兴的数字电视,从技术的属性,电视作为媒体工具的每一步发展都见证着人类科技的进步,而从传播的属性,电视媒体的发展使媒介融合而模糊媒介之间的界限成为可能。电视由改变传播环境到影响整个媒体经济发展,从众多主流经济学家参与到其中的研究可见一斑。其中的美国弗吉尼亚大学经济学教授科斯(Coase)提出的社会成本理论(Problem of Social Cost),揭示并澄清经济制度结构和函数中交易

---

① ②　安澜·B.艾尔布兰.传媒经济学:市场、产业与观念[M].陈鹏译.北京:中国传媒大学出版社,2009.

③　昝廷全,刘静忆,王燕萍.传媒经济学研究的历史、现状与对策[J].现代传播,2007(6).

费用和产权的重要性,极大地丰富了人类对于价格机制的认识。其凭此在 1991 年也获得诺贝尔经济学奖殊荣①。

在互联网出现之前的媒体经济市场发展的近百年里,虽然新技术的出现和扩散带来不同媒体之间的竞争越来越激烈,市场热点此起彼伏,但是各媒体的发展总体来说互相之间相安无事。皮卡特(Picard,1989)曾指出,媒体的市场竞争主要来自内容产品的竞争,表现在资讯和娱乐产品提供方面展开竞争,虽然各种不同媒体所提供的资讯和娱乐产品有相似的问题,但这些不同的媒体却各自能在不同的需求层面满足受众,所以这些媒体并非可以完全替换②。这就是不同媒体之间相安无事的主要原因所在。对受众来说,报纸和杂志的主要功能是为读者提供咨询与意见的服务,而广播、电视、电影、音像制品等主要是提供娱乐服务。而在提供咨询和意见服务领域,显然报纸无法完全取代杂志,因为杂志提供的资讯服务与报纸的时效性不同,价值取向也不相同;同样,在娱乐服务领域,广播、电视和音像制品的服务种类和数量,以及它们的规则形式、频率和使用方式都不相同。

20 世纪 80 年代以后,媒体经济在资本力量的聚合下在世界范围内发生了产业巨变,呈现出与以往不同的特点:集团化、集中化③。麦奎尔(McQuail,1994)曾对此表达这样的观点:自传播学诞生以来,媒体产业从来没有发生过与现在可以相提并论的变化④。赫尔曼(Herman,1994)研究指出,以美国报业为例,由于其一贯的商业传统,曾经存在着数千家报纸,但是规模经济和广告市场的集中使得个体经营的报纸数量逐步减少,并在这个过程中出现了报业集团,这就是商业化背景下的利益驱动结果⑤。这种现象不仅存在于报业经济,也存在于广播、电视、电影等各个媒体经济形态中,久而久之便出现横跨媒体各个行业、势力遍布全球

① 昝廷全,刘静忆,王燕萍.传媒经济学研究的历史、现状与对策[J].现代传播,2007(6).
② 罗伯特·G.皮卡特.媒介经济学:概念与问题[M].赵丽颖译.北京:中国人民大学出版社,2005.
③ 黄孝俊,洪真.媒介经济解读:概念和运作的分析框架[J].浙江大学学报(人文社会科学版),2007(5).
④ 丹尼斯·麦奎尔,罗萨里奥·德马里奥,海伦娜·塔珀.90 年代欧洲媒介变革分析框架[J].孙吾三译.新闻与传播研究,1994(4).
⑤ 爱德华·赫尔曼,罗伯特·麦克切斯尼.全球媒体:全球资本主义的新传教士[M].甄春亮等译.天津:天津人民出版社,2001.

的超级传媒集团①。这些传媒集团虽然各自在经营理念和发展战略上不尽相同,各有千秋,但却有着相似的成长历程,即通过兼并、收购或者其他战略性交易和联盟扩大经营版图,建立集团化优势。吉莉安·道尔(Doyle,2002)研究指出,西方媒体的兼并收购行为可以分为三种主要形式:横向扩张、纵向扩张和斜向扩张②。媒体集团式扩张,影响力不断扩大,媒体资源越来越多地集中于少数媒体集团的手中,引发人们对媒体所有权的集中会对保护社会利益和媒体多元化产生何种影响的极大关注。皮卡特(Picard,1989)指出,各种媒体市场的竞争程度与本质,以及其所具有的独特垄断与产权集中的特质为其他行业所不及③。尽管产业组织形式,乃至市场结构都发生巨大的改变,但是从媒体经济的本质以及运行规律而言,并没有发生实质性的变化,直到互联网出现。

2.2.2　媒体经济理论研究发展综述

从上节我们可以得出,媒体经济研究理论体系是随着媒体经济发展而形成、发展和完善起来的。自1911年报业经济研究开始,到20世纪六七十年代分别对报纸、广播、电视等媒体经济的考察逐步成熟,再到80年代电子技术的进入,皮卡特(Picard,1989)认为,考察某一种特定媒体的经济学取向已经越来越没有效果,媒体传统界限的打破,类型各异的媒体形式在科技的发展下逐渐走向融合④。媒体经济研究逐渐建立起自己的理论体系。

在这里需要指出的是,在媒体经济理论研究发展的过程中,参与其中的学术群体结构也在发生着变化。在20世纪80年代以前,也就是最早参与媒体经济研究中的多位主流经济学家,如上节所提到的萨缪尔森、科斯等,这主要是基于对新事物出现的一种好奇和兴趣,在那个年代,大众媒体形态的层出不穷所引发人们对其的关注程度足以为之产生浓厚的研究兴趣,而且20世纪下半叶伴随着广告支出的暴涨,各类媒体都获得了创造巨大收益的能力,它们开始具有越来越强的商业性质。然

---

①　安澜·B.艾尔巴兰等.全球传媒经济[M].王越译.北京:中国传媒大学出版社,2007.
②　吉莉安·道尔.理解媒介经济学[M].李颖译.北京:清华大学出版社,2004.
③④　罗伯特·G.皮卡特.媒介经济学:概念与问题[M].赵丽颖译.北京:中国人民大学出版社,2005.

而随着研究的不断深入,发现媒体经济的体量并没有想象得那么大,难以成为经济增长的主导力量,如以广告收入为指标考察美国媒体经济增长,发现广告收入在美国经济总收入中占的比例基本保持相对的固定,新的媒体加入广告市场后并没有使广告收入增加[1]。于是进入 80 年代后,也就是媒体经济理论研究日渐完善的时候,传播学领域的学者逐渐重新接过接力棒,成为媒体经济研究的主力军,媒体经济理论研究也发生着从经济学为主导向传播学为主导的转变。对此,昝廷全等(2007)研究指出,1988 年世界上第一本媒体经济学领域的核心期刊《传媒经济学学刊》在美国创刊,以及 1989 年世界上第一本媒体经济学领域的教科书、由皮卡特撰写的《媒体经济学》问世,成为反映这个转变的标志性事件[2]。随后 1993 年美国佐治亚大学新闻学教授亚历山大组织编写的媒体经济学教科书《媒介经济学理论与实务》(*Media Economics:Theory and Practice*),1996 年北德克萨斯大学广播电视电影系教授艾尔布兰独立撰写的《传媒经济学:市场、产业与观念》(*Media Economics:Understanding Markets,Industries and Concepts*),2002 年苏格兰斯特灵大学电影与传媒研究系主任吉莉安·道尔(Doyle)的《理解传媒经济学》(*Understanding Media Economics*)等一系列媒体经济著作出版问世,进一步确立了传播学学者在媒体经济研究领域的主导地位。

媒体经济研究集大成者皮卡特(Picard,1989)基于以往研究成果首先提出双元产品市场概念。媒体产业与其他产业之间固然会存在若干相近的地方,但是其运作的市场性质却与其他产业有极大的不同。而媒体产业与众不同之处就在于它是在一个双元产品市场(dual product market)中运行,生产出一种产品,却要参与两个性质迥异的市场——产品市场与服务市场(图 2-1 所示),这两个市场相互作用相互影响,产品在一个市场中的表现都会影响它在另外一个市场的表现[3]。

---

①③ 罗伯特·G.皮卡特.媒介经济学:概念与问题[M].赵丽颖译.北京:中国人民大学出版社,2005.

② 昝廷全,刘静忆,王燕萍.传媒经济学研究的历史、现状与对策[J].现代传播,2007(6).

```
        ┌─────────────────┐
        │   产品和服务市场   │
        └────────┬────────┘
        ┌────────┴────────┐
   ┌────┴────┐       ┌────┴────┐
   │ 媒体产品  │       │ 广告市场  │
   │(内容产品) │       │(为广告商服务)│
   └─────────┘       └─────────┘
```

图 2 - 1　传统媒体经济的双元产品市场

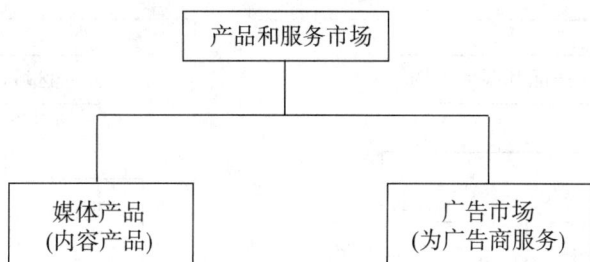

如图 2 - 1 所示,媒体经济的第一个市场就是媒体产品市场。媒体产品是媒体生产出来的、经过包装面向受众的资讯和娱乐内容,通过报纸、杂志、书籍等印刷载体,或者以广播电视节目、电影等视听载体向消费者传递。同时不同的媒体产品在市场上的优劣程度用不同的测量指标进行衡量,如印刷媒体产品根据订阅或者销售数量指标来评估,而视听媒体产品以受众的收视率、收听率或者上座率为指标评估。将媒体内容卖给消费者就是要吸引他们的眼球,希望消费者用他们的时间和金钱来交换该产品。市场的现实情况是,不是所有媒体都需要消费者付费,但是消费者都要付出他们的时间。

媒体经济的第二个市场就是广告市场。皮卡特(Picard,1989)认为,广告市场的交易更准确的说法应该是媒体把媒体受众的时间卖给广告商,广告费用的大小取决于媒体受众数量的大小和特征[1]。当然,他也同时指出不是所有的媒体都参与广告市场的运作。参与广告市场的媒体以不同的方式向广告客户出售受众的阅读、收听、收看时间,并且提供不同层级的广告市场,如全国性市场、区域性市场。

对广告市场层级的划分也带出一个问题,即各类媒体都是在一定地理区域范围内运营,媒体凭借所提供的媒体产品、广告服务与一定范围的地理区域紧密联系。为此,皮卡特(Picard,1989)指出,完整的媒体市场概念包含两个层次:媒体所提供的产品和服务的市场,以及媒体所在的地理区域,两者缺一即不完整,如图 2 - 2 所示[2]。

---

[1][2]　罗伯特·G.皮卡特.媒介经济学:概念与问题[M].赵丽颖译.北京:中国人民大学出版社,2005.

```
┌─────────────────────────────────┐        ┌─────────────────────────────┐
│         ┌───────────┐           │        │      ┌───────────┐         │
│         │ 产品和服务市场│          │        │      │ 地理区域市场 │        │
│         └───────────┘           │   ＋   │      └───────────┘         │
│            │     │              │        │           │               │
│     ┌──────┘     └──────┐       │        │      ┌─────────────┐       │
│     │               │          │        │      │ 地理边界线（由产品│     │
│  ┌──────┐        ┌──────┐      │        │      │ 分类、政府或媒体组│     │
│  │ 媒体产品 │       │ 广告市场 │     │        │      │ 织来界定）     │     │
│  │(内容产品)│       │(为广告商服务)│    │        │      └─────────────┘     │
│  └──────┘        └──────┘      │        │                            │
└─────────────────────────────────┘        └─────────────────────────────┘
```

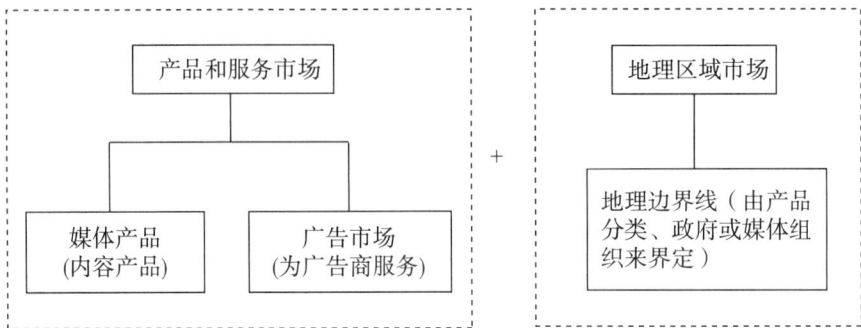

图 2-2　皮卡特的完整的媒体市场概念示意图

艾尔布兰(Albarran,1996)对皮卡特的研究观点充分认同,并在此基础上,提出媒体产品与其他产品的最大不同点在于,作为娱乐和信息产品的媒体内容可以被多次使用、多次消费而不会消失。从纯理论和理想化的角度来说,作为信息产品的传媒产品是非消耗性产品。而在包括了产品和区域两个维度的媒体市场,大量的供应商以及供应商为争夺购买者的竞争程度会受到市场特征的影响,这种市场特征就是所谓的市场结构(market structure)[1]。

麦奎尔(McQuail,2002)对媒体在不同的市场运作问题提出自己的观点:如果一种媒体在这两个市场中同时运作(两个市场即指媒体产品市场和广告市场),一个市场的表现可以影响到另一个市场的表现。例如,一家报纸销量上涨,可以导致更高的广告收益。很明显,收入结构影响到媒体经营的机遇和风险。较为依赖广告的媒体比卖给消费者产品的媒体更容易对外部的经济环境敏感,当面临需求下降时,后者也更容易降低成本[2]。

霍斯金斯等学者(Hoskins,2004)在新媒介和传统媒介的概念下研究的思维逻辑是,这些媒体在二元市场上出售,一个是广告市场,一个是信息与娱乐内容的消费者市场。那些向二元市场出售的媒体,消费定价能够影响广告版面或时段收取的价格,消费定价减少引起消费者数量增加,有了更多的消费者,就会有更多的对广告讯息的接触,版面和时段对广告主的价值就会增加,这代表着广告版面和时段需求的增加,并导致

---

[1]　安澜·B.艾尔布兰.传媒经济学:市场、产业与观念[M].陈鹏译.北京:中国传媒大学出版社,2009.

[2]　丹尼斯·麦奎尔.大众传播理论(第五版)[M].崔保国等译.北京:清华大学出版社,2010.

广告价格的上升。从单个厂商的角度看,消费价格的下降使它能对广告版面和时段收取更高的价格。同时他指出,受众的规模并不是决定广告版面和时段价格的唯一因素,一些经过人口统计学特征细分的受众比其他人在某种情况下对于广告主来说价值更大,那么这也会影响到广告价格①。

另外,在传统媒体经济研究中,随着新媒体技术的出现和扩散,不同媒体之间的竞争越来越激烈,关于不同媒体之间的市场存在关系,也产生学术争鸣。麦库姆(McComb,1972)对美国收音机和电视两大媒体消费市场进行调查,发现国人在大众媒体方面的消费并没有因为新媒体的出现而增加,他说与其说是消费习惯发生根本变化,还不如说是消费者原有的媒体习惯与一般经济成长的状况有了变化,从而得出的研究结论是消费者愿意使用新的媒体来替换他们现在使用的媒体,继而提出相对常数原理(the principle of relative constancy),即消费者花在大众媒体上的支出占个人可支配收入的比例并没有增加很多,大众媒体消费与经济发展状况之间存在紧密的关系。并且他还强调之所以称之为"原理",说明无论面对的是哪一种历史情境与传播科技,这个原则都是适用的②。斯克利普斯(Scripps,1965)也曾指出,消费者和广告主用于大众媒体消费额度大小是由经济发展的进程所决定的,经济发展进程上的变化将相应地导致对大众媒体支出的变化③。而到了20世纪80年代,更多的学者表达了不同的观点,利维与皮奇(Levy and Pitsch,1985)研究指出,受众确实愿意用录像机取代对有线电视的需求,不过这并不意味着新的媒体一定会取代旧的媒体④。莱西(Lacy,1987)研究指出,收音机在全美普遍流行以后并没有对美国境内的报纸造成太大的影响⑤。富勒顿(Fullerton,1988)认为,电视的普及确实对其他媒介资源的使用产生影响,但购

---

① 柯林·霍斯金斯等. 媒介经济学:经济学在新媒介与传统媒介中的应用[M]. 支庭荣等译. 广州:暨南大学出版社,2005.

② McComb M E. Mass Media in the Market Place[J]. Journalism Monographs,1972(8).

③ Scripps C E. Economic Support of Mass Communication in the United States,1929—1964. Cincinnati:Scripps-Howard Research,1965.

④ Levy J,Pitsch P. Statistical Evidence of Substitutability among Video Delivery System[M]// Noam E M. Video Media Competition:Regulation,Economics,and Technology. New York:Columbia University Press,1985.

⑤ Lacy S. The Effect of Growth of Radio on Newspaper Competition,1920—1948[J]. Journalism Quarterly,1987(64).

买不久,消费者对各种媒体的支出又恢复到先前的状态①。这些研究可以认为是从媒体经济的角度对菲德勒所提出的媒体共同演进法则进行了验证。

对于相对常数原理,皮卡特和霍斯金斯等人是认同的。皮卡特(Picard,1989)认为,消费者对于媒体产品的总体需求,相对来说似乎相当稳定,长期来看,人们对媒体的支出与整个经济表现相比,呈现大致稳定而对应的关系,大约占到所有消费支出的3%。因此在一段较长的时间里,新媒体必须从其他非媒体支出获得更多的预算,而不是争取消费者在其他媒体上的消费②。霍斯金斯等学者(2004)解释相对常数原理反映的是大众媒体上的消费在国民收入中构成一个相对不变的比例,意味着需求弹性为1,收入的任何变动都必定与需求同等变动③。莱西等人在1997年对消费者在大众媒体上的支出份额进行调查,发现其在可支配个人收入中所占比例由1975年的2.15%增加到1987年的3.69%,这一增加归因于这一时期录像机和有线电视的扩散,在新媒体上的增加支出并没有引起已有媒体上相应的衰减④。

相对常数原理对本研究后续章节关于媒体经济中传统媒体与网络媒体之间竞合关系的理解提供了具有经验性的理论参照。

2.2.3 以往研究的不足与局限

从以上具有代表性学者的媒体经济理论研究成果中,可以看到,在以往传统媒体经济研究中,已经准确分析出媒体市场不同于其他市场的特点:双元产品市场。纵观对传统媒体经济的研究,主要还是沿用新古典经济学理论框架,着重关注的是直接面对消费者的媒体产品市场,如皮卡特提出的研究关键在于成本、利润、经济规模以及报酬递减等⑤,即使霍斯金斯等在关注经济学在新媒体中的应用时,也只是将稀缺性、选

---

① Fullerton H S. Technology Collides with Relative Constancy:The Pattern of Adoption for a New Medium[J]. Journal of Media Economics,1988(1).

②⑤ 罗伯特·G.皮卡特.媒介经济学:概念与问题[M].赵丽颖译.北京:中国人民大学出版社,2005.

③ 柯林·霍斯金斯等.媒介经济学:经济学在新媒介与传统媒介中的应用[M].支庭荣等译.广州:暨南大学出版社,2005.

④ Lacy S,Noh G. Theory,Economics,Measurement and the Principle of Relative Constancy[J]. Journal of media Economics,1997(10).

择、机会成本、替代品、专业化、贸易、激励以及经济增长作为研究关键词[①]，仍然沿用既有的传统经济理论分析框架。对双元产品市场特征的把握，只能算是众多理论研究成果中的一个成果而已，并没有受到研究者的特别重视。

另外，双元产品市场特征与后来由主流经济学界提出的双边市场理论所研究的平台经济活动特征相符，于是在平台经济研究中将媒体经济活动纳入其范畴，如徐晋（2007）将媒体产业纳入平台产业[②]。然而，平台经济研究的学者对媒体经济的关注并不多，或者说沿用传统的既定概念模式，将媒体经济割裂来看，在如今的互联网时代媒介融合、产业融合的大背景下显然已不合时宜。在后面对平台经济理论综述中我们会发现目前研究中所存在的这个问题。

当20世纪80年代以后媒体市场重组并购不亦乐乎的时候，互联网悄然兴起并呈现爆炸式成长，而且在不经意间诞生出迅速杀进媒体经济中的一支新的市场力量：网络媒体。这种市场变化来得如此之快，传统意义上的媒体经济正遭遇来自网络经济的挑战，而媒体经济研究领域所建立的理论体系似乎也无法阐释新现象的特征和规律。这也为本研究以平台经济理论开辟新的媒体经济研究理论视角提供契机。

2.3 平台经济理论基础

2.3.1 平台经济理论研究综述

平台经济理论是人类社会进入21世纪以后才引起学术界和业界重视的前沿理论。从某种意义上讲，平台经济理论是对传统经济理论的颠覆和革新。平台经济理论框架主要包括两个部分：双边市场理论和网络外部性理论。

2.3.1.1 双边市场理论

平台经济理论研究始于双边市场理论的提出。2000年一系列针对

① 柯林·霍斯金斯等.媒介经济学：经济学在新媒介与传统媒介中的应用[M].支庭荣等译.广州：暨南大学出版社，2005.
② 徐晋.平台经济学——平台竞争的理论与实践[M].上海：上海交通大学出版社，2007.

国际信用卡产业的反垄断案例引发对"双边市场"的关注。2004 年在法国图卢兹召开由法国产业经济研究所(IDEI)和政策研究中心(CEPR)联合主办的"双边市场经济学"会议,标志着双边市场理论正式形成。

罗歇(Rochet,2004)和蒂罗尔(Tirole,2004)第一次正式对"双边市场"概念做了定义和解释①。根据他们的定义,我们可以把"双边市场"区别于"单边市场"的特征描述为:在建构双边市场的平台上,平台为参与交易的用户双方所制定的价格总水平保持一定的前提下,交易总量随着交易用户双方的价格结构变化而变化时,该交易市场被看作为"双边市场"(two-sided markets);反之,市场交易总量仅仅取决于平台的价格总水平,而与双边用户的价格结构变化无关时,则该市场被看作为"单边市场"(one-sided market)。换句话说,在双边市场上,当平台向双边用户制定的价格总水平维持一定时,双边用户的价格结构的任何变化,都将影响到双方对平台的需求和参与平台的程度,所以,价格结构在平衡双边用户的需求方面显得尤为重要。阿姆斯特朗(Armstrong,2004)认为,需要通过平台交易的双方,其中一方的收益取决于另一方的数量,这样的市场称为双边市场②。赖特(Wright,2004)认为,双边市场所涉及的两种类型不同的用户,双方通过共有平台相互作用而获得价值③。埃文斯(Evans,2003)则给出判断双边市场的三个原则:两组不同类型的用户;两组用户之间存在外部性联系;在用户之间存在一个平台企业,可以将不同类型用户之间产生的外部性内部化,能够有效地促进双边市场的协同④。

需要解释的是,双边市场形成的条件表现在三个方面:存在显著不同类型的参与用户;双方用户存在网络外部性;双方用户不能通过自身将这种网络外部效应内部化,无法实现交易行为或者交易行为的有效化。在这样的条件下,双边市场应运而生,平台通过比双方参与用户独立交易更有效的方式增加双边收益并从中获得利润。对双边市场形成条件可以通过科斯定理的无效性来做进一步解释。科斯定理的核心要

① Rochet J,Tirole J. Defining Two-sided Markets[R]. University de Toulouse,2004.

② Armstrong M. Competition in Two-Sided Markets[R]. University College London,2004.

③ Wright J,Kaiser U. Price Structure in Two-sided Markets:Evidence from the Magazine Industry[R]. National University of Singapore,2004.

④ Evans D S. The Antitrust Economics of Multi-sided Platform Industries[J]. Yale Journal on Regulation,2003(20).

义在于从效率而言,如果市场是无意义的,则人们不再会在市场上进行交易,而是通过协商或谈判以达到帕累托最优①,当然成立的假设在于用于交换的产权是清晰的,并且没有交易成本和信息对称。而在双边市场条件下科斯定理不能应用其中,分析双边市场两边之间的关系,至少假设成立条件都不允许。科斯定理的失效,也反映了传统的新古典经济学理论框架不再适用于平台经济的分析。

根据以上的定义,形成双边市场的平台存在广泛且形式复杂多样,所以在研究初创期,众多学者在双边市场研究中对平台给出了不同的分类方法,如阿姆斯特朗(Armstrong,2004)的垄断者平台、竞争性平台、竞争性瓶颈分类②,埃文斯(Evans,2003)的市场制造者、观众制造者和需求协调者③,罗森(Roson,2004)从平台所有权的角度将其分为独立拥有的平台和垂直一体化平台④,萩生(Hagiu,2004)从平台的功能上将其分为中介市场、听众制造市场、共享的投入市场⑤。徐晋(2007)在以上研究成果基础上归纳出重要的平台型产业类型,他将互联网和传统媒体分而列之⑥。

在双边市场理论研究发展的过程中,与传统经济学研究的单边市场一样,定价问题是该理论研究的核心内容之一。不同的双边市场其平台定价不尽相同。众多学者基本认同这样一个观点,平台对一边用户的定价不仅取决于用户需求及其边际成本,也取决于给另一边用户所带来的外部收益,也就是所谓的间接网络外部性程度。所以平台定价与传统市场定价只考虑市场一边收益与成本定价不同,它还要包括另一边用户的需求弹性以及相应的边际成本。正如陈宏民(2007)研究所指,平台经济现象的出现,使从传统的厂商—消费者所构建的"价格—需求"研究模式向平台型企业—双边用户所构建的"价格—交易或交换行为"研究模式

---

① 帕累托最优(Pareto Optimality),是博弈论中的重要概念。帕累托最优是指资源分配的一种理想状态,即假定固有的一群人和可分配的资源,从一种分配状态到另一种状态的变化中,在没有使任何人境况变坏的前提下,也不可能再使某些人的处境变好。换句话说,就是不可能再改善某些人的境况,而不使任何其他人处境变坏。

② Armstrong M. Competition in Two-Sided Markets[D]. University College,London,2004.

③ Evans D S. The Antitrust Economics of Multi-sided Platform Industries[J]. Yale Journal on Regulation,2003(20).

④ Roson R. Auctions in a Two-sided Network:The Case of Meal Vouchers[D]. CaFoscari University of Venice,2004.

⑤ Hagiu A. Two-sided Platforms:Pricing and Social Efficiency[R]. DEI,2005.

⑥ 徐晋.平台经济学——平台竞争的理论与实践[M].上海:上海交通大学出版社,2007.

的转变①。在双边市场的价格结构中,学者们的观点集中表达为,平台存在两种价格模式:会员费或注册费,即用户向平台交纳的注册费;使用费或交易中介费,即平台根据用户的交易行为向用户收取的交易费。所以平台的收入就是市场两边的会员费或注册费收入与平台交易量相关的交易收费收入之和。如图2-3所示。

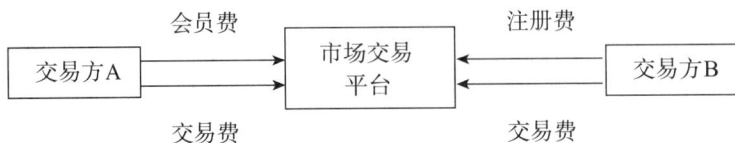

图2-3 双边市场平台价格结构示意图

在双边市场实现交易中,平台的作用就是尽可能多地吸引两边的用户到平台上进行交易,因此平台最根本的策略就是如何制定双边用户接入价格(access charge),扩大两边的用户规模并促使他们达成交易,从中获利。平台企业的双边价格策略不仅影响到双边用户接入平台的需求,而且也影响到平台所实现的交易总量。在这个过程中,平台最核心需要解决的问题就是如何合理正确制定平台双边价格结构以确定哪边是获利的主要来源,以保证平台收益最大化。众多学者通过建模的方法对如何建立平台双边价格结构进行大量而深入的研究,其中做出重要贡献的有阿姆斯特朗(Armstrong,2005)建立的一个基于会员费的垄断平台和竞争平台定价模型,着重解释平台为什么对一边用户免费甚至提供补贴的原因,平台价格结构均衡主要取决于双边用户交叉网络效应的相对强度、平台商业模式选择以及用户是单归属还是多归属行为②。罗歇(Rochet,2005)和蒂罗尔(Tirole,2005)综合了之前双边市场定价的研究模型成果,建立了一个使用价值与外部性之间的统一的模型,通过确立不同环境下的使用价值的定价,使得现有的模型与间接外部性模型之间建立起更强的联系③。Rochet-Tirole规范模型如图2-4所示。

---

① 陈宏民,胥莉.双边市场:企业竞争环境的新视角[M].上海:上海人民出版社,2007.
② Armstrong M. Competition in Two-Sided Markets[R]. University College London,2004.
③ 徐晋.平台经济学——平台竞争的理论与实践[M].上海:上海交通大学出版社,2007.

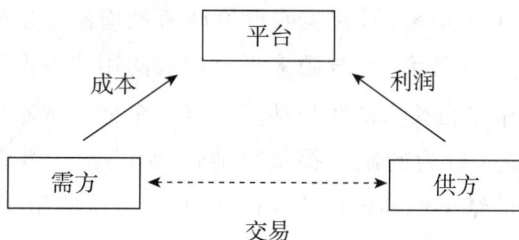

图 2 – 4 Rochet-Tirole 规范模型

在以上研究基础上,针对现实情境中存在多个平台的情况,学者们也做出了理论性判断,他们认为这种情况下平台定价显得更加复杂。它受到用户在平台间转移方式或归属行为的影响。用户分为单归属行为和多归属行为,前者就是通过一个平台交易,如果平台价格结构的调整吸引一部分其他平台的同类用户到这个平台进行交易,那么就降低了其他平台的价值;后者情况尤其是在一边用户单归属而另一边用户存在多归属行为时,一边用户的多归属行为增强了平台对单归属一边用户的价格竞争,平台往往利用低价格去获得单归属一边的用户以增强平台竞争力,最终所形成的价格结构是多归属一边用户将支付较高的价格或被剥夺剩余价值,而单归属一边用户只需支付一个较低甚至为零的成本[①]。由此可见,双边市场平台定价问题实质就是在研究一个最佳的价格结构,即相互之间的相对价格水平。另外我们也能看到,双边市场的平台研究不可避免会涉及竞争问题。

当然,平台竞争本身就是双边市场理论研究关注的另一个核心内容,制定均衡的价格结构的目的就是为了获得竞争优势。希夫(Schiff,2003)通过平台是否兼容来研究垄断平台市场、竞争但不兼容和竞争且兼容三类不同市场结构的均衡状态。研究表明兼容性的平台使得用户接入基础扩大,从平台竞争效应的角度,竞争且兼容的市场结构是最优的市场结构,垄断平台市场结构次之,而不兼容的双平台市场结构排在最后。另外平台有可能通过排他性协议,禁止一边用户的多平台接入行为来吸引另一边用户参与到平台交易上来[②]。阿姆斯特朗(Armstrong,2005)和赖特(Wright,2005)从竞争性瓶颈均衡和排他性均衡两类市场

---

① 纵凯,王玉霞. 国外双边市场理论的最新进展[J]. 东北财经大学学报,2012(3).

② Schiff A. Open and Closed Systems of Two-sided Networks[J]. Information Economics and Policy,2003(15).

结构入手,研究市场均衡,研究表明竞争性瓶颈均衡产生的原因在于平台提供排他性协议的不作为,导致多平台接入的用户获取不到任何交易的价值剩余,而单平台接入的用户却能获得一个低于成本的价格。如果平台向多平台接入行为的用户提供排他性协议,禁止其多平台接入行为,则平台竞争的结果将导致排他性均衡,与前者截然相反①。

2.3.1.2 网络外部性理论

网络外部性理论产生于两个方面的研究,一方面是传统经济学中的外部性理论,另一方面是网络概念的提出。1890 年,经济学家阿尔弗雷德·马歇尔首先提出外部性概念;1920 年,经济学家庇古在此基础上,提出"内部不经济"和"外部不经济"概念,从此开创外部性理论研究②。正如本研究前文所述,有着 100 多年研究历史的传统经济学中的外部性理论,它所反映的本质内容在于市场失灵,通过政府、法律、道德等"看得见的手"来消除外部性影响,也就是说在传统经济研究领域,外部性一般表现为负外部性,或称负外部效应。

20 世纪下半叶,网络概念的提出,让经济学家对这一新鲜事物产生兴趣,他们研究发现,在网络结构中③,消费者的消费行为是相互影响的。某一消费者是否购买或使用这些产品或服务,在很大程度上取决于其他消费者是否已经购买或使用了这些产品和服务。新用户表现出来的行为更倾向于选择用户多的网络,网络中用户越多,则该网络对新用户的价值就越大,同时新用户的加入也增加了网络原有用户的价值。这种消费行为之间的互相影响就是所谓的"正消费外部性"。后来即称为"网络外部性"。事实上,网络外部性不仅仅存在于有形网络,还存在于许多的无形虚拟网络中④。从经济学的角度,网络已不再指由节点和链路所构成的一种结构,而更多的价值体现于这种结构所表现出的正消费外部性特征,即"正网络外部性"。

---

① Armstrong M, Wright J. Two-sided Markets, Competitive Bottlenecks and Exclusive Contracts [R], 2005.

② 朱彤. 网络效应经济理论:ICT 产业的市场结构、企业行为与公共政策[M]. 北京:中国人民大学出版社,2004.

③ 所谓的网络结构,是指具备这样的特征:只有网络的不同组件共同作用才能提供服务,换言之,网络的组件之间存在互补性。

④ 徐晋. 平台经济学——平台竞争的理论与实践[M]. 上海:上海交通大学出版社,2007.

（1）正网络外部性与负网络外部性

在网络经济中，往往表现为正网络外部性，即正网络效应。根据相关文献对网络效应的定义，当消费同样产品的其他网络使用者的人数增加时，原有的网络使用者消费所获得的效用增量[①]。可以看出，大多数学者关注的都是正网络外部性，现实情况也往往是网络带给用户的价值增长大于网络规模（用户数量）的增长。当然网络外部性并不总是为正。这个现象正好发生在传统媒体经济中。以广告为主要利润来源的传统媒体，置入的广告越多，对受众来说就是一种"干扰"，基于此，可以说广告商对广告版面或广告时间的需求对受众而言是一种负的网络外部性。正如安德森（Anderson，2005）和科特（Coate，2005）的研究所指，媒体是具有"负"外部性特征的双边市场，广告给消费者带来的是负效用。但是反过来看，如果黄金版面和时间的受众群体越庞大，则广告商在版面上刊登广告和获得更多广告时间的需求就更加强烈，因此受众群体对广告商而言就产生了正的网络外部性。

（2）直接网络外部性、间接网络外部性与交叉网络外部性

直接网络外部性，可以称为直接网络效应，是指一种产品的价值与使用相同产品或兼容产品的消费者的数量息息相关，也就是说，消费相同产品或兼容产品的用户数量直接对产品价值产生影响。最典型的例子莫过于基于互联网的基础应用，如 Email、QQ 等产品均可认为是直接网络效应的产物。而此时互联网作为平台体现得更多的是公共性特征。在这里不表述为公共属性，是因为平台型企业基于互联网所提供的带有公共特征的服务，实质是一种"免费"服务行为，是非中性价格结构使然，并不真正体现公共属性。

间接网络外部性，可以称为间接网络效应，是指随着一种产品用户数量的逐渐增加，市场出现更多品种的互补和配套产品可供选择，而且通过竞争机制使价格更低，从而更多的用户乐于消费该产品，间接地提高了该产品的价值。网络经济中的硬件——软件范式就是间接网络效应的产物。而此时互联网作为平台更多的表现的是单边市场特征。

交叉网络外部性，可以称为交叉网络效应。之所以交叉网络外部性被视为双边市场结构特性，就在于它所反映的正是互联网作为平台的双边市场特征。有研究归纳了三种外部性的区别，强调交叉网络外部性关

---

① 徐晋.平台经济学——平台竞争的理论与实践[M].上海：上海交通大学出版社，2007.

注的是不同用户群体数量之间的相互影响,主要衡量的是不同用户群体间的外部性,而这种外部性必须通过平台才能解决,即完成交易。平台经济理论中所研究的交叉网络外部性概念与传统经济研究中的网络外部性概念存在差别。前者存在于不同类型的市场用户之间,并且每边参与用户自身都无法将这种外部性内部化;而后者反映的是一种市场失灵的特征,无法完全通过市场手段来解决,往往需要借助于市场之外的力量,利用"看得见的手"来消除解决外部性问题①。

2.3.2 平台经济理论在以往媒体经济研究中的局限

不可否认的是,平台经济理论在传统媒体经济研究中也做出了贡献。不过我们可以发现所取得的主要研究成果是基于对具体的某一种媒体形态分别视之的状态。有代表性的是安德森(Anderson,2005)和科特(Coate,2005)通过建立模型,分析在收费电视和免费电视两类双边市场的电视频道争夺观众和广告商希望通过电视频道来将自己的产品展示给观众的情况。研究表明,市场中广告是否过多取决于两个因素:广告商给消费者带来的交叉网络外部性强度与获得的网络效用强度,而这两类双边市场观众均视广告为讨厌而无用的东西,媒体是具有"负"外部性特征的双边市场,广告给消费者带来的是负效用②。而帕耶茨(Peitz,2005)等人通过收费电视竞争和免费电视竞争考察了电视媒体不同双边市场类型与广告量之间的关系,研究表明免费电视的广告量要大于收费电视的广告量,并且免费电视所提供的节目内容同质化,差别化程度不高;相反,收费电视所提供的节目内容则尽可能丰富,强化与竞争对手的产品差异性③。莱辛格(Reisinger,2004)利用用户和广告商的竞争模型,证明平台的同质性将导致广告商一边的竞争劣势,而且广告商对用户和其他广告商带来负的外部性,但是相反会给平台带来更多的利润④。尼尔森(Nilssen,2005)等人认为,媒体企业间的竞争越激烈,即平台同质性

---

① 张静敏.互联网络的经济学分析[M].北京:中国金融出版社,2010.

② Anderson P S,Coate S. Market Provision of Broadcasting:A Welfare Analysis[J]. Review of Economic Studies,2005(72).

③ Peitz M,Valletti T. Content and Advertising in the Media:Pay-TV Versus Free-to-air[C]. CEPR Discussion Paper 4771,2005.

④ Reisinger M. Two-sided Markets with Negative Externalities[Working paper]. University of Munich,2004.

越强,广告收入来源可能越显重要,而且会投入更多以保证节目内容的质量来吸引观众①。麦凯布(McCabe,2005)和斯奈德(Snyder,2005)首先应用双边市场理论研究学术期刊的定价问题②,罗歇(Rochet,2006)等人则是在前者建立的模型的基础上对学术期刊的定价做进一步的研究③。

很显然,平台经济理论应用于媒体经济研究比传统经济理论框架下的媒体经济研究复杂得多。随着互联网时代的到来,媒介融合、产业融合,让媒体经济所呈现出的市场竞争日趋复杂和激烈,传统经济学研究框架已不能满足现实的需要,互联网新经济时代的到来使平台经济理论研究内涵和外沿不断丰富与扩大,平台经济理论对互联网时代的媒体经济发展的观照,又将是一个全新的课题。

从以上对理论基础的梳理,我们还能发现信息传播理论和网络经济理论等理论资源的隐现,它们与平台经济理论一道成为支撑本研究的理论基础。本章不再赘述,而在后续章节研究分析中涉及的时候再加以呈现。

---

① Kind H J,Nilssen T,Sorgard L. Advertising on TV:Under-or Over-provision? [R]. Norwegian School of Economics and Business Administration,2005.
② McCabe M,Snyder C. Open Access and Academic Journal Quality[J]. American Economic Review Paper and Proceedings,2005(95).
③ Jeon D S,Rochet J. The Pricing of Academic Journals:A two-sided Market Perspective[R]. University of Toulouse,2006.

3　互联网时代媒体经济发展的平台化逻辑

分析互联网时代媒体经济发展的平台化逻辑是构建新媒体经济理论分析框架的必由之路。身处互联网时代,分析媒体经济发展的平台化逻辑,作为一种研究创新的尝试,可谓恰逢其时。谷虹(2012)在建构信息平台理论的时候认为,平台化的发展趋势虽然在互联网以及 IT 企业中有所显露,但没有成为传统媒体产业的普遍发展形态,也就是说,在现实环境尚不成熟的条件下进行创新,显得为时过早。同时她也表示,不可能等到平台化演进得差不多了,平台模式已经成为信息传播融合产业的发展常态之后,才对此现象进行理论实证①。

从上一章媒体经济发展研究综述中能够看到媒体经济形态发展和遵循技术逻辑的媒体演进密不可分,媒体经济形态是对媒体信息传播活动所引发的相关经济活动和经济现象的呈现,所以,基于技术逻辑的媒体形态的演进是分析媒体经济发展平台化逻辑的一大基础,而这一分析基础所构建的时间维度,实现了将身处不同产业领域、存在强烈差异的传统媒体和网络媒体纳入同一研究视野之中。另外,我们所身处的互联网技术构筑的新经济环境是分析媒体经济发展平台化逻辑的又一大基础,而平台经济理论、网络经济理论、信息传播理论正是研究新经济环境的三个主要理论基础。这两大分析基础在纵向、横向两个维度上,构建出媒体经济发展平台化逻辑的理论分析框架。

---

① 谷虹.信息平台论——三网融合背景下信息平台的构建、运营、竞争与规制研究[M].北京:清华大学出版社,2012.

3.1 纵向维度:基于技术逻辑的媒体形态演进

3.1.1 基于技术逻辑的媒体形态演进法则

根据媒介技术主义的基本观点①,媒介理论有一个基本的命题是,新的技术必然催生新的媒体②。这一命题已经被每一次的技术革命历史发展的经验所证明。从印刷技术到电子技术,再到数字技术和网络技术,三次重大技术革命对媒介这一组织形式带来了三次重大飞跃——印刷技术与平面媒体,电子技术与广播电视媒体,数字技术、网络技术与数字媒体、网络媒体。这一点在本研究的综述中有描述性的说明。罗杰·菲德勒(Roger Fidler,1997)集大成将媒介形态的演进规律归纳为六大法则③。

3.1.1.1 新旧媒体共同生存与共同演进

将环境视为一个不断延伸的、复杂的自适应系统,无论所谓的新媒体,还是旧媒体,一切形式的传播媒介都在其中共同生存和共同演进。而每当一种新媒体形态出现和发展起来的时候,它就会持续不断地、程度不同地影响其他已有的媒体形态。同时菲德勒也指出,这并不意味着某单个媒体形态能永远地适应环境而进化生存下去,最终绝大多数的媒体形态要么进化被纳入某一类,要么灭绝。这也是面对变化的环境做出的适应和演进的反应。以数字技术与互联网技术对媒介形态发展的作用为例,数字技术与互联网技术的突飞猛进,首先受益的是传统媒体,帮助传统媒体彻底突破在传播形态上的时空限制,使其得到前所未有的发展。而这个时候,网络媒体还只是刚刚为人们所知,被视为"第四媒体"

---

① 所谓媒介技术主义,是指产生于20世纪50年代,以英尼斯、麦克卢汉、梅罗维茨等人为代表,主张从媒介技术的角度来考察媒介对人和社会历史影响的思想,该思想认为媒介技术对人和社会历史的影响巨大而深刻,英尼斯提出一个基本观点,一种新的媒介的长处,将导致一种新的文明的产生,他确信一种新媒介的产生将会导致一种新文明的兴起。而麦克卢汉则进一步推翻了传播内容高于内容载体的传统认识,认为媒介形态本身比其传递的内容更重要,从某种意义上讲,他把媒介技术看作是社会发展的唯一动力。

② 张金海,王润珏.数字技术与网络传播背景下的广告生存形态[J].武汉大学学报(人文科学版),2009(4).

③ 罗杰·菲德勒.媒介形态变化:认识新媒介[M].明安香译.北京:华夏出版社,2000.

而已。

3.1.1.2　新媒体总是在旧媒体基础上脱胎而来

新媒体不会孤立的出现，也就是人们常常形容的"横空出世"，它一定是从旧媒体的形态变化中脱胎换骨而来。菲德勒在此继续强调新媒体的出现不会导致旧媒体的消亡，而是旧媒体会不断去适应这种变化求生存。仍以互联网为例，互联网本源只是基于网络技术应用而诞生的一个工具，由于互联网凭借自身发展的麦特卡尔夫定律效应，使互联网迅速凸显出媒体的特征，而互联网媒体化的过程却也得益于传统媒体的内容资源和当初传统媒体的"触网"行为，未来传统媒体的数字化生存与网络媒体化都会对互联网媒体发展产生深远影响。

3.1.1.3　新媒体一定具备优于旧媒体的特点

新媒体脱胎于旧媒体而生，是一个增值的过程。按照菲德勒的话讲，新的媒体形态一定会增加旧媒体所没有的优势和特点。也就是说，无论是新媒体的发展，还是旧媒体适应环境而做出的变化，本质上都是在实现效用和价值上的增值。

3.1.1.4　一切形式的媒介都在环境适应中求生存

不仅是传播媒介，还包括媒体组织，为了在不断改变的环境中生存，都被迫去适应和进化，否则，只有一个选择就是消亡。当然这是一个长期的过程，并且求生存并不意味着永生。这一点与共同生存与共同演进法互为呼应。

3.1.1.5　新媒体的发展需要机遇和理由

这条法则强调的是新媒体的兴起并不仅仅依靠技术上的优势而被广泛推广。新媒体技术的采用需要机会，同时也要有刺激社会、政治、经济需求的理由。毕竟媒体发展本就是技术、政治、经济三种力量的产物[①]。20世纪七八十年代的新媒体发展正说明了这一点。虽然当时数字技术的加速扩散和各种媒介与传播技术的融合都一直在提供媒体发展机遇，但是在社会、政治、经济方面还未有需求动机来说明开发和广泛采用新技术的合理性。2000年互联网发展初期所遭遇的互联网泡沫破灭的发展危机，从某种意义上讲也正是该法则的反面佐证。由于在互联网开发上投入大量资金（即常说的风险投资），造就了一个需要尽快显示

---

① 丹尼斯·麦奎尔. 大众传播理论（第五版）[M]. 崔保国等译. 北京:清华大学出版社,
2010.

投资积极效果的内在需求,于是拼命宣传尚未成熟的产品和服务,在消费者、公司、股东中间激起不切实际的期望,从而在资金投入过多和市场推动过猛的情况下反而导致失败。

3.1.1.6 新媒介技术的普遍应用比技术本身的发展要滞后

这种滞后效应也称为延时采用。按照菲德勒的说法,新媒介技术要想在商用上获得成功,总是要比预期花上更长的时间,实际上往往需要一代人,即20—30年的时间。体现于网络媒体的各种新传播技术应用很直观地证明了这一点,无论是博客、微博,还是网络社交媒体,至今都无法在商业方面标榜自己取得成功。而这也正是本研究后续讨论的焦点问题之一。

在人类历史长河的短短100多年的时间里,技术对人类传播系统的快速转型和扩张所做的贡献,是史无前例的。在这个相对来说极为短暂的时间里,以这些技术更新作为强大催化剂的媒体形态变化,已经给几乎每个人、社会和文化带来深刻影响。人类对于距离、时间和现实的观念本身,已经随着在全世界范围内扩散的新媒体形态而发生急剧的改变。所以以技术逻辑为基础的媒体形态演进法则可以成为分析一切与媒体发展相关问题的基础。

从Web1.0到Web2.0,再到移动互联,互联网时代的媒体形态演进,继续遵循着基于技术逻辑的演进法则,诠释"新媒体"—"新新媒体"的媒体概念演进过程。

3.1.2 互联网时代媒体的演进:由"新媒体"到"新新媒体"

3.1.2.1 "新媒体":一个相对概念

"新媒体"是一个具有相对性的概念,这已经成为当今媒体研究领域阐释新媒体及其相关问题的基本命题[①]。新是相对于旧而言,广播相对于报纸是新媒体,电视相对于广播是新媒体,网络相对于这些传统媒体,也是新媒体,所以,新媒体首先是反映时间性的概念。另外,对于相对性这个问题,学者们普遍认为新媒体区别于传统媒体并不强调时间的先后,而在于传播技术方式和内容形态的差异[②]。所以新媒体在特定的历史语境中,尤其是在媒体发展历史的特定阶段,是有着相对稳定内涵和

① 毕晓梅.国外新媒体研究溯源[J].国外社会科学,2011(7).
② 吴小坤,吴信训.国际视野下新媒介研究的沿革与动向[J].新闻与传播研究,2011(1).

外延的概念。

"新媒体"一词最早出现于 1967 年美国 CBS 的一份开发报告,1969 年开始在美国社会上流行,并且这个趋势在不久以后扩展到全世界①。那时新媒体的内涵所指与今日时代语境所普遍理解的基于互联网应用的新媒体有着较大的差异,因为互联网尚未问世,数字技术也才刚刚起步。当然,随着新媒体形态不断推陈出新,新媒体概念逐渐有了相对确定的指向,即数字技术和网络技术应用下的新媒体形态。特别是互联网的出现,使新媒体概念更加专指化,网络媒体几乎成为新媒体的代名词,在我国,学界和业界往往就是从互联网问世为基本出发点来诠释新媒体概念,当然这与我国媒介研究所处大环境变迁有关。直到美国媒介研究专家保罗·莱文森(Paul Levinson)2010 年提出"新新媒体"概念,"新媒体"这个相对性概念才进一步做了演进。

3.1.2.2 由 Web1.0 到 Web2.0:"新媒体"概念向"新新媒体"演进

莱文森开创式地提出"新新媒介"概念,旨在对互联网成熟以后的新一代媒体进行定义。他旗帜鲜明地对"旧媒体""新媒体"的概念进行重新界定,而这一界定的标准就是以互联网为分水岭。旧媒体—新媒体—新新媒体,以技术的逻辑清晰地描绘出媒体演进的路径,由此也形成媒体发展的"三分说"。表 3-1 是对莱文森所描述的"三分说"的归纳呈现②。

表 3-1　莱文森的媒体演进"三分说"

媒体概念	界定标准	媒体形式	媒体特征
旧媒体	互联网诞生之前的一切媒介都是旧媒介	书籍、报刊、广播、电视、电话、电影	• 自上而下的控制 • 专业人士的生产
新媒体	诞生于 20 世纪 90 年代中期互联网上第一代媒介	门户网站、电子邮件、网上书店、报刊网络版、留言板、聊天室	• 一旦上传到互联网上,人们就可以使用、欣赏,并从中获益 • 按照使用者方便的时间去使用,而不是按照媒介确定的时间表去使用

① 蒋宏,徐剑.新媒体导论[M].上海:上海交通大学出版社,2006.
② 保罗·莱文森.新新媒介[M].何道宽译.上海:复旦大学出版社,2011.

续表

媒体概念	界定标准	媒体形式	媒体特征
新新媒体	诞生于 20 世纪末、兴盛于 21 世纪的互联网上第二代媒介	博客网、维基网、第二人生、聚友网、脸谱网、播客网、掘客网、优视网、推特网	• 每一位消费者都是生产者 • 生产者多半是非专业人士 • 能选择适合自己的媒介 • 得到不必付钱的服务 • 新新媒介既互相竞争,又互相促进 • 新新媒介的服务功能胜过搜索引擎和电子邮件 • 新新媒介没有自上而下的控制 • 新新媒介使人人成为出版人、制作人、促销人

现实发展也证明,技术逻辑下的新媒体形态发展日新月异,时至今日,3G、移动互联网、物联网、云计算等关键词构成新媒体技术环境,移动化、社会化成为新媒体形态演进中新的特点。所以"新媒体—新新媒体"的概念演进正是反映互联网时代由 Web1.0 到 Web2.0、再到移动互联网的演进,而"旧媒体—新媒体—新新媒体"也构成基于技术逻辑的"传统媒体—网络媒体"媒体经济平台化发展脉络。

3.2 横向维度:"网络"向"平台"演化的经济特征分析

3.2.1 互联网的经济特征

3.2.1.1 互联网公共属性决定经济属性

互联网,从互联互通的角度,与电信网、广播电视网相比较,一直就本着不受任何控制的精神在发展。所以互联网首先体现出的是公共属性,正如前文所述,互联网被看作是"公共传输模式"的媒介。正是这公共属性,决定了互联网基本的经济属性:非竞争性和非排他性。

(1)非竞争性

非竞争性是指用户对互联网的使用,不会影响到其他人对其的使用。从互联网所承载的信息产品(服务)角度看,就是每使用一次信息,信息不会被消耗,至少核心内容不会改变,因此,信息就可以在众多使用者之间分享,同时信息的效用也不会被削弱。也就是说,信息产品(服务)的成本几乎不会随着其消费和使用的变化而变化,即边际成本可忽略不计。

(2)非排他性

非排他性是指假设用户对互联网付费使用,很难将不付费的用户排除在消费的范围。非排他性意味着开放,而开放也正是互联网本质所在。从互联网所承载的信息产品(服务)角度看,对于每一个互联网用户和信息消费者都是一视同仁,不会随意设置进入门槛和障碍,区别对待。所以,在这种特质下,"免费机制"成为互联网经济的核心要义。

因此,非竞争性和非排他性意味着互联网的发展,如果按照传统的思维,是很难产生经济效益的,虽然它的发展动力源泉正来自于此。有研究者也曾表示,互联网传播以一种懒散的状态向平庸化迈进①。当然,这也是本研究的价值所在。正因为互联网天然具备的公共属性,使网络经济呈现出不同的特征。

3.2.1.2 互联网的供给特征

(1)信息产品的特点

根据互联网的非竞争性和非排他性,承载于互联网的信息产品表现出三个特点:在生产上的可互补性;使用上可共享性和非耗尽性;收益上的难以独占性②。所以在某种意义上说,信息产品可以看作是一种准公共产品。那么信息产品之所以不同于公共产品,正是体现于其消费用户之间产生的网络外部性内部化,使新的网络用户必须支付一定的费用才能参与进来,而且信息产品的成本可以量化和界定,虽然有时候很低,但是产权可以明晰,信息产品的成本可以通过市场得到补偿。

(2)价格对信息产品供给的关系

通常来讲,信息产品的成本结构呈现的是高固定成本、低边际成本的特点。随着产出的增加,边际收益递增,边际成本递减,与一般产品的边际成本先降后升不同,并且边际成本始终低于平均成本,使平均成本一直下降直至无限趋近于零。由此可见,在正的价格水平上,信息产品的生产都可以盈利,所以相对于一般产品,信息产品本身的价格对产品供给影响很小。

---

① Herning S C. Slouching towards the Ordinary[J]. New Media and Society,2004(6).
② 韩耀,张春法,曹宝明等.网络经济学:基于新古典经济学框架的分析[M].南京:南京大学出版社,2006.

（3）信息产品供给对价格的关系

反之,信息产品的供给对价格产生较大的影响,即信息产品的价格受产量和生产规模的影响大。对消费者而言,信息产品的边际效用递增,而效用越大,消费者愿意支付的价格就越高。对于供给者来说,随着产量的增加,产品的边际成本和平均成本都在逐渐下降,使其降价的空间也逐渐变大,生产得越多,价格就可以越低,所以信息产品供给对价格影响很大。本研究对网络经济供给特点进行一个对比归纳,见表3－2。

表3－2　网络经济与传统经济供给特点比较

传统经济特点	互联网经济特点
边际成本递增	边际成本递减
边际收益递减	边际收益递增

3.2.1.3　互联网的需求特征

（1）信息不对称下的需求

互联网的出现,从信息传播的角度,通常被认为是为解决信息不对称问题提供一个良好的途径,然而,从网络经济来看,却是加重了信息不对称现象。因为信息产品有一个特点,就是当消费者一旦了解了也就不需要购买了,所以信息产品在交易前是严重的信息不对称,消费者无法事先了解到产品内容。对于信息不对称问题,有很多研究给予关注,例如有研究给出解决这个问题的方法:标准化,兼容性和互补性[①]。也就是说,当消费者认为或预期某种产品成为市场的标准的时候,由于间接网络外部性,这种信息产品将进入良性循环;或者如果该信息产品无法成为标准,则要向标准靠拢,实现与标准的兼容与互补,使与标准发生组合或者使用转移时,无须让消费者增加额外成本。

（2）价格对信息产品需求的关系

讨论价格对信息产品需求的关系存在两个方面的问题。一方面,我们知道互联网的特性中"免费机制"大行当道,也就是说,从某种意义上说,价格对需求的弹性无限大;另一个方面,对于一定要定价的信息产品,则表现的是消费者需求价格弹性很小,价格对需求的影响力很小。两者大相径庭。前者是基于互联网的基本经济特性的反馈,而后者则是

---

① 韩耀,张春法,曹宝明等.网络经济学:基于新古典经济学框架的分析[M].南京:南京大学出版社,2006.

对异质性经济的情感反应和体验特征的表达。信息产品的价格是按照消费者的心理预期来定价,不同的消费者对于信息产品价值心理预期是不一样的,一旦价格被消费者从情感和体验上接受,消费者很少因为价格上升而减少消费数量,反之,也不会因为价格的下降而增加消费数量。从某种意义上讲,这是颠覆了传统经济学中的"理性人"的根本假设。而作为供给方,高固定成本、低边际成本的成本结构也使他们获得利润的价格底线越来越低。

(3)市场规模对信息产品需求的关系

市场规模即产品供给量,对需求会产生很大影响。网络效应的存在,使得信息产品对消费者的效用随着该产品的其他消费者的数量增加而增加,也就是说,消费者对信息产品的需求会直接影响到其他消费者的消费。消费者在决定消费某信息产品时,往往要考虑该产品的现有用户规模是否够大,还要考虑该信息产品以后市场规模扩大潜力来进行决策。这与传统经济领域下消费者需求行为不直接影响其他消费者需求存在很大区别。同样,本研究对网络经济需求特点也进行一个对比归纳,见表3-3。

表3-3　网络经济与传统经济需求特点比较

传统经济特点	互联网经济特点
边际效用递减	边际效用递增

3.2.1.4　互联网的正反馈机制

与传统经济不同的是,在互联网经济中占主导地位的是正反馈机制。而形成正反馈机制的原因来自网络经济中的收益递增特点,即收益随规模扩大而增加。在传统经济中,以土地、资本为物质资源基础,受到资源稀缺性和成本的约束,而在互联网经济中,信息和知识成为主要的资源和生产要素,技术成为生产力发展的决定性因素,传统意义上的资源稀缺性已经不存在,边际成本无限趋零,规模收益区间趋于无穷大,价格不再主要由成本基础和供求关系来决定,呈现"赢家通吃"的市场竞争特点,在这种情况下,在某一类市场上,最后只有一家企业能够生存,形成垄断,形成一种新的市场结构:竞争性垄断。

互联网打破传统市场的垄断,使市场前所未有的开放,市场的开放导致市场竞争更具激烈,进而所形成的垄断性更强,这个演进过程,可以简单地描述为"集中—开放—再集中"。而这样的过程,我们可以视为互联网的"网络"概念向"平台"发生演化。

3.2.2 "网络—平台"演化中的经济特征

互联网的"网络"概念向"平台"演化,可以视为是"平台"概念本身的演化。本研究在第一章曾提出,互联网实质就是平台,这是从互联网的公共属性角度将其看作全开放的无中心和利益主体的平台。而在这里,"平台"的概念俨然是对互联网经济属性趋向的表征,互联网基于去中心的本质,通过"平台化"进行再中心化过程。从经济学角度,在这个过程中,主要呈现出两个特点:一是"平台"显得比"网络"更有效率,二是基于互联网的平台的无限延展性将发挥到极致。用平台经济理论进行解释,前者反映的是需求方规模经济,即基于平台应用服务和用户数量的规模,后者则反映的是供给方范围经济,即平台能够连接的市场或供给者的种类。

3.2.2.1 需求方规模经济

需求方规模经济是指市场的规模经济产生于市场的需求一方。其概念的实质用网络外部性来解释,网络外部性是网络规模扩大的一种规模经济,而这个就是需求方规模经济。用克里斯·安德森(Chris Anderson)的长尾理论进一步说明,消费者多样化的需求以其总量上的而非单品上的规模和成本形成规模优势,这种情况只能在互联网时代实现,而使这个行为更有效率,平台的可控可管可运营将明显优于互联网本身。

根据互联网的需求特征,我们可以通过其需求曲线的变化来理解需求方规模经济特征。信息产品给消费者带来的边际效用大小主要由网络规模来决定。而信息产品的价格又主要取决于信息产品给消费者带来的边际效用。因此,信息产品的价格就主要取决于网络效应,即信息产品的需求量,也就是这里所说的需求方规模经济效应。所以,需求量即需求规模为自变量,而需求价格为因变量,与一般经济正好相反。

由于网络效应的存在,信息产品的需求与其使用规模相关。如果产品用户的规模没有达到消费者认为的该产品能产生边际效用递增的临界值之前,则消费如传统经济原理所呈现的边际效用递减,消费者不会支付更高的价格来支撑更多的消费量。在极端情况下,边际效用递减因信息产品高固定成本、低边际成本的成本结构特点使价格可以降为零,即消费者不接受支付信息产品所预定价格,也就不会产生购买行为。这也是网络经济"免费机制"的一种诠释。直到使用规模达到一定量时,产品边际效用才开始显现,消费者增加,价格(P)也随之上涨,最终进入边际效用递增的通道。所以根据以上的描述分析,可以得出这样的结论:当市场需求未达到需求数量临界值(Q*)之前,需求曲线(D)仍像传统经济所描述的那样是一条向右下方倾斜的曲线,需求价格随需求量增加而下降,两者异向而动;而当市场需求超过 Q* 以后,需求曲线则成呈现为一条向右上方倾斜的曲线,需求价格随需求量增加而上涨,两者同向而动。本研究对根据自变量和因变量变化对需求曲线做了优化,同时将 Q < Q* 的情况省略,因为满足需求方规模经济的现实情况是不存在 Q < Q*。如图 3 – 1。

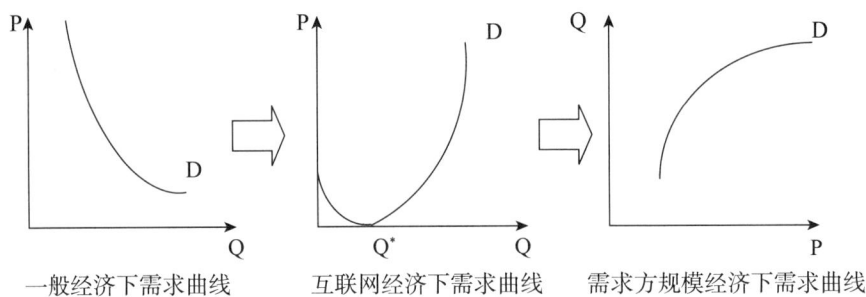

一般经济下需求曲线　　互联网经济下需求曲线　　需求方规模经济下需求曲线

图 3 – 1　需求方规模经济特点

3.2.2.2　供给方范围经济

供给方范围经济,意味着能够连接到平台的市场和供给者的种类和数量越多,价值重组和交叉网络外部性的可能性越多。范围经济的概念最早由钱德勒(Chandler,1994)提出,意指企业内部产品品种的多元化[①]。霍斯金斯(Hoskins,2004)在分析新媒体的时候,对范围经济有过这样的阐释:如果同一厂商生产两种(或更多)产品的总成本低于在两个(或更多)不相关厂商分别进行生产,那就存在范围经济[②]。在这里,"同一厂商"可以理解为平台型企业。姜奇平(2009)则提出"品种经济"的概念解释范围经济。他认为,理解品种经济的概念,不能基于传统的产品品种概念,而是反映价值本身,是信息(熵)的外在表现

---

① 小艾尔弗雷德·钱德勒.规模与范围:工业资本主义的原动力[M].北京:华夏出版社,2006.
② 柯林·霍斯金斯等.媒介经济学:经济学在新媒介与传统媒介中的应用[M].支庭荣等译.广州:暨南大学出版社,2005.

形式,一切因质的规定性不同而处在同一网络结构中的事物,都可以用品种来刻画①。

同样,根据互联网的供给特征,可以通过其供给曲线的变化来理解供给方范围经济特征。从信息产品价格与供给之间关系方面可以看出,不是价格决定供给,而是供给决定价格,供给量越多,边际成本越接近于零,价格就越低,这与传统经济的价格决定供给相反。另外,交叉网络外部性的存在,让供给情况变得复杂,导致有研究认为,互联网时代供给曲线不再存在。我们基于平台经济理论仍能将供给曲线的变化表现出来,理解范围经济特征。

交叉网络外部性将双边市场的一边定义为受补贴一方,将另一边定义为补贴一方,而这两方在供给机制上存在很大的差异,所以每一方都有自己的供给曲线。以上分析得出以供给量/品种(Q)是自变量,价格(P)是因变量,P 因 Q 而变化;在受补贴一方,Q 对 P 的影响微乎其微,对于供给方而言,在受补贴一方,成本投入一定,所以假定在某一价格水平(P^*)上,对于消费者而言,高于 P^*,则消费为零,供给也就为零,也就是说只有维持在 P^* 及以下,供给条件才得以满足。当 $P^* = 0$ 时,即为"免费机制"成立。

而另一边补贴一方,因受补贴一方保证了需求方规模经济效应,愿意投入,信息产品的高固定成本、低边际成本的成本结构特点得以显现,供给量/品种越多,边际成本越趋近于零,同时高固定成本的问题也得以快速消化,盈利底线就越低,补贴方的盈利空间也就越大。用保罗·克鲁格曼(Paul Krugman)所言来形容,供给曲线(S)呈现为下滑而不是上扬②。如图 3-2 所示。

在整个媒体经济系统里,平台成为维系企业和组织之间关系的利益纽带,通过平台的集聚、协同、重组和交互的作用,使得资源得以共享,互利共存,形成生机勃勃的价值网络;并且,基于互联网,平台的无限延展性得以施展,长尾效应得到充分发挥,媒体经济系统的发展获得前所未有的张力。

---

① 姜奇平.后现代经济:网络时代的个性化和多元化[M].北京:中信出版社,2009.
② 张小蒂,倪云虎.网络经济[M].北京:高等教育出版社,2002.

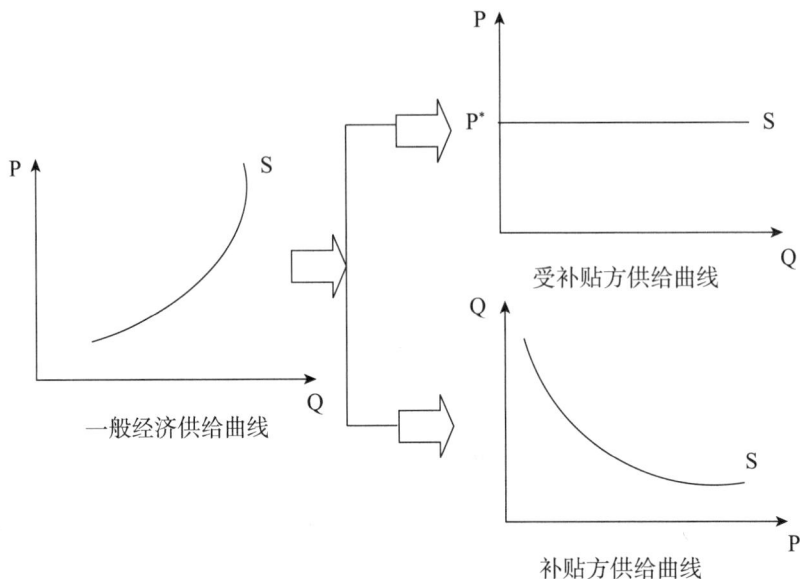

图 3 - 2 供给方范围经济特点

3.3 平台化逻辑下的媒体经济发展脉络

以媒体形态演进为纵向维度,以网络向平台演化为横向维度,构建起媒体经济平台化发展逻辑的理论分析框架。基于这样的理论框架梳理媒体经济发展脉络。

3.3.1 传统媒体经济遭遇发展"天花板"

传统媒体为市场单一主体的媒体经济,即为传统媒体经济。以其经过 100 多年发展已经成熟的双元产品市场特征,在平台经济理论分析框架下,已经具备平台经济属性;并且根据新旧媒体共同生存与共同演进法则,在互联网时代,传统媒体在媒体经济发展中依然会是不可忽视的市场力量,所以,在"网络—平台"演化过程中,存在强烈差异的传统媒体和网络媒体被纳入同一观照体系之中,加入互联网时代之前的传统媒体经济发展环节也使得媒体经济发展分析更加完整。

3.3.1.1 20 世纪 80 年代之前:以规模经济发展特征为主导

20 世纪 80 年代之前的媒体经济形态的发展,由报业经济,发展到广播经济,再到电视经济,逐渐形成传统意义上的媒体经济格局。在本研究的综述中可以看到，虽然传播技术的发展在不断突破既有媒体的传播时空限制，而且导致不同媒体经济形态之间的市场竞争也日趋激烈，但是从总的传媒市场结构来看，不同媒体经济形态之间在发展的过程中，呈现的是和平共处、在各自的传播领域共同做大整个媒体经济蛋糕的局面，进而形成媒体经济的规模经济效应。在这个过程中，不同媒体之间的成长路径大致相同：占有稀缺性资源，包括先进的机器设备、专业的从业人员、特殊的政策支持，借助特殊的工作流程，发挥对受众和社会进行影响、操纵和支配的力量，在此基础上形成媒体的权威性、公信力，树立媒体良好的社会形象，从而吸引受众和广告商，提高发行量与广告收入。不同媒体就是在这个不断积累运营实践经验、互相学习传承、不断完善操作模式的过程中，最终形成媒体产业的成长机制，即建立起不同于其他传统商品市场的双元市场结构。在平台经济理论的框架下，这样的双元市场结构就是典型的双边市场，媒体作为平台型企业，平台市场的一边是受众，而另一边就是广告商。

所以，这个时期的规模经济，主要是来自供给者的传统意义上的规模经济，即生产产品的规模经济，并不是上节所提到的来自需求方的规模经济，那么对于供给者，即媒体企业而言，这个时期无须考虑范围经济的问题。

另外，在这个时期，作为平台型企业的媒体组织，在产品和区域两个分析维度上，我们能看出其作用的局限性，正如皮卡特所描述的，媒体市场的要素包括产品服务和所在的地理区域，两者缺一不可。而这一点恰好与平台的无限延展性特点相悖。当然，当时的媒体经济作为新兴市场，这个问题并不显现，或者说这个并不是问题。

媒体经济的规模经济效应发展的必然导向就是市场集中。进入 20 世纪 80 年代，媒体市场悄然发生着变化，与其他传统产品市场类似，市场由分立和竞争转向集中和垄断，为了寻求突破市场垄断，或者是为了巩固/加强市场垄断，媒体企业开始注重通过范围经济扩大规模经济效应。

3.3.1.2　20 世纪 80 年代：以范围经济发展特征为主导

按照霍斯金斯对范围经济的解释，范围经济对于媒体企业而言，呈现的是两种状况：联合生产，联合的供给双方所提供的产品互补，或者一主一副；共享生产要素，生产出面向不同消费群体的不同产品[①]。在企业

---

① 柯林·霍斯金斯等.媒介经济学：经济学在新媒介与传统媒介中的应用[M].支庭荣等译.广州：暨南大学出版社，2005.

运作层面,则主要表现为生产不同媒介产品的企业之间并购或联合经营的集团化发展。本研究的综述也提到,20世纪80年代后,在世界范围内媒体经济呈现出集团化、集中化的不同以往的特点。对于媒体企业并购集团化发展问题,众多的国内外学者,如吉莉安·道尔[①]、霍斯金斯[②]、谢新洲[③]等,经过归纳和梳理,得出趋于一致的观点,即媒体企业并购行为主要有三种形式:横向扩张、纵向扩张和斜向扩张,如图3-3所示。

在传统媒体经济里,媒体企业无论是横向扩张实现在同一类媒体市场形成规模经济,还是纵向扩张实现外部交易内部化以降低交易成本,还是斜向扩张实现跨媒体经营形成范围经济效应,由于其媒体经济本质以及运行规律没有发生实质性的变化,尽管产业组织形式,乃至市场结构都发生巨大的改变,不同媒体经济形态却依然保持分立的状态分别发展,根据相对常数原理,一定会遭遇发展的"天花板",如图3-3所示。而媒体经济的本质以及运行规律集中体现于与其他产业经济迥异的双元产品市场结构。可以说,双元产品市场结构是整个传统媒体经济发展的基础所在。平台经济理论研究认为媒体经济双元产品市场具备双边市场特征,将媒体经济的发展视为一类的平台经济。

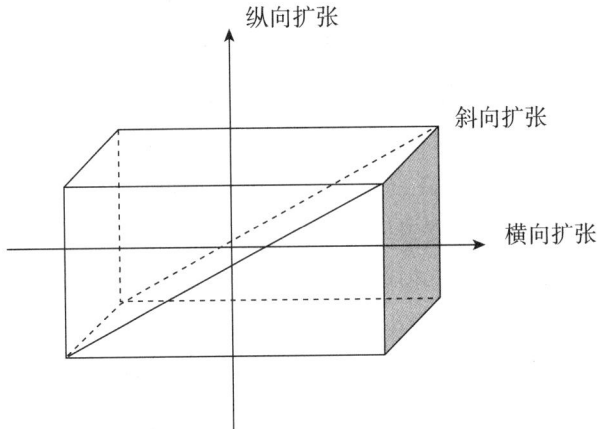

图3-3　媒体经济横向扩张、纵向扩张和斜向扩张箱体示意图

---

① 吉莉安·道尔.理解媒介经济学[M].李颖译.北京:清华大学出版社,2004.
② 柯林·霍斯金斯等.媒介经济学:经济学在新媒介与传统媒介中的应用[M].支庭荣等译.广州:暨南大学出版社,2005.
③ 谢新洲.我国跨媒体经营战略分析[J].新闻与传播评论,2005(5).

3.3.1.3 20世纪90年代至今:传统媒体数字生存的尝试

（1）传统媒体与互联网对接的数字生存

互联网的工具属性,使传统媒体再一次受益于技术进步带来的福祉。利用互联网的信息传播优势和其公共属性,传统媒体纷纷"触网"。以中国媒体经济市场为例,1997年传统媒体掀起大办网络版、电子版的第一次触网浪潮,纷纷建立自己的官方网站。《人民日报》的网络版"人民网"于1997年正式开通。两三年的时间,全国20%以上的报纸开办网络版。进入2000年,传统媒体合作建立相对独立的综合性门户网站,如2000年北京多家传统媒体合办的"千龙网",上海多家传统媒体合办的"东方网",掀起中国传统媒体的又一次"触网"潮,也就是我们经常所提到的"报网互动"。传统媒体以各种各样的形式试图在这场网络大潮中分一杯羹。这一趋势,一直在延续,其结果是钱花了不少,访问量却没有多少,更谈不上经济效益。

得益于数字与网络技术的不断进步,传统媒体以发明"手机报"的方式发布自己的内容信息产品,这可以视为传统媒体向移动互联网延伸的最初努力和尝试。从一种通信工具到新型的传播媒介,掀起传统媒体数字化生存的又一次浪潮。以中国市场为例,2004年通信运营商中国移动推出彩信技术后,手机报的发展呈现快速发展的势头。手机报的运作模式主要以地理区域范围为基础。全国性媒体就是全国运作模式,地区性媒体就以地区运作模式为主,一般都是采取通信运营商、传统媒体、互联网服务提供商的三方合作;从盈利方面来看,手机报用户最初是接受免费赠阅,随后通信运营商采用多种方法和手段,开始向用户收费,由于用户的数量相对来说不大,同时价格相对来说不高,而手机报的收入来源主要是依靠订阅收入,所以手机报的盈利能力并不强。因此,传统媒体在开展手机报业务的时候,一般只派几名工作人员负责内容编辑和市场推广以压低运营成本。

从严格意义上讲,以上传统媒体触网的行为,都不能看作是符合"网络—平台"演进的经济规律和特征,它们只不过是传统媒体多了一个资讯信息发布的渠道而已,或者说是在互联网上对传统媒体的在线化,并不是网络媒体。所以,无论怎么做,都无法像真正网络媒体那样在网络上"掘金"。归其原因,还是传统媒体对互联网的认识,只是把它当作技术工具,或者是一种新的信息传播渠道,并没有真正意识到它作为媒体的价值和优势,因此,如果仍沿用既定的传统媒体经济发展思路看待互联网,在经营中就不可能真正发挥出互联网的力量,那么在互联网上也就无所作为。

（2）传统媒体以资本为纽带的数字生存

在"网络—平台"演进过程中,存在强烈差异的传统媒体和网络媒体被纳入同一观照体系之中。那么传统媒体除了直接的实现数字化生存外,更重要的另外一个数字化生存的途径就是以资本为纽带通过企业并购斜向扩张来实现。

斜向扩张是指把媒体企业的业务侧向或斜向的扩展至其他媒体领域。根据相对常数原则,媒体企业在市场日趋垄断的环境下,斜向扩张是必需的,通过斜向扩张战略,媒体可以充分利用不同媒体之间的协力优势,发挥协同效应,实现跨媒体发展,增强自身竞争实力,实现真正意义上的集团化经营。从媒体市场扩张箱体示意图我们就能看到,斜向扩张的加入,使媒体经济发展进入全方位的市场竞争态势。如在传统出版业的新闻集团,1985 年以 5.75 亿美元购买美国好莱坞 20 世纪福克斯公司 50% 股权,在美国市场拥有福克斯新闻频道、福克斯体育频道、国家地理频道等;1990 年与英国卫星广播公司合并组成由新闻集团控股的英国天空广播公司进入卫星电视领域;1993 年,购买亚洲的星空电视,覆盖印度、日本等亚洲国家和地区。还有《时代》杂志,1990 年以 140 亿美元收购华纳兄弟,成立时代华纳集团。另外,之所以实施跨媒体并购,很重要一个原因归结于这种战略产生出媒体企业梦寐以求的范围经济,在范围经济基础上形成规模经济。以资本为纽带媒体企业对跨媒体并购乐此不疲,在世界范围内,逐渐出现横跨媒体各个行业、势力遍布全球的超级国际传媒集团,把控世界媒体经济发展命脉。

2000 年,美国最大的媒体企业时代华纳与美国最大的互联网企业美国在线（AOL）宣布合并,被称为"世纪并购",合并后,新企业的市值高达 1640 亿美元;2005 年新闻集团斥资 5.8 亿美元收购当时全美最成功的社交网站 MySpace,曾超过雅虎和谷歌成为全美流量最大的网站,一时被传为佳话,另外,新闻集团还多次收购,如媒体分享网站 Photobucket、Web 网络公司、IGN 娱乐,Scout Media 网络体育公司等,以极其迅猛的态势扩张其网络新媒体版图。

而在我国,中国媒体企业在集团化企业并购发展过程中,所呈现的是有别于世界范围内主流媒体集团化的特点。改革开放之前,我国媒体一直作为党和政府的宣传喉舌,实行的是政府统筹统支的事业化管理,不存在所谓的媒体经济。20世纪80年代以后,媒体经济开始起步,直至1994年方汉奇在其研究中提到媒介经济属性与功能的问题①,媒体经济的概念才首次在中国正式公开提出。我国媒体业在1994年提出集团化发展,1996年中国第一家集团化媒体企业广州日报报业集团成立,正式开始媒体产业化和集团化历程。1999年,国务院发布82号文件,明确提出要"资源整合""网台分离",将改革领域又转向广电行业,2000年,国家决定在广电领域组建传媒集团,并讨论"股份制改革、多媒体兼并、跨地区经营"等重大问题。2001年国家有关部委首次明确提出,支持试点集团通过"购并和重组的方式兼营、创办多种媒体","试点集团要着重在实现多渠道利用社会资金方面取得进展"②。到2004年,我国已组建40家报业集团、17家广电集团,媒体集团的总营业收入超过1000亿元规模③,奠定了我国传统媒体经济领域的整体经济规模和市场格局。

因此,我国传统媒体经济集团化发展,不同于世界主流媒体集团以资本为纽带的发展模式,而是主要以政府及政策为主导的集团化经营为策略,当然,资本因素也不可或缺,只不过资本因素也要以政策为导向,并不能成为决定性因素。在成立媒体集团的基础上,我国的传统媒体通过资本为纽带向数字领域斜向扩张。以《解放日报》为例,通过资本运营在互联网领域、移动互联领域、宽频、户外、类纸等领域快速布局,同时反过来,通过iRex阅读器下载信息,力图搭建数字平台、网络平台、移动平台三个平台,产生独特的价值,吸引资本市场,借助外部资金形成动力,拉动规模,推动整个媒体平台的发展。

由此可见,无论是世界媒体经济的发展,还是我国媒体经济的发展,虽然实现规模经济和范围经济的策略不同,前者主要依靠资本的力量,后者主要以政府政策的市场引导为驱动,但是都是在试图不断突破传统媒体经济发展中的诸多限制,如时空限制,从媒体企业自身的角度,都在力图将媒体经济的"平台经济"效应无限延伸。然而,正如图3-3所示,传统媒体经济的"平台"效应就像个箱体,不能无限延伸,无论是横向、纵

---

① 方汉奇.十四大以来的中国新闻事业[J].郑州大学学报(哲学社会科学版),1994(4).
② 谢新洲.我国跨媒体经营战略分析[J].新闻与传播评论,2005(5).
③ 张金海,黄玉波.我国传媒集团新一轮扩张的态势[J].江西社会科学,2005(5).

向还是斜向上都会遇到"天花板"。当进入互联网时代，传统媒体面对互联网将"平台"效应无限延展的局面却无所适从，似乎原先的范围经济的策略选择都失灵了，如 AOL 与华纳兄弟合并几年后的无奈分手，新闻集团收购 MySpace 几年后的铩羽而归，以及新闻集团与苹果 iPad 合作推出的 *The Daily* 两年后宣布关闭等。在遭遇到来自网络媒体的强有力竞争时，传统媒体面临严峻的生存问题。

在这里需要说明的是，本节讨论传统媒体经济的范围经济发展，并没有在时间上对该时期设以上限，这是因为传统媒体进入互联网时代，乃至今日，通过企业并购、联合实施集团化运作来寻求规模经济和范围经济的实践一直在进行中，互联网时代的到来，从积极意义上讲，虽然如刚才所言将面临市场新进入者的强有力的竞争而有生存之忧，但是更重要的是，其未来发展路径似乎又多了一个选择。

3.3.2　基于 Web1.0 的媒体经济到达发展瓶颈

Web1.0 是相对于 Web2.0 而提出的概念，通过 Web1.0 与 Web2.0 在概念上的区分，将目前身处的互联网时代分为两个发展阶段。2004 年 Web2.0 概念被正式提出，以此为基础，将 Web2.0 之前的第一代互联网技术环境定义为 Web1.0。所以 Web1.0 的技术特征反映的是互联网最基本的结构特点：海量信息的存储和传输；超链接。因此，第一代互联网技术环境凸显的还是互联网的工具属性，在应用方面主要强调的是"站点"的开发，所以在形式上以门户网站和搜索引擎为主，不过从"网络—平台"经济特征的角度，已经显示出巨大的"平台经济"效应。

3.3.2.1　以门户网站为主体的网络媒体经济发展

1998 年联合国将互联网称之为"第四媒体"，在国际范围内肯定互联网的传播价值及其潜在的商业价值。互联网作为"媒体"概念的提出正始于此。但是它的媒体地位远远不及其他三大传统媒体。这个时期的互联网的发展主要体现为网络的扩张、商用浏览器的发明，用户的增加、大量网页的涌现，以及站点应用的出现和繁荣。也就是在这场信息浪潮中，新闻门户网站作为互联网上发布新闻信息窗口崭露头角，以流水线化作业、建立职业化的信息发布队伍、一切信息都从浏览器静态网页中获得，另外再添加电子邮件、BBS 等应用服务，构建起 Web1.0 时代基本的网络媒体形态。

门户网站的兴起，说明互联网试图突破单纯的技术工具角色，开始寻找自身的价值。门户网站发挥自身的天生优势，通过超链接技术，将海量信息无限传输，这是以往任何传统媒体的传播效果都无法企及的。而且依靠这一技术特长，大量的引进、转载传统媒体的内容，对传统媒体内容进行二次信息分类整合。成也萧何败也萧何，正是缺乏自身的原创内容，门户网站作为新兴网络媒体缺乏自身的内涵，在 2000 年受全球网络经济泡沫破灭影响，加之自身盈利模式的不成熟，一度进入发展的"寒冬"，直到 2004 年。门户网站作为网络媒体由诞生，到爆发式成长，再到跌入低谷进入发展平缓期，不过几年时间，犹如过山车般，当时有评价：在目前的情况下，新媒体对内的覆盖面和影响力远不能和传统媒体相比，网络新闻媒体主要依附于传统媒体，其内容来源也主要来自传统媒体，在可预见的将来，这种情况不会有根本的改变①。

在我国，1998 年中国第一家互联网门户网站——搜狐诞生。可以说，中国在数字技术与互联网技术应用与推广方面，保持着与世界同步。所以，本研究有一个基本的判断，即中国网络媒体的发展与国外网络媒体发展，终于处在同一起跑线，这与在传统媒体经济领域的落后局面相比有了本质的改变。相应地，我国学者在基于互联网的新媒体领域的研究也走在世界的前列。因此，我国以互联网门户网站为代表的网络媒体发展与世界保持一致。

这个时期互联网发展大起大落，引发了对其商业模式的思考。而以门户网站为代表的网络媒体运营靠的是外部风险投资的支撑，尚无商业模式可言，无法通过盈利获得内生发展动力；本身又没有传统媒体所拥有的内容生产优势，缺乏作为媒体应有的核心竞争力，而媒体经济的高固定成本、低边际成本的特殊结构，使门户网站成长在还没有产生足够网络效应、正反馈机制还没有开始发挥作用的时候，一旦遇到经济环境的变化，很容易就陷入经济危机。2000 年，互联网发展初期所遭遇的泡沫破灭的发展危机，正是这方面的佐证。

当然，门户网站为自身发展一直没有停止探索。如中国第一新闻门户网站新浪，利用 Web2.0 技术寻求业务突破，短短两年时间里将其微博应用发展成为中国最大的社交网络媒体平台，但是基于微博平台的诸多

---

① 邓炘炘.加入 WTO 之后,中国大陆地区传媒产业整合与新媒体发展环境［G］//第二届中国传播学论坛论文汇编(上册),2002.

商业化尝试均以失败告终,2012年年底,新浪进行了其成立以来最大的一次企业架构调整,旨在寻找到新的商业模式,走上真正适合自身发展的道路。又如堪称世界第一门户网站、曾经被誉为"改变美国人生活"创造互联网奇迹的雅虎,其服务包括新闻资讯、搜索引擎、电邮、新闻等,业务遍及24个国家和地区,为全球超过5亿的独立用户提供多元化的网络服务,同时在全球范围内提供因特网通讯、商贸等服务。然而面对日新月异的互联网时代,其发展却显疲态,2012年裁员2000人,约占雅虎全球员工数量的14%;2016年,迫于市场和股东压力,雅虎再次对公司进行大幅重组,裁减至少15%的员工,合计1700人[①];2017年5月,雅虎作价4亿美元卖给 Verizon Communications(威瑞森通信)[②]后(雅虎市值在2000年曾一度达到1280亿美元),正式更命名为"Altaba",标志着曾经的互联网拓荒者正式退出历史舞台[③]。可以看出,门户网站在业务上无论怎么变化,其平台经济的结构依然主要延续的是传统媒体经济的双边市场结构,即向消费者提供廉价和免费的网络访问和免费内容,而广告收入仍是利润中心,包括固定进行收费、旗帜广告及一定比例的检索费用,所以门户网站其实质只是借助互联网突破地域限制的类传统媒体。

3.3.2.2 以搜索引擎为主体的网络媒体经济的发展

搜索引擎,诞生于20世纪90年代,却起源于20世纪50年代为公共信息检索服务提供的 IT 技术应用。现在所认知的搜索引擎,是随门户网站发展而诞生的一个互联网信息技术应用工具,是为解决日益突出的互联网海量信息与用户需求表达之间存在强烈信息不对称问题而生。世界第一门户网站雅虎诞生之时最初定位就是为用户提供互联网信息搜索服务。

搜索引擎以纯技术色彩的网络服务工具呈现于世,信息提供的海

---

① 明轩. 雅虎拟裁员约1700人占员工总数15%[N]. 腾讯科技,2016 - 02 - 02.
② Verizon Communications 是美国最大的本地电话公司、最大的无线通信公司,全世界最大的印刷黄页和在线黄页信息的提供商,2015年5月11日 Verizon Communications 宣布44亿美元收购美国在线。在2017年度全球500强品牌榜单排名第7。2017年2月21日,Verizon Communications 宣布,同意以44.8亿美元的现金收购雅虎核心的互联网资产,较之前达成的收购价格低3.5亿美元。6月13日,其宣布已完成对美国互联网巨头雅虎核心业务的收购。
③ Zhongzhang. 雅虎终于死了:从千亿到破产贱卖连名字都没留住[N]. 腾讯财经,2017 - 05 - 23.

量性、自由性、客观性,使用户形成应用依赖,更重要的是,它激发了用户对信息搜寻的主动性,这种主动性包含着对资讯和信息更为强烈的使用和参与动机;促进用户积极地、有目的地使用工具,并在获得资讯和娱乐中体验到久违的参与感,这种参与感意味着一种乐于对资讯和信息加以选择、诠释和回应的状态。这是在传统大众传播里无法感受到的,甚至在门户网站当年为吸引注意力而提出的所谓"网上冲浪"中也体会不到。于是,搜索引擎以工具属性产生了强烈的集聚效果,赢得了大众公信力的口碑,被认为是可信赖的、使用度很高的信息获取渠道,进而使搜索引擎由技术工具迅速演化成为一种新的媒介,由幕后走向前台,发展成为独立的网络媒体形态。这一标志性事件就是2000年谷歌正式发布门户搜索网站。更关键的是,搜索引擎让互联网的另一个基本结构特征"交互性"终得显露。交互性的特征,让用户依赖更强,在平台经济里我们称之为用户黏度。用户依赖将网络效应很快发挥到了极致,市场集中度也迅速提高,用户越来越集中于少数几个搜索引擎平台,自此,搜索引擎实现了互联网真正意义上的平台效应,形成巨大的媒体影响力。谷歌的点击欺诈门事件,中国百度的"屏蔽门"和"央视曝光"事件,乃至后来的"百度文库侵权门"事件,从另一个角度也说明了这一点。

随着搜索引擎平台效应的形成,其所蕴藏的巨大平台经济价值也发掘出来。以谷歌为例,依托搜索关键词技术,推出 AdWords 关键词广告服务,根据用户的浏览或搜索历史将广告放置在特定人群眼前,保证广告效果达到最大化,同时广告出现在用户利用谷歌搜索得到的结果右侧的位置,而不是出现在搜索结果中,保证谷歌搜索结果的公正、客观排名。而这一服务所产生的广告收入占到谷歌总收入的2/3,超过搜索引擎既往依靠搜索技术授权所收取的服务费收入所占比例,成为支撑谷歌发展的最主要经济来源。而这一关键词广告服务,也为搜索引擎这一类网络媒体寻找到合适的商业模式,也将传统媒体经济所建立起的基于用户—广告商的双边市场平台经济效应演绎到极致。

应门户网站而生的搜索引擎,依靠其建立起的新的广告信息运作模式,无论从市场规模,还是增长速度,已远远将门户网站抛在后面。2004年8月,谷歌在美国纳斯达克交易所上市,其市值一度达到2000亿美元,成为网络媒体经济的翘楚。

搜索引擎继而以强大的资本市场为后盾,在不断加大基于信息搜索的延伸类产品的开发投入的同时,整合资源,继续扩大其平台优势。谷歌通过并购方式优化资源配置,先后收购 Youtube 网络视频、Blogger. com 博客平台、Knol 网络百科、Orkut 网络社区、Picasa 图像分享等,虽然其中大部分产品不直接产生收益,但这些产品为谷歌赢得未来网络媒体市场,乃至整个新媒体产业发展的话语权打下基础。美国资深 IT 评论家约翰·巴特尔(John Battelle)曾在"Google 财经频道"评价道:无论谷歌承认与否,这都标志着谷歌的一个转型,即正变得越来越媒体化①。

作为媒体,搜索引擎还布局向传统媒体市场渗透。以中国的百度为例,2007 年百度获得新闻牌照,选择以"财经频道"作为试点,正式开发具有传统媒体意义的信息产品。经过一年的运营,百度调整战略,与财经门户和讯网合作,共同开发新闻类信息产品,推出百度—和讯财经网;在网络视频方面,百度也通过合作机制,打造中国最大的正版视频免费下载基地;另外,百度通过与传统媒介 Discovery 亚太电视网合作,共建及运营 Discovery 频道中文网站,在获得 Discovery 频道独一无二的内容优势的同时,为其自主的社区类信息产品提供内容支持与渠道推广。

2010 年,作为全球最大的搜索引擎谷歌宣布其未来发展定位于整合全球信息,而最大的中文搜索引擎百度宣布将做全球最大的媒体平台,已呈现网络媒体向媒体平台的发展之趋势。

虽然以搜索引擎为技术特征的网络媒体的发展气势恢宏,但是从目前市场发展来看,搜索引擎仍依赖网络广告作为其营业收入的主要来源,与传统媒体以及以门户网站为特征的网络媒体比较,它改变的仅是广告信息的运作模式,其本质还是延续传统媒体的商业模式框架。所以,搜索引擎商业模式只能说是网络媒体商业模式发展的过渡阶段,并不能代表媒体经济未来发展的方向。

以 Web1.0 为技术特征的媒体经济发展,无论是网络媒体的兴起,还是传统媒体的"触网",从平台经济角度审视,其经济结构建立在以"人—网(机)"关系的基础之上。在这一点上,与以 Web2.0 为技术特征的媒体经济平台化发展有着本质的区别。

①　陈琼.搜索的十六年流变[J].互联网周刊,2006(8).

3.3.3　基于Web2.0的媒体经济开启互联网交互式信息平台机制

3.3.3.1　基于Web2.0的媒体发展基础:互联网交互式信息平台

互联网交互式信息平台定义的是Web2.0环境下全新媒体形态概念。所谓的交互性,体现的是一种关系。彭兰(2011)曾从"内容—关系"的角度探讨媒体平台化问题①,她的观点有助于理解这种关系:媒体是以内容的传播为目标的,因此在网络媒体的发展初期,仍然信奉"内容为王"这样的口号,这种思维看作是传统媒体思维的延续。然而在媒体平台发展趋势下,同质化信息、碎片化信息、过载信息等使内容对于人的持续吸引能力被削减,人与内容的关系呈现出偶然性、随意性与跳跃性的特征,人们都可以参与内容的生产,而这内容的目的,却往往不在于内容本身,更多的是在编织自己的社会关系网络,延伸自己在网络社会中的关系。那么这种关系的意义在媒体经济平台化发展中显得比内容更为重要。所以我们说,进入Web2.0环境下的媒体经济,建立在以"人—人"关系的基础之上。这相对于"人—网(机)"关系,媒体经济平台化发展进入更高层次阶段。不仅新媒体,包括传统媒体,都应以整合的思路打造一体化媒体经营平台②。

林翔(2012)揭示了互联网交互式信息平台所具有的平台属性:系统性、共聚性、协同性③。根据其互联网交互式信息平台的建构思想,本研究给出互联网交互式信息平台的实现机制,如图3-4所示。

互联网交互式信息平台由三个层次模块组成:支持平台,传统媒体以及其他传统意义上的信息服务机构成为底层支持平台的主体;渠道平台,是实现"交互"功能的核心平台,构成基于互联网的交互空间,其具体形态可以分为工具类平台、资讯类平台、娱乐类平台、社交类平台、生活类平台等多种应用形态;用户平台,处于整个平台结构的核心位置。支持平台和渠道平台构成对用户平台的支撑,反映的是整个网络交互式平台以用户为中心的构建思想。同时,用户平台已不再只是被动的信息接收和消费者,也是信息的主动创造者、获得者和使用者,每个参与其中的人或组织都可以成为"信息源",因此渠道平台与用户平台之间产生了特

---

①　彭兰.数字技术推动下的信息传播趋势[J].军事记者,2011(4).

②　喻国明.媒介的一体化经营平台的构建[J].新闻与写作,2011(7).

③　林翔.基于网络交互式平台系统的传播模式实现[J].东南传播,2012(1).

殊的网络交互状态,所以如图3-4所示,在渠道平台与用户平台之间的
关系不用箭头相连以示它们之间的特殊关系。

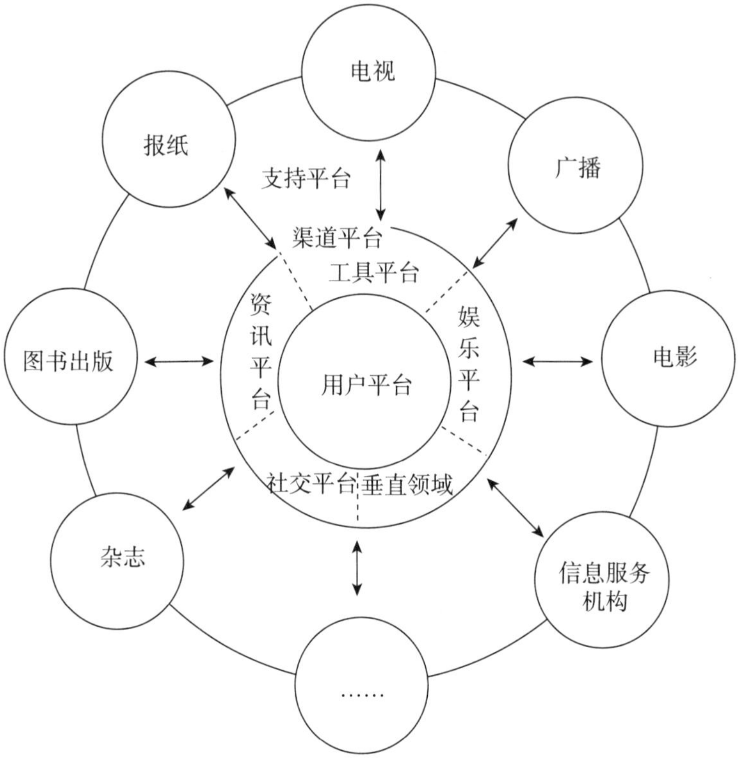

图3-4 互联网交互式信息平台的实现机制示意图

由此可见,在媒体经济分析系统里,互联网交互式信息平台的概念
所指既包括经济行为为主体的相互作用的结构,也包括正外部性的经济
属性。因此,互联网交互式信息平台既是建立在媒体经济主体之间相互
作用的一个集合,也是媒体经济主体对不同经济目的采取相似行为的一
个集合。从某种意义上讲,互联网交互式信息平台的经济特征就是反映
各经济主体之间的互补性关系,所以本研究的一个基本命题就是,互联
网交互式信息平台是媒体经济平台化发展的基础。可见,互联网交互式
信息平台机制将媒体经济平台化发展演绎到极致。

3.3.3.2 互联网交互式信息平台机制下的媒体经济发展

互联网交互式信息平台机制下媒体向媒体平台概念的延伸,不仅在
媒体平台应用上呈现百花齐放的态势,而且使媒体经济进入一个媒信通
融合的大产业发展中。

（1）网络媒体平台应用百花齐放

自 2004 年 Web2.0 概念诞生,短短几年时间里,网络媒体平台的发展如雨后春笋般,如表 3-1 中莱文森所归纳的,脸谱网(Facebook)、博客网(Blog)、维基网(Wiki)、第二人生(Second Life)、聚友网(Myspace)、播客网(Podcasting)、掘客网(Digg)、优视网(Youtube)、推特网(Twitter)是其中的典型代表,它们代表了当今世界范围内交互式网络媒体平台的主流领域。相对于国外网络媒体平台的发展,中国媒体经济也同时形成自己的网络媒体平台布局,见表 3-4。

表 3-4　中国主要网络媒体平台与世界主要网络媒体平台对照表

国外新新媒体	诞生时间	中国新新媒体	诞生时间
博客网	1999 年	博客	2004 年
维基网	2001 年	百度百科	2006 年
聚友网	2003 年(2004 年被新闻集团收购,2011 年被新闻集团出售)	人人网	2005 年诞生 2009 年更现名
脸谱网	2004 年		
播客网	2004 年	土豆网	2004 年(2012 年 3 月被优酷网收购)
优视网	2005 年	优酷网	2005 年
推特网	2006 年	新浪微博	2007 年

2007 年,Facebook 宣布开放其平台,将一个大学生之间互相联系的网络工具发展成全社会化的全球最大社交网络平台,并于 2012 年 5 月在纳斯达克上市。在 Facebook 开放平台取得巨大成功的刺激下,全球范围内各种网络媒体平台纷纷加入开放平台的行列。2008 年谷歌宣布"云计算"计划,2009 年百度推出"框计算",欲将搜索引擎对信息的控制力发挥到极致,将用户所有的互联网需求一网打尽,通过搜索引擎媒体平台对整个信息资源整合,提供一站式信息服务;2010 年腾讯推出社区开放平台,将以即时网络通信为主体的平台改造为一站式网络生活服务平台;同年新浪推出微博开放平台,旨在提高用户对平台网站的黏性和使用程度,巩固其中国第一门户网站的地位;阿里巴巴开放其 C2C 电子商务平台,试图将这个准平台建成开放的、真正意义上的平台,最终实现

建立全世界第一个,也是最大的虚拟交易市场目标。开放成为当今网络媒体平台发展中新的最大亮点。表3-5反映的是中国主要网络媒体开放平台。

表3-5　中国主要网络媒体开放平台一览表

中国网络媒体	主要开放平台
新浪	新浪微博开放平台 open. t. sina. com. cn
搜狐	白社会开放平台 wiki. bai. sohu. com 搜狐博客开放平台 ow. blog. sohu. com
网易	网易微博开放平台 open. t. 163. com 网易开发者平台 apps. 163. com
百度	百度知道开放平台 zhidao. baidu. com 百度应用开放平台 app. baidu. com 百度移动开放平台 open. shouji. baidu. com 百度开放平台 open. baidu. com
腾讯	腾讯社区开放平台 opensns. qq. com 财付通开放平台 open. tenpay. com 拍拍开放平台 pop. paipai. com 搜搜开放平台 open. soso. com 腾讯微博应用开放平台 open. t. qq. com Manyou 开放平台 www. manyou. com
阿里巴巴	淘宝开放平台 open. taobao. com
人人网	人人网开放平台 dev. renren. com
开心网	开心网开放平台 www. kaixin001. com
盛大	盛大开放平台 open. sdo. com 盛大开发者平台 dev. sdo. com
天涯	天涯开放平台 sandbox. tianya. cn
优酷	优酷开放平台 dev. youku. com
51	51 开放平台 developers. 51. com
豆瓣	豆瓣 API www. douban. com

注:根据2011—2012年网易科技频道相关信息整理。

(2)媒体经济遭遇商业模式之困

互联网交互式平台在网络社会里建立起的"人—人"交互式结构的

经济关系,让诸如苹果、微软等 IT 业平台型科技企业嗅到巨大的商机和广阔的市场,纷纷进入媒体市场,开辟自身发展的蓝海。以苹果为例,由硬件制造提供商完美转身成为整合整个网络媒体产业链的产业领导者,在短短不到 5 年的时间,成为世界上市值最高的企业,在 2015 年达到 7418 亿美元,比福布斯排名第一的中国工商银行市值高出近 83%,见表 3－6。市值指标的高低反映的是资本市场对企业成长性的认可和对其未来发展的预期。

表 3－6 2015 年苹果与中国工商银行的经济数据对比表

福布斯排名 (2015 年)	公司	销售额	利润	资产	市值
1	中国工商银行/ICBC	1668	448	33220	4074
12	苹果/Apple	1994	445	2619	7418

注:数据来源于 2015 年福布斯全球企业 2000 强排行榜。单位:亿美元。

然而,除了苹果整合整个网络媒体产业链所产生出巨大的商业价值,谷歌和百度为代表的搜索引擎通过广告运作模式的创新创造出巨大的平台经济效应,以及在即时通讯和电子商务领域所固有的经济价值外,在商业模式上鲜有可以称道的网络媒体。纵使 Facebook 发展成为世界最大的社交网络平台,聚集全世界最多的用户,但在商业模式上似乎仍在探索之中,商业变现还是显得那么困难,这一点从资本市场的反映就可见一斑。2012 年 5 月,Facebook 在纳斯达克上市的第二天就破发大跌 11%,一年以后,其市值从开盘时的 1000 多亿美元缩水到 600 多亿美元。商业模式成为横亘在 Web2.0 时代新媒体经济发展前面的一道坎。

虽然 Web2.0 时代媒体经济遭遇商业模式之困,但是,对媒体经济市场的发展趋势逐渐形成共识:未来的战略高地就在于平台之争,谁占据平台,谁就控制未来互联网的发展命脉,谁就将获得绝大多数用户。谷歌 2011 年以 125 亿美元收购摩托罗拉移动,旨在加强硬件实力,以控制平台的入口与苹果竞争,亚马逊 2012 年也宣称将拥有自己的智能移动终端的战略计划。针对这样的发展现实,莱文森(2010)在研究"新新媒体"的时候指出,媒体演化的下一个阶段是传递新新媒体的载体硬件的发展,这些硬件设备将一切新新媒体的内容送达每一个人的手掌、眼睛和耳朵①。

3.3.4 基于移动互联的媒体经济实现平台规模经济

3.3.4.1 "平台化"趋势超越单纯媒体平台概念

苹果的崛起,在某种程度上得益于在全球范围内"移动互联网"技术环境的发展与成熟,当然也包括中国,这依然体现的是媒体经济平台化发展逻辑的技术逻辑维度。自 2009 年我国通信领域实现 3G 技术大规模使用以来,移动互联网应用在我国的发展已经走过 3 年的历程。可以说,3G 技术的商用,解决了"三网融合"最后一个技术瓶颈,为基于移动互联网的新媒体应用带来更广阔的发展空间。基于移动互联的平台式传播应用开始爆发式成长。

值得一提的是,早在 20 世纪末 21 世纪初,"移动互联网"已经进入了相关领域研究者的事视野,如周其仁的"三网合一,数网竞争"研究②,以及信息领域的"无线互联"趋势研究③,为后来的新媒介产业的"三网融合""移动互联"等方面研究提供了有益的理论参考。移动互联网信息传播的最主要载体莫过于手机,即后来发展成为集通讯、信息应用于一体的智能终端,自 2004 年我国首份手机报问世,手机的媒体化功能逐步凸显,其优于传统媒介的互动性、个性化、即时性特点使其在新媒介市场中脱颖而出,被称为"第五媒体"。但是由于移动互联网技术的限制,以及传播功能的单一,移动互联的概念虽然很早提出,但是并没有释放出其媒体商业价值,直到苹果的 iOS 和谷歌的 Android 系统的横空出世。

移动互联网时代的到来,迅速而深刻地改变着用户习惯,iOS 平台和 Android 平台创造了数百万款 APP 应用,在移动设备端打败了 Windows + 浏览器的模式,使其承载和融合各种新媒体服务,移动个人终端已不再仅仅局限于"通信工具"的范畴,而是成为人类进行社会交往和信息传播的一种重要的新媒体融合平台。而在移动互联网时代,用户通过智能终端 + 高速移动网络,对百度搜索和 360 安全对依赖性大为降低,导致其竞价排名、网址导航等更是日益边缘化。从统计移动互联网的使用时间

---

① 保罗・莱文森. 新新媒介[M]. 何道宽译. 上海:复旦大学出版社,2011.
② 周其仁. 数网竞争[M]. 北京:三联书店,2001.
③ 李纲,林翔. 网络经济的新亮点:有线互联和无线互联的资源整合[J]. 中国信息导报, 2002(3).

来看,现代人除了睡觉,几乎 16 个小时跟它在一起,比 PC 端多出十倍以上的使用时间。2010 年始学者们开始纷纷关注移动互联网,如付玉辉(2010)第一次对手机媒体发展研究做年度综述①,彭兰(2011)关注苹果新智能终端 iPad 对传播格局的影响②,以及林娜等(2011)关注世界传媒企业对移动新媒体的应用③。

2011 年 2 月,IT 风险投资人约翰·杜尔提出一个新的概念:SoLo-Mo。SoLoMo,即社交(social)、本地位置(local)、移动(mobile)三个单词的集合,用以概括当今移动互联网最具代表性的三个典型应用和趋势。"社交、本地、移动"支撑起未来移动互联网的创新应用。这个概念一经提出就风靡整个互联网世界,在 2011 年掀起全球性的 SoLoMo 的讨论热潮。有业内人士将 SoLoMo 的概念进一步解释为是一个集"社会信息的服务,基于位置的服务,移动网络的服务"为一体的未来融合性大产业的代名词,"位置"是 SoLoMo 概念的关键,基于位置的服务,不仅是移动互联网极具潜力的新商业模式,更将带给人们一种现实与虚拟相融合的全新社会化社交生活(东航,2011)④。还有人认为,SoLoMo 之所以受追捧,在于它可以部分有效解答和解决人类在真实四维空间产生位移过程中伴随产生的需求和欲望,因此如何 from location based service to location enhanced gain 才是最有趣味的创新(马旗戟,2011)⑤。也有人认为,So-LoMo 反映的是互联网由技术性向社会性转变第一大趋势(刘文涛,2011)⑥。虽然 SoLoMo 作为 2011 年在业界提出的一个新兴概念,但是它反映出移动互联网平台化发展的方向。

有研究结合现实发展情境把媒体平台的发展分为四个阶段,而基于移动互联网应用的强化时空因素的媒体平台处于第四阶段(张金海,2011)⑦。而这一阶段的发展,比以往任何阶段都更有效率,更吸引眼球。短短 3 年间,到 2014 年 7 月,中国移动平台应用服务开始超过 PC

---

① 付玉辉等.手机媒体 2010:移动互联网时代的平台型融合新媒体——2010 年我国手机媒体研究综述[J].中国传媒科技,2010(12).
② 彭兰.Ipad 传播:新空间与新模式[J].对外传播,2011(2).
③ 林娜等.Ipad 给力,新闻集团引领"平板"策略[J].新闻界,2011(1).
④ 东航.2011 年移动互联网年终盘点之 SoLoMo 概念风靡[J].卫星与网络,2011(12).
⑤ 马旗戟.LBS:From SOLOMO To SOLOMOCO[J].广告大观综合版,2011(8).
⑥ 刘文涛.谁决定 SoLoMo 的未来[J].广告大观综合版,2011(9).
⑦ 张金海,余晓阳.从甄别选择到精准匹配:互联网互动平台的广告运作模式[J].广告人,2011(6).

平台应用服务,既有的 QQ、门户网站、微博、搜索引擎、360 等 PC 端网络媒体平台的流量 70% 来自于移动互联网终端。另外,面对苹果的巨大成功,无论是在国内网络媒体平台还是国外网络媒体平台,纷纷效仿苹果,进入移动互联设备制造和移动互联生态圈打造市场,加入整合网络媒体产业链。虽然来自移动互联网终端的收入占全部收入的比重为 10%—20%,但是人们花在移动终端的时间已经是 PC 端的十倍,这一点,足以让网络媒体平台趋之若鹜,进而加速推进移动互联网平台化发展趋势。

由此可见,移动互联网的平台化发展呈现出超越单纯媒体平台的趋势。正如京东创始人刘强东(2015)所认为,当时移动互联网发展到今天,内容还是以新闻、资讯、社交、电商、游戏为主,与 PC 时代相比,尚未出现超级巨大的、彻底的革新性改变①。所以,移动互联网时代,与其说在技术方面的平台突破,还不如定义它为在商业环境上的改造与突破。于是凸显"移动互联网"技术环境的媒体经济发展的关注焦点从技术与传播转移到产业跨界融合为特征的发展趋势。

3.3.4.2 媒体经济进入产业跨界融合为特征的发展时期

无论现在还是未来,在 3G、移动互联网、物联网、数据云计算等构成的新的媒体技术环境下,媒体经济平台化发展,不仅包括来自原有产业体系的竞争发展,而且还涉及来自不同产业体系、不同产业链环节的竞争发展,产业中的企业的角色和相互关系已经与传统产业分立状态下大为不同。移动互联网的平台化发展呈现出超越单纯媒体平台,重新定义了媒体经济产业边界,媒体经济发展呈现出产业跨界融合的特征。

基于信息传播领域的产业融合现象和信息传播产业现实,有学者指出,主宰着数字化网络和"点对点"传播的领导者并不是媒体业,而是 IT 业,整个新媒体产业处于结构性的融合过程中(周笑,2011)②。我们可以有一个基本的判断,就是互联网时代媒体经济平台化发展中的主体已经形成两极:传统媒体和网络媒体。传统媒体已不是媒体经济发展中的唯一的绝对主体,而网络媒体也已不再是媒体经济发展中的附属,而且在媒体经济平台化发展的趋势中发挥着绝对重要作用。表 3 – 7 是以 2015 年福布斯全球企业 2000 强排行榜为数据基础,对其

---

① 该观点源自 2015 年 12 月 6 日"2015 中国企业领袖年会"上京东创始人刘强东的主题演讲。
② 周笑.新媒体产业格局及发展趋势解析[J].电视研究,2011(1).

中的上榜前十位的传统媒体集团和主要网络媒体经济数据的统计。

表3－7　2015年全球前十位传统媒体集团与主要网络媒体经济数据统计表

排名	公司	国家	销售额	利润	资产	市值
12	苹果/Apple	美国	$199.4B	$44.5B	$261.9B	$741.8B
39	谷歌/Google	美国	$66B	$13.7B	$131.1B	$367.6B
46	康卡斯特/Comcast	美国	$68.8B	$8.4B	$159.3B	$147.8B
84	迪士尼/Walt Disney	美国	$49.8B	$7.8B	$87B	$179.5B
163	时代华纳/Time Warner	美国	$28.1B	$3.8B	$63.3B	$70.8B
256	时代华纳有线电视/Time Warner Cable	美国	$22.8B	$2B	$48.5B	$43.5B
282	威望迪/Vivendi	法国	$14.5B	$6.3B	$43.4B	$34.6B
288	美国直播电视集团/Direc TV	美国	$33.3B	$2.8B	$25.5B	$43.6B
304	腾讯控股/Tencent Holdings	中国	$12.8B	$3.9B	$27.6B	$181.1B
392	哥伦比亚广播公司/CBS	美国	$14.1B	$3B	$24.1B	$30.4B
394	汤森路透/Thomson Reuters	加拿大	$12.6B	$1.9B	$30.6B	$33.2B
424	维亚康姆/Viacom	美国	$13.9B	$2.3B	$23.4B	$27.9B
458	亚马逊/Amazon.com	美国	$89B	$-241M	$56.9B	$175.1B
467	雅虎/Yahoo	美国	$4.6B	$7.5B	$62B	$40.9B
539	奥姆尼康集团/Omnicom Group	美国	$15.3B	$1.1B	$21.6B	$19.5B
546	百度/Baidu	中国	$7.9B	$2.1B	$161.1B	$71.4B
1299	新闻集团/News Corp	美国	$8.7B	$269M	$16B	$9.4B
1309	网易/Netease.com	中国	$1.9B	$771M	$4.9B	$14.5B

注:数据来源于2015年福布斯全球企业2000强排行榜。单位:B为十亿美元,M为百万美元。

从以上统计的数据可以得出,上榜的主要网络媒体的平均利润率达到18.9％,平均总资产收益率为10.24％,而前十位传统媒体集团的平均利润率为14.1％;平均总资产收益率为7.3％,两大阵营的主要经济数据开始接近,如果不计苹果的数据,其余网络媒体的平均利润率为

15.2%,平均总资产收益率6.3%,甚至低于传统媒体集团。虽然从总销售额和总资产的绝对数据来看,网络媒体已经超过传统媒体的规模,网络媒体的成长性已经超过传统媒体。在这样的市场形势和局面下,传统媒体将面临转型和生存的考验。

以上对媒体经济发展脉络的梳理,基于平台逻辑将互联网时代之前的媒体经济发展和进入互联网时代以后的媒体经济发展联系在一起,同时将在经济运行规律和特征上存在巨大差异的传统媒体和网络媒体纳入到同一脉络体系;相应地,对媒体经济发展脉络的梳理中,从隐性到显性,平台逻辑无不体现于媒体经济形态演进的各个方面。面对媒体经济的平台化发展,身在其中的无论传统媒体,还是网络媒体都必须思考如何适应这样的变化,或者如何去主动参与其中,促进媒体经济的发展。

4 基于平台化逻辑的传统媒体转型

4.1 传统媒体经济的平台特征和本质

4.1.1 传统媒体经济的特征：负交叉网络外部性

4.1.1.1 放大了的负网络外部性

传统媒体经济的双元产品市场，被认为是两个相互作用和相互影响的不同产品市场，一个市场的表现会影响到另外一个市场的表现，于是传统媒体经济有了双边市场的特征。在前文的研究综述中提到，安德森（Anderson，2005）和科特（Coate，2005）对传统媒体的双边市场特征有这样的观点：媒体是具有负外部性特征的双边市场。根据他们研究的内容，可以这样阐释，在媒体经济中，一边市场的表现会反作用于另一个市场的表现，即广告市场的表现反作用于媒体产品市场，媒体产品市场的消费者视广告为讨厌而无用的东西，广告给消费者带来了负效用。

可以看到，以往的研究忽略了另外一个角度，即媒体产品市场表现对广告市场的作用。传统媒体在平台经济理论研究中，属于观众制造型平台企业，作为这一类型的平台企业，广告商和受众的匹配形成其平台机制，也构成媒体经济的双边市场结构。假设媒体企业产生的平台效应所聚集的受众数量越来越多，且受众对平台上的广告信息能够做出积极的反应，那么，平台另一边的广告商就会越来越重视这个平台效应，在版面上刊登广告和获得更多广告时间的需求也就更加强烈，最终促进整个双边市场的繁荣。这是这个平台机制的基本内容。显然，传统媒体经济平台机制的本原在于媒体产品市场表现对广告市场的作用，所传递出的是受众群体对广告商带来的正效用,即正的网络外部性。而这一本原角度正好被以往研究所忽略,而导致忽略"正网络外部性"的原因主要在于双边市场理论在当时大的经济环境下所形成的研究视野局限,即"平台最核心需要解决的问题就是如何合理正确制定平台双边价格结构以确定哪边是获利的主要来源,以保证平台收益最大化"。

所以,传统媒体经济双边市场一直强调的负网络外部性,是在忽视"正网络外部性"的情况下,放大了的负网络效应。而这一点与平台型企业所呈现出的一般特征,即正网络效应相悖,如图 4-1 所示。

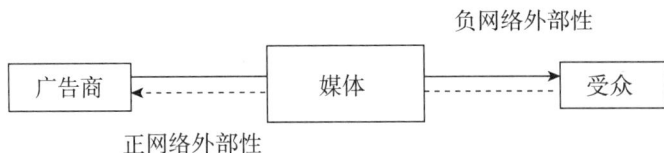

负网络外部性

广告商 ←- - - - - 媒体 - - - - -→ 受众

正网络外部性

图 4-1 传统媒体经济双边市场放大了的负网络外部性示意图

4.1.1.2 强化了的交叉网络外部性

上节所提到的传统媒体经济双边市场研究视野的局限,除了大的经济环境因素外,另外一个很重要的原因就在于传统媒体双边市场的交叉网络外部性特征。解决平台双边价格结构以确定哪边为主要获利来源的依据就来自交叉网络外部性。

交叉网络外部性是双边市场的微观结构特性之一。双边市场理论对这一特性的解释,强调平台效应不仅仅取决于平台所聚集的同类型参与用户的数量,而是取决于平台上另一类型参与用户的数量。对于传统媒体经济而言,就是广告市场的规模,取决于媒体产品市场所能吸引受众的规模。在媒体企业间的竞争中,平台同质性越强,广告收入来源可能越显重要,而且会投入更多以保证节目内容的质量来吸引观众,受吸引的受众数量越大,广告传播价值越大,进而媒体所产生的经济效益也就越大,交叉网络外部性的作用更加显现。

然而,在关注传统媒体经济的交叉网络外部性的时候,却忽视了与交叉网络外部性相对应的另外两种外部性:直接网络外部性和间接网络外部性。

直接网络外部性一般更加显现于消费一方。但在传统媒体经济里,消费一方,即媒体受众互相之间的影响不大,从传播的角度,受众与媒体(平台)之间的关系是线性关系,受众之间并没有建立起关系,当然这一点,进入互联网时代后,发生了本质性的变化。于是,在双边市场研究中认为传统媒体经济中消费(受众)一方不具备直接网络外部性。

而间接网络外部性一般出现于供给一方。在传统媒体经济里,供给一方,即广告商,间接网络外部性体现于广告运作的创新,而在这一点上,传统媒体经济并没有意识到,或者说,运作100多年至今的成熟的广告运作机制,对于传统媒体而言,已经能够产生利润最大化,创新只会是增加额外投入成本或与他人作嫁衣。所以在传统媒体经济里,间接网络外部性效应显得很弱。

因此,在惯性思维的驱使下,媒体经济的交叉网络外部性特性,在忽略直接外部性和间接外部性的情况下,得以强化。而交叉网络外部性和负网络外部性叠加,形成负交叉网络外部性将大大局限传统媒体的发展,如图4-2所示。

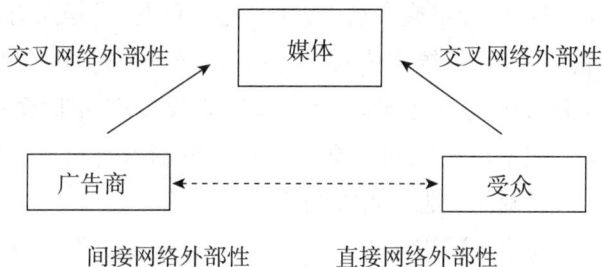

图4-2 传统媒体经济双边市场强化了的交叉网络外部性示意图

4.1.2 传统媒体经济的本质:单边平台经济

4.1.2.1 广告商的多归属行为与受众的单归属行为

将不同的媒体形态视为不同的处在同一竞争环境下的平台企业,那么整个媒体经济就呈现出多平台的竞争情况。受众和广告商作为平台的不同类用户,在平台间的转移形成他们的不同归属行为。

受众在选择不同媒体的时候,往往不在于经济因素,所以在平台经济中,将受众与媒体的关系定义为单归属行为。而广告商却相反,他们往往根据经济利益在不同媒体间做出选择,他们与媒体的关系定义为多归属行为。所以媒体经济的双边市场,一边是用户单归属,而另一边则是用户存在多归属行为。

一边用户的多归属行为增强了平台对单归属一边用户的价格竞争。于是媒体往往利用低价格以及免费去获得单归属一边的用户以增强其平台竞争力,最终所形成的价格结构是多归属一边的广告商将支付较高的价格,而单归属一边的受众只需支付一个较低甚至为零的成本。

4.1.2.2 Rochet-Tirole 规范模型下的倾斜定价

传统媒体双边市场严格符合 Rochet-Tirole 规范模型,不同类用户之间没有直接交易行为,不仅如此,从传播的角度来说,两者之间不存在关系,仅仅是通过媒体的平台机制实现各自的广告市场和媒体产品市场。那么对于媒体而言,它只需考虑如何通过倾斜定价来制定平台双边价格结构,以保证自身收益最大化。

倾斜定价的原理,简单的理解就是,双边市场的平台经营者把市场中的一方看成是主要利润的"创造者",也就是盈利方,在这一方制定较高的价格;而把另一方看成是影响交易量的"决定者",也就是成本方,在这一方往往制定低的价格或者给予补贴,甚至免费,承担所有成本,这就形成倾斜定价。所以,传统媒体双边市场将广告市场一边看作是具有较高价格的"利润市场",通过倾斜定价机制,将媒体产品市场一边看作是低价格维持的"成本市场",对受众方制定低的消费价格或者免费,以吸引更多的受众,以确保广告市场较高价格的维持。

然而,传统媒体双边市场放大和强化了的负交叉网络外部性,让传统媒体市场的倾斜定价机制作用发挥受到了很大的限制。于是当媒体经济双边市场的平台竞争越来越激烈,不同平台的价格结构越来越同质化的时候,为了吸引更多的受众,媒体往往要在内容制作上加大额外投入,从而也增加了整个市场的交易成本,如图 4-3 所示。

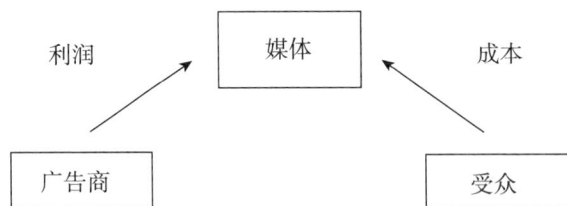

图 4-3 传统媒体经济双边市场倾斜定价示意图

因此,传统媒体经济的双边市场,本质上实现的是单边平台经济。对受众,媒体虽然出售内容和信息,但主要是成本投入;对广告商,媒体贩售广告空间和时间,受众与广告商之间缺乏内生的相互关系作用。传统媒体的双边市场就其本质来看更接近于媒体为卖方的双重单边市场[①]。

4.2 传统媒体经济平台化发展的困境

如前文所述,传统媒体经济的发展将遭遇天花板。进入互联网时代,媒介融合、产业融合,网络媒体作为新生市场力量的崛起,使这个现实更加凸显。可以说,媒体经济的平台化发展使传统媒体经济陷入某种困境。这种困境是传统媒体经济本身作为一类平台经济的发展局限,当遇到网络媒体强势的市场竞争时爆发形成。那么,可以基于平台发展的局限视角来审视传统媒体经济发展的困境。

4.2.1 负交叉网络外部性不具备平台扩张优势

4.2.1.1 传统媒体经济的负反馈机制

在传统经济中,供求与价格形成相反之势,市场均衡才得以实现,所以对经济过程其主导作用的力量称其为负反馈,一般经济中形成市场均衡的必要条件就是负反馈机制。传统媒体经济的双边市场,由于负交叉网络外部性的特点,也呈现出这样的负反馈机制,如图4-4所示。

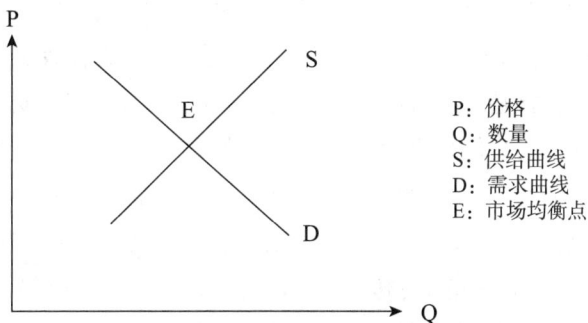

P: 价格
Q: 数量
S: 供给曲线
D: 需求曲线
E: 市场均衡点

图4-4 传统媒体经济的负反馈机制示意图

根据传统媒体经济双边市场的广告商的多归属行为、受众的单归属行为以及倾斜定价,广告市场与价格的关系呈现为正相关,而媒体产品

---

① 余晓阳,张金海.传统媒体的数字化转型与新媒体的平台化发展——基于双边市场理论的经济学分析[J].新闻界,2012(5).

市场与价格的关系为负相关,也就是说,媒体对广告市场定价提高,广告市场平台效应增大,而媒体产品市场的平台效应减小,受众减少;媒体对广告市场定价下降,广告市场平台效应减小,而媒体产品市场的平台效应增大,受众增多。这个过程不断重复,直至达到市场均衡,即 E 点。负反馈机制核心要义就在于一种效应的增加必然导致另一种效应的减小,任何变动都会被其产生的反向变动所抵消。在这里由于媒体经济双边市场的另一边媒体产品市场的价格需求弹性很小,而且与广告市场之间并不存在内生关系,所以媒体产品市场本身的价格体系不在传统媒体经济负反馈机制中。而这一点又证明了传统媒体经济双边市场实现的是单边平台经济。

网络媒体基于互联网的平台效应反映的却是正反馈机制。本研究第三章对互联网的正反馈机制做过阐述,正反馈机制的要义正好与负反馈机制相反,它是一种"反市场均衡"状态,在这一状态下,双边市场的平台效应会不断增强。两方会同向变动,一荣俱荣,一损俱损,平台规模无限扩张。

4.2.1.2　传统媒体经济的资源位

谷虹(2012)在其信息平台研究成果中提到"资源位"的概念,她认为传统媒体产业的资源位集中于信息平台层级最外围的一个领域[①]。本研究在第三章所指出的媒体经济平台化发展的基础——互联网交互式信息平台,传统媒体位于其中的支持平台并成为构成主体。从传统媒体的资源位来看,其处于最基础的应用层领域,而且随着数字技术和互联网技术的发展,该应用层的信息内容提供商将层出不穷,变得越来越丰富,在互联网交互式信息平台模式中传统媒体不是唯一的支持平台构成主体,由于其负交叉网络外部性的特点,封闭式的平台效应越来越难以满足不断膨胀的信息需求,以新闻资讯、娱乐为特征的内容产品的垄断地位将被动摇。由此可见,传统媒体经济只是未来平台经济的基础部分,是媒体经济平台化发展中的一个层面,很难成为平台核心层部分。

而网络媒体,通过互联网交互式信息平台模式我们可以看到,是构成交互式特点的核心部分,而且与处于整个平台结构核心位置的用户平台之间产生特殊的网络交互状态,网络媒体将占据平台核心的制高点,

---

① 谷虹.信息平台论——三网融合背景下信息平台的构建、运营、竞争与规制研究[M].北京:清华大学出版社,2012.

互联网的正反馈机制在从中又起到推波助澜的作用。

因此,在整个媒体经济平台化发展中,传统媒体在其中的地位有不断被边缘化的趋向,成为受制于其他更核心位置的平台企业的附庸者。表4－1是对传统媒体和网络媒体在平台扩张优势方面的特征比较。

表4－1 传统媒体与网络媒体平台扩张优势比较

	传统媒体	网络媒体
网络外部性特征	负交叉网络外部性	正交叉网络外部性
反馈机制特征	负反馈机制	正反馈机制
平台规模特征	平台规模受限	平台规模无限
平台功能特征	支持平台	交互平台
资源位特征	基础位置	核心位置

4.2.2 单边平台经济仅具有单一的盈利模式

传统媒体经济双边市场,在本质上实现的是单边平台经济;同时由于广告市场与媒体产品市场之间缺乏内生关系,传统媒体经济的双边市场可以理解为以媒体为供给方的双重单边市场:一个是以媒体为供给方、广告商为需求方的广告市场,另一个是以媒体为供给方、受众为需求方的媒体产品市场。从以上两个不同的单边市场入手,分析传统媒体经济双边市场的盈利模式特点。

4.2.2.1 广告市场的盈利模式

媒体向广告商出售广告空间和时间,广告商向媒体支付相应的广告费,构成广告市场的基本盈利模式。这一盈利模式的实现严格遵循的是传统经济学的分析框架,如图4－5所示。

广告市场的盈利模式的实现靠的是媒体把媒体受众的时间卖给广告商。媒体向受众收取的价格越低,就能向广告商收取越高的价格。向受众收取的价格下降向右移动了广告的需求曲线,也就是图4－5中D_0上升到D_1,需求的增加引起广告价格从P_0上升到P_1,供给量从Q_0增加到Q_1。

4.2.2.2 媒体产品市场的盈利模式

媒体向受众出售信息资讯和娱乐等媒体产品,受众向媒体支付相应的消费费用。构成了媒体产品市场的基本盈利模式。但是事实并非如此,如图4－6所示。

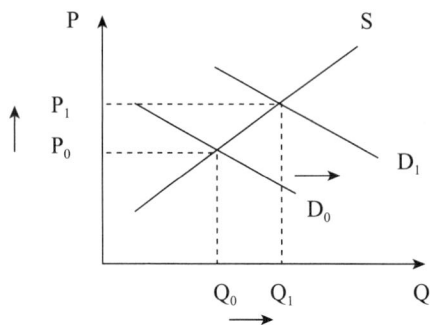

图 4 – 5　广告市场的基本盈利模式
实现的 D-S 示意图

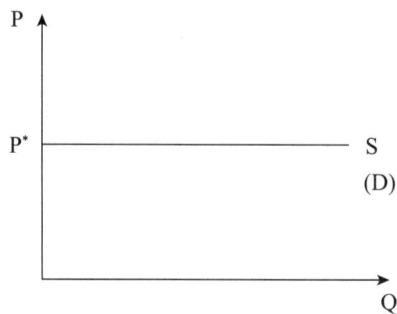

图 4 – 6　媒体产品市场的基本
盈利模式实现的 D-S 示意图

　　根据广告市场的基本盈利模式，媒体向受众收取的价格越低，就能向广告商收取越高的价格，于是媒体选择向受众收取极低的费用，甚至免费。而受众也会在一定的价格水平上选择消费，如图 4 – 6 中的 P^* 表示某一价格水平，高于价格水平 P^*，则消费为零，供给也就为零，媒体产品市场的基本盈利模式只有在一定的价格水平上才能实现。当 $P^* = 0$ 时，即为免费。所以，这个价格水平可以理解为在双边市场实现平台经济的价格工具，即向用户收取的会员费或者是注册费。

　　为了实现广告市场基本盈利模式与媒体产品市场基本盈利模式，广告商与受众之间就形成交叉网络外部性关系。交叉网络外部性关系，在平台经济实现的过程中，将广告商定义为补贴一方，而受众则定义为受补贴一方，补贴一方只有受补贴一方保证需方规模经济效应才愿意高投入，而广告商与受众之间又是负的交叉网络外部性，所以媒体不得不在确保广告市场基本盈利模式的情况下放弃媒体产品市场所带来的收益。因此，传统媒体经济双边市场单边经济的实现，使自身不再具有完整的双边市场盈利模式。这一点给传统经济带来潜在的市场风险，体现在以下两点。

　　首先，单一的盈利模式带来单一的盈利点。网络媒体的进入，将大大增强整个媒体市场的竞争，同时也稀释了整个广告市场的份额。传统媒体靠单一的广告盈利模式，无法适应这种市场的剧变，导致在市场竞争中的存在高风险。

　　另外，传统媒体所依靠的单一的广告盈利模式，还受到受众一方的巨大压力。由于广告商与受众之间缺乏内生关系，受众很容易发生平台转移，一旦失去受众一方的规模经济效应，随之而来的就是对广告这单一盈利点的巨大冲击,直接威胁传统媒体经济的生存。而事实也正在说明这一点。2013—2015 年,互联网广告在整个广告行业的收入增长中占据 59% 的份额,到 2015 年将占据接近四分之一的广告市场份额。

4.3　传统媒体经济转型的破局:传统媒体网络媒体化生存

4.3.1　传统媒体寻求网络媒体化生存的关键在于平台化转型

进入互联网时代,短短数十年,网络媒体就异军突起,与传统媒体分庭抗礼,成为媒体经济中的又一极;媒体经济平台化发展,又将传统媒体和网络媒体纳入同一竞争环境。然而传统媒体双边市场的负交叉网络效应,不具备平台扩张优势而处于天然的竞争劣势,而网络媒体的正交叉网络效应似乎更加顺应媒体经济的平台化发展;同时传统媒体双边市场单一的广告盈利模式,面临来自网络媒体的最大威胁,即对受众和用户资源的抢夺,不仅如此,网络媒体还凭借建构起的"人—人"交互式结构经济关系,大大增加了对受众和用户的黏度。对于网络媒体而言,受众和用户资源的掌握,并非只是沿用传统媒体的广告盈利模式的思路,而是充分挖掘平台正网络效应,构建不同的商业模式,形成多元性的盈利模式,将平台经济发挥到极致。关于网络媒体的发展将在本研究后续章节详解。可以预见的是,网络媒体将成为媒体经济平台化发展的主导核心力量。所以从某种意义上讲,传统媒体将面临生存危机。

发现问题的意义在于解决问题。在这样的现实情境下,传统媒体经济发展如果想破局,传统媒体想要继续求得生存与发展,必须消除和解决以上在发展竞争中所暴露出的劣势和问题。正是这些劣势和问题,为传统媒体的生存提供两种路径选择:化负网络效应为正网络效应,扭转在平台扩张中所处的劣势;变单边经济为双边经济,建立起完整的双边市场盈利模式,最终完成传统媒体在互联网时代的平台化转型,实现传统媒体的网络媒体化生存。

而启动传统媒体的平台化转型的切入点在于其自身的核心优势,即传统媒体的信息内容生产。100 多年的发展积淀使得传统媒体经济在信息内容生产方面,拥有庞大的具有高素质的职业队伍,细致科学的专业分工体系、高效规范的系统管理流程,更重要的是在传统传媒经济中形成一整套与大众传播相适应的特别机制,从新闻专业主义的价值观的塑造到人才的培养教育和熏陶,掌握了大众传播信息过滤的经验,很好地担当现代社会的"把关人"和"监督者"。这一点是网络媒体望其项背的,而且相互之间巨大的产业文化和企业文化背景差异,网络媒体是无法轻易撼动传统媒体发展的这一根基。因此,将传统媒体强大的内容生产能力优势转变为未来发展中的核心竞争力,是本研究考虑传统媒体经济发展问题的立足点。

4.3.2 做专业化、特色化的内容平台实现平台扩张

4.3.2.1 传统媒体内容平台的误区:综合性信息内容平台

传统媒体一直在沿着"建综合性信息内容平台"的思路寻求发展。在进入互联网时代之前的传统媒体无论横向扩张、纵向扩张,还是斜向扩张,其目的就是以资本为纽带,在产品和地域两个维度上构建跨媒体、跨渠道、跨地域的市场垄断,在"大而全"上追求以范围经济为特征的平台扩张优势,有时候延伸的副产品产生的经济效益大过媒体信息产品本身,迪士尼的发展就是典型的例子。这样的平台扩张战略,最大的问题就在于忽视信息内容生产本身核心优势的价值,以及不同媒体经济形态依然分立而治的实质,所谓的并购式平台扩张也只是在财务报表上让数据更好看罢了。然而,互联网时代的到来改变了这一切。正如黄升民(2009)所说,传统媒体与垄断相随,从内容、传输到服务均在掌控之中,但是,在数字化转型中,历经从封闭到开放,从大众到分众,从单向到互动的过程,逐步建立与传统媒体完全不同的强调合作共享的平台机制①。传统媒体似乎还没清楚互联网的游戏规则,在互联网时代初期,仍然沿用老的思路向互联网领域平台扩张,在他们眼中,互联网只是一种新的信息传播媒体形式、一种新的传播渠道而已。2000年,AOL与时代华纳的"世纪合并",在2009年黯然分拆,AOL的市值由当初的1640亿美元,只剩下20多亿,整整缩水了98%。2005年,新闻集团以5.8亿美元收购当时全美最大的网络社交媒体MySpace,2011年却不得不以3000万美元价格转手,宣告"有史以来最好的收购案之一"最终失败,MySpace的用户从当初的2亿迅速下滑到被卖掉前的3000万用户。默多克承

---

① 黄升民.看八仙如何过海[J].传媒,2010(9).

80

认,新闻集团根深蒂固的传统媒体思维是影响 MySpace 发展的最大负担之一。MySpace 创始人之一德沃夫也表示,因为 MySpace 承担着母公司新闻集团作为上市公司的业绩压力,按照新闻集团的广告模式运行,与强大的竞争对手 Facebook 相比,MySpace 关注更多的是利润,而非网络社交媒体赖以生存的用户数量和用户体验。看来,传统媒体按照既往思维的平台扩张,在互联网时代,往往并非双赢的结果,甚至是双输的结局,毕竟,如霍斯金斯所言,范围经济的实现,未必能取得成本上的节约①。

当然,传统媒体也尝试与互联网对接,基于自身的内容优势,亲自打造自己所谓的网络媒体,本研究第三章也提到,它们只不过是传统媒体多了一个资讯信息发布的渠道而已,或者说是在互联网上对传统媒体的在线化,并不是真正意义上的网络媒体。所以,脱胎于传统媒体的网络媒体呈现出信息内容往往是对传统媒体信息的简单复制,或者与传统媒体信息差异性不大的特点。而传统媒体正是自恃自身的内容生产优势,试图以以上的思路通过自己所谓的网络媒体打造综合性信息内容平台。然而,互联网时代是一个信息资源极大丰裕的时代,这也正是其区别于其他时代的最大特点。海量的信息,信息的可复制性导致的信息生产边际成本趋近于零,以及受众和用户也参与到信息内容的生产中来,传统媒体既往的信息内容生产显得相形见绌,所生产的信息内容即出来即消失在浩瀚的信息海洋之中。可见,传统媒体在资源禀赋上已不可能像从前一样占据对信息内容的垄断地位,综合性信息内容平台将面临来自各个方面的强而有力的竞争,包括网络媒体的综合大型门户网站,还有其他的与传统媒体一起位于互联网交互式信息平台、支持平台的信息服务机构。所以,做综合性信息内容平台,对于传统媒体来说,不会对受众和用户产生吸引和注意力,也就谈不上传播效果,没有传播效果,那也就形成不了网络经济的正交叉网络效应,产生不了效益。中国大量传统媒体的门户网站如同摆设就很好地说明了这一点。当年 AOL 与时代华纳的"世纪合并",从某种意义上讲,AOL 其实就是充当时代华纳的网络媒体,AOL 拥有网络传播渠道和终端用户,而时代华纳则拥有丰富的内容资源,初衷是好的,遗憾的是,时代华纳并没有通过 AOL 整合其丰富的

---

① 柯林·霍斯金斯等. 媒介经济学:经济学在新媒介与传统媒介中的应用[M]. 支庭荣等译. 广州:暨南大学出版社,2005.

内容资源,而 AOL 也逐渐丧失平台扩张的能力,所以,AOL 的失败,可以看作是时代华纳在网络媒体经营上的失败,当 AOL 失去它应有的价值,而成本又居高不下的情况下,时代华纳只有选择拆分放弃 AOL。

4.3.2.2 平台化转型的必然选择:内容专业化、特色化

之所以提出传统媒体应做专业化、特色化的内容平台的观点,一是基于以上所分析的建综合性信息内容平台的误区,更重要的是传统媒体信息内容专业化、特色化是实现平台化转型、直面网络媒体市场竞争的必然选择。

从资源位上看,传统媒体处于支持平台。目前大多数传统媒体的做法是为自身内容寻找尽可能多的传播渠道,以不同版本、不同形式的内容满足不同信息终端的需求,通过内容的多次售卖增加收入来源。正如有研究指出的,传统媒体将成为处于完全竞争市场的内容提供商,在产业中的地位不断被边缘化[①]。

本研究认为,必须正视传统媒体所处的位置,因为网络媒体成为整个媒体经济平台化发展的核心力量是大势所趋,其内容提供商的角色对于传统媒体而言是最现实的定位;但是在产业中的地位是否会被边缘化,关键就是寻求向内容的专业化、特色化方向发展。而寻求内容的专业化、特色化的目的,就是为了摆脱"综合性信息内容平台"的竞争"红海",与网络媒体建立新型的竞合关系,借力打力,化负网络效应为正网络效应,形成自己的平台扩张之势。

传统媒体与网络媒体建立新型的竞合关系,可以看作是不同平台之间形成的竞合关系。如果说传统媒体与基于 Web1.0 的网络媒体之间更多的是抢夺既有的受众和用户市场,存在的是竞争大于合作的关系,那么在 Web2.0 时代,传统媒体与网络媒体之间的竞合,是为了创造出更大的新的市场空间,在这里所谓的稀缺资源就是受众和用户的注意力和时间。传统媒体和网络媒体之前的竞合就是要齐心协力开发或者获取更多的受众和用户的稀缺资源,所以传统媒体与网络媒体之间的竞合,主要体现的是合作关系,传统媒体坚持专业化、特色化内容平台发展方向,将迎来传统媒体经济发展的转机。正如相对常数原理所阐释的,重要的是从非媒体消费资源处获得更多的受众和用户的稀缺资源,而不是新旧

---

① 谷虹. 信息平台论——三网融合背景下信息平台的构建、运营、竞争与规制研究[M]. 北京:清华大学出版社,2012.

媒体互相抢夺既有的受众和用户消费资源。

在传统媒体经济领域实施的全媒体战略,其中一个很重大的意义就是在实现传统媒体专业化、特色化内容平台与网络媒体平台的对接,更好地使传统媒体与网络媒体建立新型的竞合关系。全媒体是传统媒体在媒介融合过程中所呈现出的多功能一体化的趋势,传统媒体通过平面、网络、广播、电视、移动通信等不同媒体形态实现跨平台、全覆盖、立体式媒介服务,实现与受众的单向、双向、交互式复合传播的媒体形式①。可见,电视媒体在全媒体战略中建立专业化、特色化内容平台有着天然的整合优势,正如前文研究综述中提到,电视改变了人们所接收信息的形态(文字、音频、视频信号的合一),从传播的属性方面来看,电视媒体的发展使媒介融合而模糊媒介之间的界限成为可能。

当然,也有的媒体企业是在其内部实现传统媒体与网络媒体的新型竞合关系,如凤凰卫视。凤凰卫视初创之时,由于资金的掣肘,凤凰卫视放弃了一般电视媒体所走的综合信息内容媒体的路线,选择打造以"新闻资讯"为专门方向的电视媒体内容定位。这一定位,反而从起步就成就了凤凰卫视走向专业化、特色化发展之路。通过千姿百态的栏目创新,追求栏目内容的"内容为王"品质,建立起"快,全球性,直播"的新闻资讯采播模式,营造差异性竞争格局,最终构筑起自身市场竞争优势。2011 年,凤凰卫视以凤凰网为主体在纽交所上市,宣布其新媒体发展战略,打造综合门户网站、手机凤凰网和凤凰视频三个网络媒体平台。在新媒体业务发展上,其内部一开始就统一了"离传统媒体远一些,再远些"的思想,与传统媒体划分界限,摆脱传统媒体思维的影响。代表传统媒体的母体凤凰卫视内容平台与凤凰新媒体平台建立起新型的竞合关系。

4.3.3 建数据云平台生存下的盈利模式实现双边经济

4.3.3.1 数据云平台是专业化特色化内容平台的基础

一个基本的命题就是:传统媒体专业化、特色化内容平台必须建立在数据库基础之上。数据库在概念上是指存储在一起的相关数据的集合,在大数据时代,数据库概念被数据云平台概念所替代,结构化的数据,无不必要的冗余,服务于多种应用,在媒体信息资源的开发和利用方面,起到无可替代的作用。数据云平台为专业化、特色化内容平台提供

---

① 吕岩梅等. 全媒体——广电媒体发展的方向[J]. 电视研究,2011(10).

了根本性的物质保障。数据云平台建设分为两大类,一类是受众和用户数据云平台,通过数据采集对受众和用户的行为轨迹进行记录,再应用数据挖掘技术,分析其人口特征、行为特征、心理特征,对受众和用户的消费行为和消费心理进行全方位掌握,进而进行精准的数据应用;另一类就是内容数据云平台,能够为受众和用户提供足够数量和多元化信息,在大大降低信息搜索的成本的基础上,满足不同受众和用户的个性化需求。传统媒体与网络媒体对数据云平台的认识,最大差距就在于对第一类数据云平台的忽视。所以传统媒体内容平台的数据云平台,更多的是指信息生产过程中的内容产品数据云平台,通过数据云平台进行集合、重构。内容平台的专业性、特色性也就是通过这样的数据云平台体现出来的。从某种意义上讲,平台的价值就建立在数据云平台基础之上。当然,第一类数据云平台的建设,对传统媒体未来的发展也相当重要。

传统媒体没有专业的数据云平台,也就谈不上专业化、特色化内容平台,就无法给受众和用户提供具有不可替代性的服务,从传统媒体能够了解到的信息,受众和用户从网络媒体同样可以得到。相比之下,受众和用户更愿意到网络媒体上,通过搜索引擎,来获取自己所需要的各种信息,因为这样来得更加方便和快捷,从用户体验的角度来说,用户能够获得更大的满足感。所以,数据云平台生存将成为传统媒体生存的终极形态。这一点,其实对网络媒体亦然。

4.3.3.2　数据云平台生存建立基于开放平台的盈利模式

本研究所讨论的重点,不在数据云平台的建设,而是在数据云平台对传统媒体平台经济发展的意义。首先就是通过专业的数据云平台实现特定信息的二次销售。二次销售的原理在于传统媒体通过出版和发布实现信息的一次销售,再通过数据云平台,对传统媒体所承载的一些专业性和特色性信息分类进行拣选和整理,然后针对不同受众和用户群体的需要,再次对信息有偿销售。这就是信息价值的再实现过程。对信息的二次销售,旨在为传统媒体寻找到新的盈利点,或者是新的盈利方式,摆脱传统媒体盈利模式对广告的依赖。理想是美好的,现实是残酷的。以上的信息二次销售在书面推演上似乎是成立的,但是事实并非如此,从经济的角度,因为以上的实现过程忽略到一个很重要的因素,即成本。成本体现于两个方面:一是数据成本,对信息数据的收集、整理、处理需要耗费巨大的运营成本,另外对受众和用户需求的信息数据的获取、分析和把握,同样需要巨大的投入。另一个就是管理成本,开展这样的专业性较强的工作,需要投入专业的团队来运作,才能保证其服务质量,于是相应的需要配套一个垂直一体化的组织结构,对企业组织带来管理上的巨大成本负担。显然,成本的压力就可以让传统媒体对信息的二次销售行为望而却步。

在理想状态下,即使传统媒体如此实现信息的二次售卖,也只能看作是以媒体为卖方的双重单边市场上再加一重。在平台经济范畴,这不符合平台经济特征和规律的行为,那么基于数据云平台的专业化、特色化内容平台对于传统媒体来说就毫无意义。

如何真正实现传统媒体双边平台经济,需要用平台思维来指导传统媒体的经济行为。传统媒体双边市场实现的单边经济,主要在于通过交叉网络外部性、补贴受众一方实现的广告市场的盈利模式,也就是说,传统媒体双边市场上只有一方,即广告市场盈利,而媒体产品市场没有盈利,通过广告市场补贴而存在。那么变单边经济为双边经济的突破点就在受众用户一方。突破的关键在于数据云平台,准确地说是数据云平台里的信息资源,而不是信息运作。传统媒体不再对数据云平台里的信息数据进行直接处理为用户提供服务,而是管理好数据云平台里的信息资源即可。这样的信息资源本身就是一个巨大的财富宝藏,传统媒体要做的,就是在管理好信息资源的基础上,开放平台,把外部资源和力量吸聚过来,让他们来开发这个巨大的宝藏,这个外部资源和力量包括其他的信息服务运营商,还包括受众和用户本身。这样,传统媒体就真正成为为这些外部资源和力量参与社会化内容生产提供支撑的专业化特色化内容平台。

此举也真正激发了传统媒体内容平台的平台效应,在受众用户一方又产生出若干的平台效应,这些平台效应不仅有交叉网络效应,还有传统媒体双边市场所不具备和弱化的直接网络效应和间接网络效应,最终显现传统媒体双边经济。可以看出,平台的开放是实现这一盈利模式的关键。《纽约时报》成为这一平台思维的实践先行者。

《纽约时报》作为有着160多年历史的老牌报业媒体,与其他传统报业一样一直以来都是依靠广告收入维持经营,即使进入互联网时代,报业企业也是通过广告营业收入弥补开支来保障免费在线阅读。

然而,随着网络媒体的兴起,报纸的广告收入急剧下降。《纽约时报》2009—2011 年的广告收入分别为 10.6 亿美元、7.9 亿美元和 7.8 亿美元。呈一路下降趋势,面临广告收入持续下滑的困境。2011 年 3 月,《纽约时报》宣布开始对每月阅读网站文章超过 20 篇的读者进行收费,如表 4 - 2 所示。

表 4 - 2　《纽约时报》内容收费模式及标准一览表

收费模式	收费标准
纸质版订阅	30 美元/月
数字版内容订阅网站 + 手机应用	15 美元/月
数字版内容订阅网站 + 平板应用	20 美元/月
所有数字版阅读权限	35 美元/月

在一片质疑声中,发展却出乎预料,数字订阅措施实施三周就拥有了 10 万订阅者。并且一直处于上升趋势,截至 2012 年 8 月用户订阅数超过 53 万。更令业界侧目的是,《纽约时报》2012 年第二季度财务报表显示,其营业收入结构中,广告收入降至 2.2 亿美元,而订户收入则持续上涨 8.3% 达到 2.33 亿美元——历史上第一次报业的主要收入来源从广告变成订户,当然其中贡献最大的是电子版用户。《纽约时报》营业收入结构的变化,为传统媒体未来的发展带来一线曙光,正如业界有评价:这是历史性的一刻,传统媒体以后再也不必依赖广告,如图 4 - 7 所示[①]。

《纽约时报》之所以能够逆势而上,得益于电子版不断提升的阅读体验以及对内容的挖掘。实现这一目标的基础就是《纽约时报》庞大的新闻数据库,在数据库里,过去 100 多年刊发的几乎每一篇文章都用手工加上标签,标出人物、地点、组织、描述信息,另外 2009 年其在网站上发布其新闻数据库的开放接口(API),使其信息内容平台成为开放的平台,这顺应了网络媒体平台开放的发展大趋势,也从根本上改变了传统媒体(至少是报纸)的运作方式,使之成为公共新闻产品的运营平台。通过开放接口,程序员和开发人员可以很方便地访问其数据库里的 1981 年至今的 280 万篇新闻(其中 1987 年以前的需要收费),并通过 28 个不同的标签、关键词和字段对其进行分类,这些以数据形式存在的新闻报道,经

---

① 王鑫.优秀的媒体,失败的生意:《纽约时报》打了一场败仗[EB/OL].[2014 - 08 - 01].http://tech.qq.com/original/biznext/b051.html.

过适当的剖析和索引就可以变成绝妙的"原始新闻素材",它们可以被编辑成数十种,甚至数百种不同形式的内容产品。《纽约时报》利用它多年积累的文章信息资源数据库搭建一个开放的内容平台,聚集更多的外部力量来帮助《纽约时报》了解和掌握受众和用户的需求,为碎片化、无限化的信息需求市场提供源源不断内容产品,成为真正的连接社会生产力量和传输网络之间的内容运营平台。《纽约时报》以此举不断培养自己忠实的用户。对于媒体来说,从平台经济的角度而言,最重要的资源就是用户。《纽约时报》印证了默多克说过的一句话:"传统的以广告资助的商业模式正在被淘汰,将来新闻机构必须提供能够让读者愿意付费阅读的高质量新闻内容。"

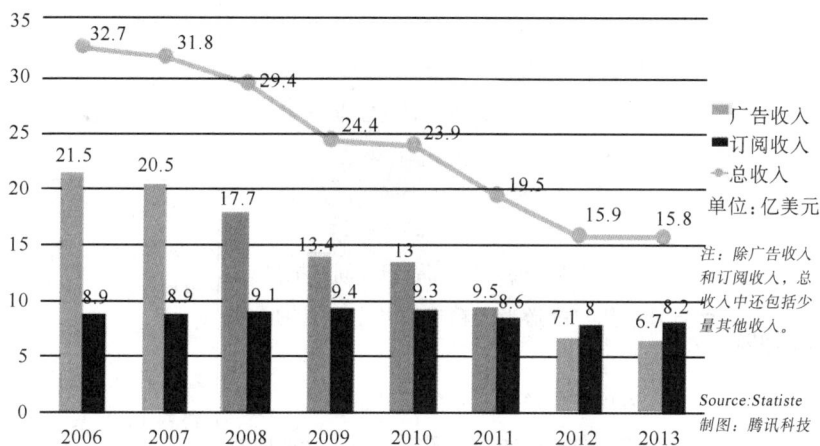

图 4-7 《纽约时报》2006—2013 年收入变化趋势图

从 2014 年起,《纽约时报》网站进行重大改版,开始不断开发和应用基于为读者提供高质量新闻内容的付费类产品,主要表现在以下四类,见表 4-3。2014 年,《纽约时报》数字内容付费订阅用户数接近100 万。

表 4-3 《纽约时报》2014 年新增定制化付费类内容产品

产品	产品描述	收费模式
原生广告	• 网站改版首页推出原生广告板块 • 广告以新闻稿件形态出现 • 有突出标识说明其由广告赞助商"付费购买和发布"	广告赞助商提供,由广告赞助商付费

续表

产品	产品描述	收费模式
高级内容付费服务（Times Premier）	• Times Insider 栏目内容阅读:仅面向 Times Premier 用户,呈现公开报道中背后的故事和未详尽内容 • Times Talk 视频访谈:《纽约时报》记者采访各类名人的视频集 • 2 本免费电子书/月:根据相应主题,搜集并整理《纽约时报》报道过关于该主题的内容,制成电子书供用户阅读 • 4 款填字游戏/月:向用户提供特别设计的《纽约时报》填字游戏 • 免费分享:本人自己可免费获得所有数字版阅读权限;向用户的两位家庭成员分享数字版阅读权限,或允许用户以礼物的方式向 3 位朋友赠送一个季度的数字版阅读权限	向有深度内容需求的读者用户收费:45 美元/月(4 周)
移动端重磅新闻阅读(NYT Now)	• 该移动应用和 Times Premier 服务同时推出 • 向读者用户推送当天精选的各个栏目的头条新闻 • 向读者用户推送其他新闻网站的优质新闻内容链接,用户点击标题后跳转到其他新闻网站	向读者用户收费:7.99美元/月;用户如果只在应用中浏览新闻标题和摘要,并不需要付费。每月可免费看 10 篇全文。若超过该数量,才需要付费成为会员
移动端评论和专栏内容阅读（NYT Opinion）	• 向读者用户提供《纽约时报》各个评论栏目、专家约稿类的内容 • 提供精选的其他网站优质评论内容链接,用户点击标题后跳转到其他网站	向读者用户收费:5.99美元/月。用户每月可免费看 10 篇全文。超过该数量后,需付费成为会员

然而,《纽约时报》的东山再起的道路似乎任重而道远。从图 4-7 中可以看到,2006 年以来,《纽约时报》的总收入呈现单边下滑趋势,新增的收入远远不能弥补广告收入大幅跌落留下的空白,2006 至 2013 年期间整体收入已下滑一半,复合年增长率为负的 10%。另外《纽约时报》2014 年第二季度财报数据显示,来自纸质版的收入占比 73%,数字版收入占比仅为 21%,传统纸质版带来的收入依旧远远超过数字版收

入,造成这一现象的一个主要原因是数字版订阅定价和纸质版的订阅价基本相同,甚至更高,而订阅纸质版后可自动获取所有数字版的阅读权限,部分读者宁愿继续订阅纸质版来同时获得数字版内容权限。因此,《纽约时报》已经开始的不断丰富内容付费类产品举措,对收入和实际付费用户增长的拉动效果还有待时间的检验。

可以预见的是,身处互联网技术一日千里时代的《纽约时报》,在广告市场上,须面对 Google、Facebook、Yahoo 等网络媒体巨头的在线广告抢夺。在用户市场上,须正视来自互联网聚合类新闻产品的市场侵蚀,据 Homescreen① 对全球移动在线新闻产品的数据统计分析,2014 年最受用户欢迎的是聚合应用 Flipboard 和社区 Reddit,它们的特点是成为内容丰富以及能够参与讨论的新闻产品,二者同时以 10% 的频率高居新闻产品首位;苹果 Newsstand 的出现频率为 3.9%,位居第三;社交新闻分享应用 Digg 的频率为 3%,位居第四,前四名均为聚合类新闻产品。而 CNN、《纽约时报》等大型传统媒体的移动应用出现在人们手机主屏上的概率前者为 0.74%,后者只有 0.5%②。详见表 4 – 4。

表 4 – 4 **Homescreen 统计的 2014 年前十位新闻应用下载**

排名	媒体	新闻应用下载比例
1	Flipboard	10%
2	Reddit	10%
3	Newsstand	3.9%
4	Digg	3%
5	Zite	2.7%
6	CNN	0.74%
7	赫芬顿邮报	0.74%
8	Prismatic	0.7%
9	Pulse	0.7%
10	纽约时报	0.5%

---

① Homescreen 是由新媒体机构 Betaworks 开发出的 2014 年一款 iPhone 应用,该应用允许人们分享截取的 iPhone 主屏幕,同时自动识别屏幕上的应用图标,然后统计出应用的安装数据。Betaworks 的 CEO 约翰·波斯维克(John Borthwick)说,推出 Homescreen 的初始目的,就是为了打破 App Store 等平台商对应用分发数据的垄断。

② 王鑫. 用户数据打了《纽约时报》的脸[EB/OL].[2014 – 12 – 01]. http://tech. qq. com/a/20141201/004484. htm.

《纽约时报》2014 年的股票市值 20 亿美元,仅相当于其 20 世纪 80 年代中期的水平。企业的竞争力和成长性均受到严峻竞争形势的考验,如何构建具有核心价值的媒体平台问题是《纽约时报》需要持续思考的主题。2008 年至今,《纽约时报》进行 6 次自愿离职计划,不断优化人员结构;与此同时,美国独立调研机构皮尤调查中心发布"最新媒体现状"报告,称 2016 年美国报纸行业财务状况持续下滑,发行量降至 1945 年以来最低水平,而《纽约时报》2016 年广告收入同比下降 9%,发行收入增长 3%,整体收入下降 2%,不过令人欣慰的是,2016 年《纽约时报》增加了超过 50 万的新媒体内容订阅,同比增长 47%[①]。《纽约时报》依旧是这个时代贡献优质内容的重要媒体,对于其他媒体机构来说,《纽约时报》的转型某种意义上被赋予了"标杆"的作用,只有它转型好了,传统媒体才会找到真正的出路。

而默多克的新闻集团的 iPad 报纸 The Daily,却正好是个反证。The Daily 的推出,起初被各界一致看好,然而新闻集团运作 The Daily 仍然沿用传统媒体思维,走的仍然是旧有的平台扩张之路,即组织一支全新的团队,自己当记者、编辑、摄影师、自由撰稿人,对于大部分用户来说,这是一份全新的完全没有概念的报纸,而且订阅的用户回头发现,大多数新闻在许多免费网站和电视上都能看到,也并不比它们更快,而且在角度和深度却不及《纽约时报》等报纸。所以 The Daily 高调诞生,却没落而去,在巨大的成本投入和巨亏面前(据统计,从 2011 年初诞生到 2012 年 8 月,投入共计近 6000 万美元,而一年多来的回报只有 10 万付费订阅用户量,亏损超过 3000 万美元),新闻集团 2012 年年底选择了关闭 The Daily。

《纽约时报》与新闻集团 The Daily 在互联网时代的发展状况形成了鲜明的对比,从以上的分析可以看到,形成这样局面的关键就在于传统媒体的平台化转型。不得不承认,传统媒体面临越来越严峻的媒体经济发展形势,如何走出发展困境,只有在实践中不断创新求发展,而创新发展思路,必须遵循平台化发展规律和特征,适应媒体经济平台化发展趋势。

---

① 李梦达.《纽约时报》九年内第六次大裁员,拟牺牲"文字编辑"[N].解放日报,2017 - 06 - 11.

5   基于平台化的网络媒体发展

5.1   互联网时代的媒体经济主流:网络媒体平台化发展

5.1.1   网络媒体是媒体经济发展的主导力量

网络媒体,凭借自身的正交叉网络效应,相较于传统媒体,在互联网时代媒体经济发展中占尽优势:在互联网交互式信息平台中处于枢纽位置,而且与处于整个平台结构核心位置的用户之间有着特殊的网络交互关系,可以说网络媒体占据着媒体经济发展的制高点,而互联网的正反馈机制在从中又起到了推波助澜的作用。网络媒体将成为互联网时代媒体经济发展的主导力量。

互联网时代由 Web1.0 时代进化到 Web2.0 时代,在交互式信息平台机制下,网络媒体向媒体平台概念延伸;在这个过程中,平台概念又呈现出不断演进的态势:平台的最初特征是诞生一些关键的应用,如博客、微博、搜索、即时通讯、社交网络,电子商务等,这些应用,有的网络媒体专做一种,有的则经营多种,这些产品的设计都是由平台提供者即网络媒体负责完成,没有第三方插手;发展到现在,网络媒体正在从最初的应用提供者转变为"市场"创建和维护者,这可谓是一伟大的转变,网络媒体被赋予了真正意义上的平台概念,开放与标准成为其基本特征,平台经济的网络效应得到无限张大。正如本文第三章在梳理媒体经济平台化发展脉络中所指出的,开放成为当今网络媒体平台发展的最大亮点。媒体经济市场则由以内容提供商为主的市场,瞬间变成了以用户为主导的买方市场,用户的注意力则成为这个市场的稀缺资源。

　　然而,网络媒体又作为媒体经济发展中的新兴市场力量,虽然媒体形态层出不穷,不断撼动着传统媒体的受众和用户基础,呈现威胁传统媒体生存的发展势头,但是,我们不得不说,这些势不可挡的网络媒体除了增加用户黏性,积累用户资源,在盈利方面却鲜有大的作为。长久以来,网络媒体在盈利方面无外乎两条路:一是仍然走多年来网络经济发展的老路,依靠一个概念,获取风险投资资金,然后寻求境外上市,获得源源不断的资金动力以支撑后续的开发与运作,圈钱、烧钱是主要的经营行为;另一个就是不得不借用或改进从传统媒体那里得来的"广告盈利模式"或"类广告盈利模式",进而交叉补贴希望能够吸引用户直接支付的个性化信息增值服务。正如张金海(2012)指出的,依赖于广告盈利模式的网络媒体,只是一个披着新媒体外衣的传统媒体①。

　　基于这样的现实情境,网络媒体虽然主导着媒体经济发展方向,但是它在平台演进的过程中,如何将平台的无限延展性发挥到极致而体现出其真正的价值? 我们需要用商业模式来回答这个问题。

5.1.2　网络媒体平台化发展的内生动力:商业模式

5.1.2.1　网络媒体平台无限延展性取决于商业模式的创新

　　从技术的角度,网络媒体作为新兴事物,在数字技术与互联网技术不断创新发展的背景下,网络媒体平台的无限延展性成为可能;然而,从市场的角度,网络媒体作为媒体市场的新生力量,在媒体经济发展中,技术变革本身并不能意味网络媒体的发展一定能获得成功。李东(2011)等认为,当人们过于热衷于技术本身时,创新往往会趋于失败,而新兴事物的成功总是取决于商业模式的创新,商业模式创新是新兴事物生存发展不可或缺的条件②。匡文波(2011)指出,盈利模式始终是新媒体发展的支点③。因此,在对网络媒体新传播模式进行探讨和研究的同时,其商业模式的问题也越来越强烈的得到关注,以中国学者研究的成果来看,

---

① 张金海,林翔.网络媒体商业模式的建构[J].现代传播,2012(8).
② 李东,苏江华.技术革命、制度变革与商业模式创新——论商业模式理论与实践的若干重大问题[J].东南大学学报(哲学社会科学版),2011(3).
③ 匡文波,汪昕.盈利模式始终是新媒体发展的支点[J].中国传媒科技,2011(3).

如符星华(2008)①、殷俊(2009)②、郭全中(2010)③、宫承波(2011)④、周笑(2011)⑤等较有代表性。在这个基础上,进而提出混沌盈利模式,即新媒体在免费经济基础上建立合理的垄断,在持续创造并提供自由资源和社会价值的前提下,通过点对点地满足高度个性化的用户体验和用户需求,而获得可持续的增值服务收益⑥。可见,商业模式无论是网络媒体商业模式本身,还是对其的认识,都是一个发展过程。

由此,我们可以做出一个基本的判断就是:新的媒体形态的发展,如果沿用既往传统媒体的商业模式,其生存方式一定是不合理的;网络媒体平台的无限延展,一定依赖于其新的商业模式的建立⑦。

5.1.2.2 商业模式的创新助推网络媒体平台化发展

网络媒体在媒体经济发展中,由应用提供者转变为"市场"创建和维护者,被赋予了真正意义上的平台概念。与以往的网络媒体相比,开放与标准成为其显著的基本特征。这也是网络媒体平台无限延展、实现平台化发展的必要条件。

(1)开放的平台

与传统媒体,乃至基于 Web1.0 的网络媒体相比,开放的网络媒体平台解决了两个问题:一是在不用向传统经济模式那样费尽心思去进行所谓的市场调研的前提下,信息提供者如何了解用户到底需要什么样的信息产品;二是不再对用户做无用功,一切由用户自己决定,网络媒体只是为用户提供这样的平台,当然这不是简单意义上的中介平台概念。显然,第一个反映的是成本问题,即交易费用,第二个反映的是效率问题,而交易费用的大小决定了效率,因此,从经济学的角度,开放的平台带来最大的收益就是效率的提升。

从另一个角度说,开放表明了平台的发展程度。开放的网络媒体平台将平台经济的网络效应无限张大,因此我们可以这样认为,未来的平台创造的是一种市场模式,平台拥有者所建立起的双边市场,凭借强大

① 符星华.新媒体产业呈现三种商业模式[N].人民邮电,2008 - 06 - 04.
② 殷俊.新媒体产业导论——基于数字时代的媒体产业[M].成都:四川大学出版社,2009.
③ 郭全中.网络媒体商业模式探析[J].中国记者,2010(2).
④ 宫承波,翁立伟.网络媒体产业的中国模式审视[J].中国广播电视学刊,2011(4).
⑤ 周笑.理解新媒体的产业价值[J].视听界,2011(1).
⑥ 周笑.新媒体产业文化特质:免费,分享,垄断与混沌盈利[J].新闻大学,2011(3).
⑦ 张金海,林翔.网络媒体商业模式的建构[J].现代传播,2012(8).

的平台网络效应,更多的是将不同的用户群之间建立起直接的联系,比如应用程序开发者和用户,网络媒体平台则无须再去考虑用户需要什么以及程序开发者是否会开发出用户喜欢的应用,可以说,这些交易费用成本都被省掉了。开放的平台在真正建立起双边市场模式基础上,媒体经济市场则由以内容提供商为主的市场,瞬间变成以用户为主导的买方市场,不仅大大降低平台的信息费用,而且还可以创造出超乎想象的价值,即以节点为内核的互联网同以社会网络中的个性化为内核的长尾经济实现了对接,彻底改变着人类社会的经济环境。

(2)标准的平台

标准代表一定的规则。开放的平台就是一个市场,市场需要规则,没有规则的平台不能持久。根据制度经济学,标准的好坏决定了交易费用的高低,也就是说,不同的标准决定不同的效率。对于网络媒体平台而言,在发展的过程中,不同的网络媒体平台都有自己的标准,平台的效率表现为网络媒体、平台应用第三方开发者和用户之间的博弈,博弈的结果最终体现于平台竞争力的差异。

另外,标准代表着一种彻底开放的模式。开放就会带来协作分工,就会因此降低交易费用。例如从产业链的角度,"众包"成为开放平台模式中普遍的应用。众包是指企业在研发产品过程中就让用户参与进去。对于网络媒体而平台而言,就是为平台应用第三方开发者和用户协作分工提供市场,将他们召集在自己的平台上,自己担当"市场"角色,毫无疑问,这种平台将带来难以想象的竞争能量。

(3)商业模式的价值在于网络媒体平台经济的实现

网络媒体平台经济一定依赖与之相适应的商业模式来实现。根据长尾经济理论,可以说,网络媒体商业模式在具体运作方面呈现的是多元性特点。那么,如何把握网络媒体商业模式核心本质和价值,可以通过分析网络媒体平台经济的实现原理来理解,不仅变得相对简单,而且更具现实意义。刘青焱(2009)给出基于长尾经济理论的网络媒体开放平台经济模型①,见图5-1。

---

① 刘青焱.开放平台的经济模型[EB/OL].[2009-02-17].http://oplatform.org/archives/73.

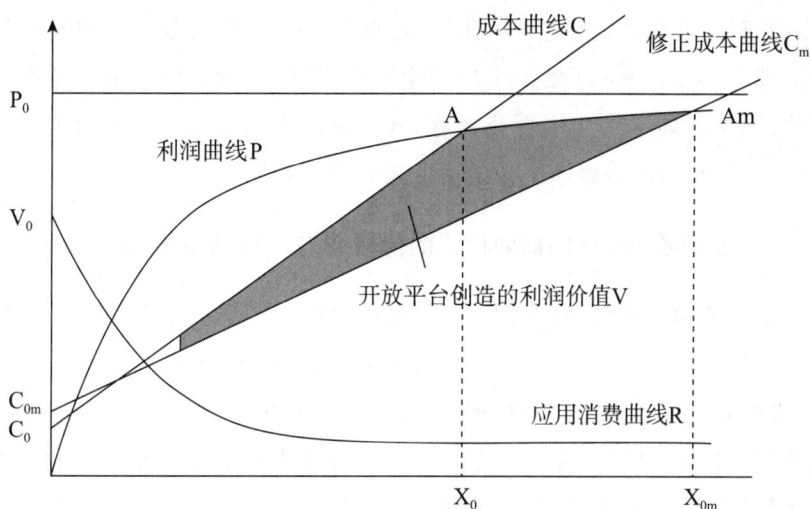

图 5 – 1　网络媒体开放平台的经济模型

通过网络媒体开放平台经济模型我们可以分析网络媒体平台经济的实现原理。C_0 代表的是网络媒体平台在需求分析、应用开发、应用运营、软硬件等各方面都需要投入成本下的成本曲线，假设成本曲线符合线性模型，因为需求的扁平化，即遵循长尾理论的"需求—供给"模式，以单调上升的成本去应对长尾的需求，很快就遇到利润增长的瓶颈 A 点。而 C_{0m} 所代表的修正成本曲线表示网络媒体开放平台的成本结构，即由第三方开发者负担部分成本，有效满足长尾的需求，减缓成本曲线上升速度，从而推迟利润增长的瓶颈 Am 点出现。成本曲线 C_0、修正成本曲线 C_{0m}、利润曲线 P 三条曲线所围区域，即图中阴影部分，就是开放平台所创造的价值。

因此，网络媒体商业模式的价值就在于实现网络媒体平台的无限延展，满足长尾的用户需求，延缓平台经营成本增长趋势，进而创造更多的利润，实现媒体经济的增长。

5.2　实现多边经济是网络媒体平台无限延展性的价值体现

上节说到网络媒体商业模式的价值就在于实现网络媒体平台的无限延展，而网络媒体平台的无限延展性的价值体现在于实现平台经济的多边经济。多边经济的概念由双边市场形成的平台经济概念延伸而来，此时的双边市场结构已不再局限于传统理论所观照的范畴。根据长尾经济理论,多边经济满足了用户的个性化需求,正如本研究第三章所提到的,网络媒体平台应用百花齐放,其商业模式相应地呈现出纷繁复杂的特点,不同的网络媒体平台的商业模式不尽相同。

5.2.1 实现多边经济的商业模式的价格结构基础:免费机制

价格结构是平台经济研究的基础问题之一,是区分平台市场是双边市场还是单边市场的关键因素。在平台经济中,价格结构起到两个作用:吸引双边用户和平衡双边用户,在双边市场里,平台价格结构直接反映的是"谁需求谁支付更多"的定价策略,而不是窠臼于成本定价和渗透性定价等传统定价策略,所以价格结构是网络媒体平台商业模式构建的决定性因素。"谁需求谁支付更多"的定价策略使价格结构呈现的是非中性价格结构特点,而免费机制就是构造非中性价格结构的决定因素,因此免费机制成了网络媒体平台的价格结构基础。

在这里需说明的是,网络媒体平台的免费机制不同于传统媒体经济中的倾斜定价机制,因为两者形成的基础条件不同,前者是基于正网络外部性所形成的正反馈机制,而后者是基于负网络外部性所形成的负反馈机制;前者将平台的无限延展性发挥到极致,平台规模会无限扩大,双边市场的平台效应同向增强,一荣俱荣,一损俱损,所以前者较后者的平台经济发展问题更显复杂,对商业模式建构的问题前者比后者更显迫切和必需。

5.2.2 实现多边经济的商业模式的价格结构本质:注意力经济

经济学研究有一双重主题:稀缺和效率。按照传统的经济学观点,物质总是稀缺的,因此人们必须面临权衡取舍,得到一种东西,必须放弃另一种东西。而对稀缺资源的配置,就表现为一种效率化机制。互联网时代与人类社会以往时代相比,最大的经济特点就在于信息资源的无限丰富。当然,根据社会经济发展的一般规律,每一种丰富都会诞生一种新的稀缺,在这个信息资源无限丰富的时代,信息供给的丰富意味着信息消费的稀缺,而信息消费的对象即是其接受者的注意力。正如迈克尔·戈德海伯所指出的,当人们可以随时随地、更加容易地获得信息,注意力就成了稀缺资源。

注意力的概念,从心理学的角度,就是指人们关注一个主题、一个事件、一种行为以及信息的持久程度。在现实生活中注意力难以保持长久是一种常态。互联网时代,资源禀赋从"匮乏状态"向"丰富状态"转变,市场环境由整体向碎片化状态转变,将这一生活中的常态扩大到极致。于是,注意力的聚集就成了这个时代所特有的商业价值。在经济上,注意力成为一种新的稀缺资源,进而由这种注意力形成的新的经济模式:注意力经济。1997年,美国的迈克尔·戈德海伯在其一篇题为《注意力购买者》的文章中最早正式提出"注意力经济"概念①。刘琦琳(2011)对注意力经济给出这样的评述:信息经济着重描述的是一种新型的社会形态——信息社会,知识经济则从生产要素的角度来界定社会经济发展的阶段,而注意力经济所侧重的是一种新型的商业模式②。因此,注意力经济的实质可以这样理解:最大限度地吸引用户或消费者的注意力,通过培养潜在的消费群体,以期获得最大的未来经济利益。

有人对当今的媒介领域所形成的注意力经济这样描述:我们不再阅读,而是浏览,我们不再欣赏,只是好奇地观看。我们只能给一则新闻几分钟的关注,只能给一个网页几秒钟的等待,比起之前的任何一个时代,我们都显得更加不耐烦了。由此可见,在注意力经济模式下,媒体经济在互联网时代形成其特有的资源禀赋特点:由内容的稀缺转向注意力的稀缺。媒体经济资源稀缺的重心由内容转向注意力的典型例子莫过于微博。微博作为一种网络媒体形态,比起博客或者SNS网站来说,它的表现空间其实很小,每次所发送传递的信息内容最多不过140个字,但是它比起那些长篇累牍而受众只给几十秒注意力的博文信息来说,更顺应了这个信息极大丰富而注意力稀缺的经济社会发展,并且也反映了吸引注意力的东西往往并不是信息内容的本身,而是在于它们所代表的东西受众是否感兴趣——不在于内容,而在于正确的时间、正确的地点吸引到注意力。微博正是凭借短小、精炼以及实时的特点,激发起受众的注意力,于是它的发展速度远远超过其他的网络媒体。这也进一步说明传统媒体经济模式不再是发展的主流,网络媒体平台化发展将代表整个媒体经济未来发展的趋势。虽然,在2016年微博类网络媒体放开字数限制,主要是微博类网络媒体的主要运营商,包括美国的Twitter、中国的

---

① 张雷.媒介革命:西方注意力经济学派研究[M].北京:中国社会科学出版社,2009.
② 刘琦琳.免费经济:中国新经济的未来[M].北京:商务印书馆,2011.

新浪微博,都是从企业经营角度考虑而做出的调整,但是调整后的微博类网络媒体,在用户体验上依然保留时间线界面模式,当字符长度超过140时,用户必须"点击展开"才能看到完整文字;在用户输入内容超过140字符后,平台将会向其发出通知,并画出一条分界线,鼓励他们尽量以简洁的方式表达①。

因此,实现多边经济的商业模式的价格结构本质就是对注意力稀缺资源的争取,这也正是网络媒体平台商业模式成功的基础所在。虽然为广大用户提供免费的优质服务的平台也许不一定有立竿见影或者显而易见的商业前景,但是如果不重视免费所带来的消费体验,而单纯追求收费的单边利益,这个平台一定会被淘汰。

5.2.3 实现多边经济的商业模式的关键:激发需求方规模经济实现供给方范围经济

免费机制是网络媒体平台商业模式的基础,实现注意力经济是网络媒体平台商业模式的本质,那么如何有效发挥免费机制,在形成注意力经济的基础上建立基于合理价格结构的双边市场,是促进媒体经济平台化发展的重要环节。免费机制是网络媒体平台经济发展的内在规律所决定的,这也是为什么"网络媒体经济"被冠以"免费经济"的称谓,仍然是未来最有发展前景的经济形态的原因;但是,对于网络媒体而言,在坦然面对"免费机制"的同时,势必要面临市场风险,因为企业经营的目的最终还是为了盈利。所以,网络媒体平台化发展的关键就在于由需求方规模经济到供给方范围经济的实现过程。而需求方规模经济到供给方范围经济的过程中,有一个关键的节点,即激发平台网络效应的临界容量。

本研究第三章在分析"网络—平台"演化的经济特征中指出,如果产品用户的规模没有达到消费者认为的该产品能产生边际效用递增的临界值之前,则消费如传统经济原理所呈现的边际效用递减。在极端情况下,边际效用递减因信息产品高固定成本、低边际成本的成本结构特点使价格可以降为零,即消费者不接受支付信息产品所预定的价格,也就不会产生实质性的购买行为。这里的临界值概念指的就是平台网络效

---

① 随心. Twitter 拟取消 140 字限制 微博会跟进吗? [EB/OL]. [2016 – 01 – 06]. http://app. techweb. com. cn/android/2016-01-06/2253240. shtml.
彭丽慧. Twitter 取消 140 字限制后,微博也要这样了[EB/OL]. [2016 – 01 – 20]. http://tech. 163. com/16/0120/14/BDPFS48300094OE0. html.

应的临界容量。

在网络媒体经济平台化发展中，理论分析中的极端情况成为现实中的常态。创新扩散理论的创始人弗雷特·罗杰斯（Everett M. Rogers，1962）曾说过，交互式创新，具有一个显著的特征，就是临界大多数，临界大多数指在这种创新的扩散过程中，已有足够的个体采纳该创新，从而该创新的进一步扩散显得相对稳定，一旦采纳曲线通过关键大多数点，该创新的采纳速度就明显加快[①]。朱彤（2004）对网络效应的研究表明，网络增长面临启动的问题，只有超过临界容量的网络才能生存下来[②]。谷虹（2012）在以上研究的基础上，根据"麦特卡尔夫法则"，即网络价值随着连接到该网络上的人数的平方成正比，以及用户之间的相互联系决定产品的效用从而导致用户之间相互依赖这一事实，在对网络产品和普通产品的扩散曲线做比较分析时指出，临界容量是决定网络产品成败的关键转折点，不能突破临界容量的网络产品将会很快趋于消亡，而一旦达到并突破临界容量之后，网络产品的扩散速度在短时间内迅速加快，并且很快超过普通产品的扩散速度，在很短的时间内用户规模激增，比普通产品更早地趋近于峰值的水平[③]。在达到临界容量之前，网络产品之间互相竞争，当其中的一个最先达到临界容量后，则市场出现"一边倒"的特征，潜在用户迅速向该网络产品聚集，从而使市场结构出现巨变，呈现为一个网络垄断市场。因此，当用户规模达到临界容量后，网络效应就充分发挥出来，由此带来用户规模的迅速攀升。网络效应同时又增加了用户的转换成本，强化网络产品的"创新惰性"和"路径依赖"，从而延长网络产品的生命周期，这使得新的网络产品很难取代已经获得市场优势的在位网络产品。

所以，网络媒体平台需求方规模经济的实现过程，可以看作是网络媒体产品所对应的具有相互联系的用户市场的开发。当然，在网络媒体平台化所建立的双边市场中，面对的不是一类市场和用户，而是两类或者更多类的市场和用户，每一类市场和用户对网络媒体经济的发展意义不尽相同，网络媒体平台化发展不仅依赖各类市场和用户的直接网络效

① 埃弗雷特·M.罗杰斯.创新的扩撒[M].辛欣译.北京:中央编译出版社,2002.
② 朱彤.网络效应经济理论:ICT产业的市场结构、企业行为与公共政策[M].北京:中国人民大学出版社,2004.
③ 谷虹.信息平台论——三网融合背景下信息平台的构建、运营、竞争与规制研究[M].北京:清华大学出版社,2012.

应,还强烈依赖各类市场和用户之间的间接网络效应和交叉网络效应,显现出平台经济最全面、最典型的网络效应特征,这也就是网络媒体需求方规模经济向供给方范围经济实现的理论解释。

在这些网络效应特征里,直接网络效应是基础,它形成网络平台经济的基础用户市场,即基础平台。只有在基础平台上,其他网络效应形成的用户增长和双边市场才会得到快速体现,网络效应也逐步加强并对经济产生正反馈,平台市场结构也将发生重大变化,"赢者通吃"的马太效应出现,逐渐形成垄断竞争的市场格局,这个时候,平台的用户数量就成为直接网络效应向其他网络效应转变的临界容量。谷虹(2012)在对网络产品和普通产品做比较分析时指出,网络效应的影响在初始阶段速度比较慢,积累所需时间更长,所以基础平台用户市场的培育和积累是一个漫长的过程,而平台经济的发展也是依靠基础平台用户市场的拉动而缓慢启动、积累和提升[①]。而免费机制则成为在短时间内提升用户规模达到临界容量的不二法宝。所以,尽管我们说网络媒体深深陷入"免费经济"的真实漩涡,但是面对创造前所未有巨大市场的机会的时候,仍然是趋之若鹜。以腾讯网络媒体平台为例,利用 QQ 即时通信工具启动具有直接网络效应的双边市场,建立起以终端用户为基础的平台,在较短时间里和投入相对较少的情况下,达到用户规模迅速攀升的效果。相对地,以搜索引擎和门户网站为代表的网络媒体平台,则是选择利用互联网技术产生某种信息生产能力为用户提供免费信息服务,以此来聚集用户规模,当然这类网络媒体平台在启动期的研发、生产、管理的投入是非常巨大的,而且经营风险也较明显。以新浪网为例,根据其 2012 年财报所公布的数据,2012 年新浪微博业务总成本近 1.6 亿美元,而营业收入只有 6600 万美元,净亏损达到 9300 万美元。这就是说当时拥有 5 亿注册用户的新浪微博网络媒体平台还没有产生临界容量突破所带来的网络效应而形成的平台经济。当然,新浪微博平台发展的举步维艰从一个侧面也说明商业模式对于网络媒体平台发展的重要性,也提示如何构建有效的商业模式让免费机制及早突破临界容量,实现网络媒体的盈利。这个问题将在后续篇章加以讨论。另外,以淘宝为代表的网络媒体平台,选择一开始就同时培育卖方和买方双边市场,在平台启动期,

---

① 谷虹.信息平台论——三网融合背景下信息平台的构建、运营、竞争与规制研究[M].
北京:清华大学出版社,2012.

侧重培育卖方市场,当卖方市场形成需求方规模经济后,转而重点培育买方市场,当双边市场均实现需求方规模经济后,顺理成章地进入供给方范围经济发展时期,这也是以淘宝为代表的电子商务类型的网络媒体平台最终能够形成真正"市场"概念的原理所在。

5.3　基于平台经济的网络媒体商业模式构建

5.3.1　基于单一信息流的商业模式不足以支撑未来的发展

免费机制成为构建网络媒体平台商业模式的基础,这由媒体经济平台化发展的内在规律所决定,也就是说,无论网络媒体商业模式的构建呈现出怎样多元化的特点,都离不开免费机制这个基础。但是,从以上的分析中也可以看到,免费机制在网络媒体平台化发展过程中的作用主要是建立基础平台,它只是构建网络媒体平台商业模式的必要条件,并不能支撑网络媒体平台化的未来发展,而基础平台从平台结构来说,承载的主要是信息流,由此可得出一个基本判断就是:基于单一信息流构建的商业模式不足以支撑网络媒体平台化发展。

以 Facebook 为例,自 2007 年成为开放平台后,理论上可以通过网络联系到这世界上的每个人,用户规模迅速膨胀,2010 年即超过谷歌,成为世界上拥有最多独立用户数量的网络媒体平台。虽然当时 Facebook 尚未找到明确盈利模式,仍在混沌中不断摸索,但是凭借其范围更广、容量更大的用户行为复合度,创造和提供着更多"免费使用"的社会化信息福利,被业内认为最有希望成为网络媒体平台未来发展的典范。周笑(2011)曾根据相关数据对 Facebook 2010 年的市值做过一个估值,假设每个用户平均每天发 2 条帖子,1000 人成本为 5 美元,100 万用户市值大约为 360 万美元,以 Facebook 上 4 亿活跃用户为统计数据,2010 年市值即可达到 1440 亿美元[1]。然而后来的事实是,2012 年 Facebook 纳斯达克上市,只有在上市之日市值超过 1000 亿美元,后来一路下滑,不到一年时间市值只有 600 多亿,缩水将近一半。究其原因,从平台发展的角度,正是由于其信息流为基础的平台一直找不到合适的商业模式突破

---

① 周笑. 理解新媒体的产业价值[J]. 新视界,2011(1).

免费经济的桎梏,只能依靠传统的广告盈利模式,即使它的平台建立起"人—人"交互式结构的经济关系,提供多向沟通和差异化意见生产的所谓"信息增值服务",也只能产生单薄的直接网络效应,无法由需求方规模经济向供给方范围经济转变升级,导致其平台化发展止步不前,徘徊于此。另外,传统媒体以及基于 Web1.0 网络媒体经济的发展特点也进一步说明基于单一信息流构建的商业模式不代表整个媒体经济平台化发展的主流方向和模式。王谢宁(2012)在其研究中指出,电子邮件服务收费策略的失败,原因在于电子邮件以信息形式存在而没有实物的参与,还有门户网站,肯定不能向浏览信息的用户收费①。

所以,在此判断的基础上,形成构建网络媒体平台商业模式的思路:平台网络效应的延展与整合。具体来说,就是构建基于增值服务平台延展的多边经济商业模式,以及构建信息流与资金流、物流平台整合的商业模式。

5.3.2　构建基于增值服务平台延展的多边经济商业模式

5.3.2.1　理论依据

根据创新扩散理论②,网络媒体平台经济增长的启动源于基础平台的构建,基础用户市场规模的积累就是在基础平台上完成,所以基础用户市场对整个平台经济的发展起到一个培育的作用。基础用户市场规模的增长如图 5－2 中Ⅰ类用户市场增长曲线所示。在启动期基础用户市场规模的积累和提升不断促进平台的延展,基础用户市场规模增长的动力主要来自直接网络效应。然后,在基础用户市场达到临界容量之后,基础平台开始快速延展,这时,基础平台所积累的能量足够带动其他增值用户市场的启动,如图中Ⅱ类用户市场增长曲线所示,这些用户市场的规模增长以Ⅰ类用户市场为基础,依靠间接网络效应和交叉网络效应呈现出与Ⅰ类用户市场一齐增长的态势,从图中可以看到,Ⅱ类用户市场的增长原点已不再是从零开始了,因此Ⅱ类用户市场能够更快地达

---

① 王谢宁.互联网双边平台的企业行为、模式与竞争策略[M].大连:东北财经大学出版社,2012.

② 注:创新扩散理论的核心思想就是揭示创新事物在一个社会系统中扩散的基本规律。根据该理论研究的描述,在扩散早期,由于采用者较少,进展速度慢,而当采用者人数扩大到总受众人数的 10%—25% 时,进展会突然加速,扩散迅速上升并保持这一趋势,在接近饱和点时,进展又会减缓,整个过程通过曲线表示类似一条 S 形的曲线。

到快速增长所需要的临界容量,同时Ⅱ类用户市场的规模增长反过来又能促进Ⅰ类用户市场的增长。当既有的平台延展快达到市场饱和容量的时候,如图中平台延展曲线所示,依靠Ⅰ类用户市场和Ⅱ类用户市场所积累的用户规模,网络媒体平台会通过平台内和平台间的竞合开发出更多新的产品和服务模式,在一个更高的市场规模水平启动更多的潜在用户市场,为整个平台经济发展注入新的活力,使平台经济能够持续发展,如图中Ⅲ类用户市场增长曲线所示。

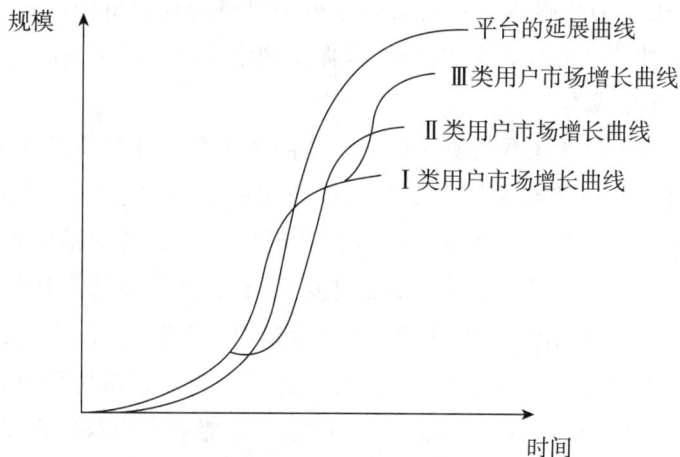

图 5 - 2　网络媒体平台延展曲线示意图

5.3.2.2　增值服务平台的无限延展实现多边平台经济

构建基础平台的目的就是形成基础用户市场,然后在形成基础用户市场规模的基础上展开增值服务,根据上节网络媒体平台延展曲线的分析,增值服务平台具有无限的延展性,正是这一平台的特点,可以通过不断的商业模式创新探寻无限盈利的途径和方式。盈利就意味着网络媒体平台从免费到收费的转变,在网络媒体平台化的过程中,任何一个网络媒体都不敢轻易尝试从免费到收费的转变,正如图 5 - 2所示,是在Ⅱ类用户市场通过增值服务平台的延展实现盈利,还是在Ⅲ类用户市场通过增值服务平台的延展实现盈利,对于网络媒体平台来说都不敢轻言论断。例如电子邮件服务,曾经在 2000 年前后网络经济泡沫破裂之时,有些网络媒体启动收费策略,如 163. com,但最终这种收费模式无疾而终,原因在于对增值服务的误判。但是巨大的经营压力又迫使网络媒体不得不持续探寻新的盈利模式。

如何构建商业模式通过增值服务平台的无限延展实现多边平台经

济,归纳起来主要包含五个方面:网络外部性、交易成本、用户体验模式、个性化定制以及效应整合。

(1)网络外部性

网络外部性是构建网络平台商业模式最基本的问题。直接网络外部性形成基础平台,在此基础上,通过间接网络外部性和交叉网络外部性的实现,实现增值服务平台的延展。有时候还要考虑正网络外部性和负网络外部性,正网络外部性是网络媒体平台商业模式形成的主流网络效应,而由于网络媒体本身还具有像传统媒体的双边市场结构,具有负网络外部性的广告盈利模式,将始终伴随网络媒体平台化发展。

(2)交易成本

交易成本是买家或卖家完成一个产品或服务的交易所花费的成本。成本是经济学的基本概念,交易实现的原则就是利用尽可能小的成本换来尽可能大的回报。在构建商业模式的时候所考虑的交易成本问题包括两个方面,一方面来自平台企业自身,平台企业与双边市场用户之间的交易遵循"谁需求谁支付更多"的定价策略,当然从实质上讲,依然遵循的是交易实现的基本成本原则;另一方面来自双边市场用户,双边市场用户之所以通过平台实现交易,一定是平台能够实现双边市场用户之间交易成本的下降,这也是平台企业存在必要性所在。比如阿里巴巴网络媒体平台,如果没有这个平台,市场交易的卖方和买方也可以通过其他途径找到对方,只是需要花费的成本要高得多。降低双边市场用户交易成本成为衡量网络媒体平台商业模式优劣的关键。

(3)用户体验模式

在互联网时代,一个很重要的经济特征就是"理性经济"到"体验经济"的转变,理性的选择到感性的体验,理性逐渐让位于感性。当以自我实现为目标的消费逐渐取代以生存为目的的消费的时候,用户选择产品和服务的衡量标准不再唯一是价格,用户的选择更强调体验的满足感。具体而言,用户通过基础平台消费产品与服务,如互联网接入、收发邮件、即时通讯、获知新闻、网络社区等,解决网络生存和发展的基本问题,相应地,更高的需求导致更多的感性的要求,而这就需要网络媒体平台通过叠加增值服务平台来实现。所以在商业模式的构建中,用户体验模式从某种意义来说,比起价格结构显得更为重要和关键。

（4）个性化定制

简而言之,个性化定制就是卖家或企业按各买家或合作伙伴不同的需求向其提供相应的产品或服务。网络媒体平台构建商业模式无定式取决于用户个性化定制的需求。个性化定制正是叠加增值服务平台所产生的直接平台效应的体现。通过满足个性化定制需求,明确了基础平台与增值服务平台之间的界限,同时网络媒体平台通过向其用户和合作伙伴提供个性化的定制服务,来获得更多的竞争优势。

（5）效应整合

在网络媒体商业模式的构建中,不能将增值服务平台的延展理解为简单的扩张,须考虑不同平台效应之间的整合。效应整合的目的是为平台企业提高效率,节约交易成本,同时也是检验所构建的商业模式能否在互联网时代经济环境下准确、高效的运作。而本研究所提到的构建信息流与资金流、物流的平台整合商业模式,正是基于效应整合,对以上商业模式要素的系统构建思路,代表着网络媒体平台商业模式构建未来发展的方向。

在实践中,网络媒体往往主要采取两种不同的方法实现多边平台经济的商业模式,一是具备足够直接网络效应能量的网络媒体,通过吸取和仿效已有成功案例的增值服务盈利模式,不断构建和完善自身的商业模式。例如腾讯,通过即时通信工具 QQ 构建起拥有 10 亿注册用户、3亿多活跃用户并且黏着度很高的基础平台,在此基础上,相继进入门户、游戏、电子商务、支付、邮箱、音乐、视频等领域,在这些新业务里,有的继续服务构建基础平台,有的增值服务获取盈利,这些新业务反过来又促进基础用户市场的稳定增长,进一步提高用户对平台的黏着力。多类用户市场的引入和启动,使交叉网络效应最大化,将平台的无限延展性发挥到极致,从而对整体平台的扩散速度起到显著的拉动作用。而随着多类用户市场相继突破临界容量并获得均衡而快速的规模增长,平台进入突飞猛进的成长期,它的价值增长和规模跃升速度远远高于其中某类用户市场,这就形成具有整合特点的叠加效应,平台发展步入良性循环。另一个就是通过平台间的竞合,不断扩大基础平台服务和规模,再通过相对完整的基础平台服务牢牢黏住用户,构建增值服务的盈利模式。

5.3.3 构建信息流与资金流、物流平台整合的商业模式

5.3.3.1 理论依据

在平台经济研究里,埃文斯(Evans,2003)根据平台的功能,给出了双边市场平台的类型:受众制造型平台、需求协调型平台和市场制造型平台。受众制造型平台的双边市场主要是指广告商和受众,传统媒体的双边市场是典型的受众制造型平台,此类平台通常表现为负网络外部性,为了吸引大量的足够多的受众到双边市场平台上来,使得与广大受众相对应的另一方用户的某种需求得到满足,一般需要免费甚至以负价格为受众提供服务。市场制造型平台,将成组的不同类型的用户匹配起来,通常所构建的双边市场由产品和服务销售者与消费者组成,如果一方市场用户成员越多,则另一方市场用户成员便越看重这项业务,因为这会增加互相匹配的机会以及减少寻找配对所需的时间,可以更快、更容易地找到交易机会,促成交易成功。需求协调型平台,将具有相互需求倾向的买卖双方客户吸引并且凝聚到一个共同的平台,进而促使双方客户之间的需求得到最终的实现是此种双边市场的特点,需求协调型平台通过制造产品和服务能引起两类或多类双边市场用户之间的间接网络外部性,这个平台并不严格像观众制造型平台那样出售信息或者像市场制造者那样出售交易机会,如软件平台、支付系统等。

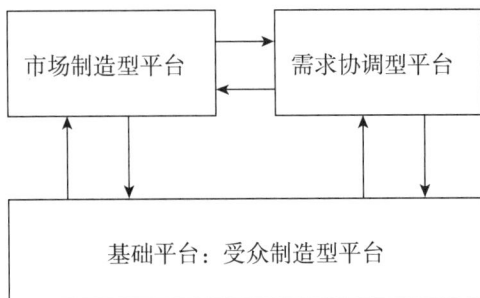

图 5-3 构建信息流与资金流、物流的平台整合商业模式示意图

网络媒体平台比较传统媒体,其优势主要体现于市场制造型平台和需求协调型平台,受众制造型平台特点构成网络媒体平台的基础平台,市场制造型平台是网络媒体平台化的重心,而需求协调型平台特点为市场制造型特点平台提供支持。基础平台的主要支撑要素是信息流,而在市场制造型平台里不仅有信息流,还包括物流,而且物流是此类平台的

主要支撑要素,在这样的结构中,需求协调型平台的支撑要素往往就是资金流。

5.3.3.2　构建平台整合的商业模式,网络媒体向服务型企业转型

由此可见,网络媒体平台的特点已经不是呈现于单一的平台特点,网络媒体平台商业模式的构建必须反映对不同平台功能的整合,尽快实现盈利。所以,信息流与物流、资金流的平台整合是网络媒体平台商业模式构建的关键。基于"人—人"结构的经济关系,可以根据企业对企业(B2B)、企业对消费者(B2C)、消费者对消费者(C2C)、线上对线下(O2O)四种双边市场结构来构建平台整合的商业模式。

(1)基于 B2B 的商业模式

基于 B2B 的商业模式,就是建立在"企业—企业"结构经济关系基础上的商业模式。发生交易的双方用户均是企业,并且必须注册为 B2B 平台的会员,才能通过平台参与电子商务交易和享受网站提供的各种服务,所以每年要交纳一定的注册会员费,会员费成为 B2B 商业模式最主要的盈利模式之一。以阿里巴巴为例,作为为中小企业买卖双方提供交易机会的平台,通过给会员提供匹配买卖双方、搜索竞价排名、产品招商、分类网址等信息服务项目收取注册会员费。在运营早期,阿里巴巴主要单纯提供买卖双方的交易信息,集中精力汇聚大量的市场供求信息,专注于信息流。这个时期互联网也刚刚启动快速发展的步伐,网上交易还处于萌芽阶段,有待获得大众的认可,相应的需求也不旺盛。因此,在这一阶段,阿里巴巴以企业需求为出发点,将企业以及相关的信息汇聚并加以整合分类,提供实时有效的信息服务。阿里巴巴的主要收益来源就来自会员收费以及相关的企业站点和网站推广收益。由此可见,基于 B2B 的商业模式,主要是通过信息流实现盈利。

(2)基于 B2C 的商业模式

基于 B2C 的商业模式,就是建立在"企业—消费者"结构经济关系基础上的商业模式。在这个结构里,网络媒体企业本身往往就是这个平台的经营者。这个商业模式下的代表网络媒体平台包括亚马逊、当当网、京东商城等。以亚马逊为例,消费者通过亚马逊自身的平台在其平台内部购物、在网上支付,并且自建物流渠道,专门为其消费者提供快递服务。可以说,B2C 的商业模式将信息流、物流、资金流的平台整合实现了一揽子解决方案。但是这类平台往往都是卖一些特殊商品的,在商品

的品类上有局限。当然平台的无限延展性,随着 B2C 平台发展的不断完善,商品品类问题将会得到突破,比如京东商城。由此可见,基于 B2C 的商业模式,主要是通过平台自身,构建整合信息流、物流、资金流平台商业模式来实现盈利。

（3）基于 C2C 的商业模式

基于 C2C 的商业模式,就是建立在"消费者—消费者"结构经济关系基础上的商业模式。在这个结构里,平台更多的表现是中介的特征,特别是淘宝打破既往收费的模式对双边市场用户实行全免费策略,这一特征显得更加突出。淘宝所提供的网上交易平台,最大的特点就是实现双方交易以免费为基础,虽然在维护平台运营方面会有"烧钱"之说,但是,淘宝通过双边免费,吸引到巨量的个体卖家和买家,聚集极高的人气和品牌价值,进而通过收取高端卖家的广告费、旺铺费和商品推荐费等一系列的增值业务模式,一举战胜 C2C 的先行者易趣,在短短 5 年时间就占据整个中国市场份额的 80% 以上。另外更重要的一点,虽然淘宝实行全免费机制,但是其抓住发展 C2C 平台的命脉,即对资金流的控制。淘宝利用支付宝实现对资金流的控制。支付宝在淘宝商业模式里发挥需求协调型平台的作用,虽然只是作为保障双边用户之间交易资金流的实现的支付系统,由于在交易达成与资金实现正式交割之间存在时间差,大量的交易资金汇聚于支付宝,支付宝俨然起到银行的作用,交易资金量的巨大,在这一点上,也为淘宝带来丰厚的利润回报。由此可见,基于 C2C 的商业模式,最关键的有两点,一是免费机制,另一个就是对资金流的控制来实现盈利。

（4）基于 O2O 的商业模式

基于 O2O 的商业模式,就是建立在"线上—线下"结构经济关系基础上的商业模式。在这个结构里,平台将线上用户与线下商业机会结合在一起。基于 O2O 的商业模式最大的亮点在于它是一种线上虚拟经济与线下实体店面经营相融合的新型商业模式。目前,在具体应用上包括:以携程、大众点评网为代表的线上实现信息流的传递,而资金流和物流在线下完成的模式;以团购网站为代表的线上同时实现信息流和资金流,线下实现物流和用户体验的模式;以及以在线支付为核心的控制资金流、整合线上和线下全业务模式,如支付宝,不仅仅作为支撑 C2C 的支付系统,而是正朝 O2O 这样的全业务链模式发展。

  总而言之,网络媒体平台一旦在正网络外部性基础上形成稳定的商业模式,那么就可以摆脱广告这一基于负网络外部性盈利模式的依赖,实现平台经济的无限扩张,这就是网络媒体平台化的最大意义所在。平台化的网络媒体逐步成为一个可突破现在几乎所有产业界线的复合型超级垄断者。

实践篇:来自中国的实践

6　中国传统媒体的网络媒体化转型

　　自 1994 年中国网络与世界互联网实现了互联互通,发展至今,中国已成为互联网用户最多的国家。根据中国互联网络信息中心(CNNIC)发布的数据,截至 2016 年 12 月底,我国网民规模达 7.31 亿,全年新增网民近 5000 万人;互联网普及率 53.2%,较 2015 年年底提升 2.9 个百分点,见图 6 – 1[①]。2016 年,中国网民人均每周上网时长达到 26.4 小时,在十年保持复合增长率达到 12% 的基础上,稳定增长。

图 6 – 1　中国网民规模和互联网普及率增长示意图

　　进入互联网时代,中国媒体经济的发展,已经对我国经济、政治、文化、生活等诸多领域产生深远影响,成为在经济全球化、信息网络化浪潮中与国家、民族命运密切相关的重要产业力量。中国媒体经济在互联网

---

① 中国互联网络信息中心. 第 39 次中国互联网络发展状况统计报告[EB/OL]. [2017 – 01 – 22]. http://www.cac.gov.cn/cnnic39/index.htm.

时代的市场主体不再唯一,网络新媒体的迅速崛起,与传统媒体一起构成新媒体经济市场的两极,于是,经济运行规律和特征存在巨大差异的传统媒体和网络媒体,在平台经济演化过程中,被纳入同一竞争层面。在这 20 年的竞争与融合的过程中,两者似乎都找到各自的市场定位:传统媒体发挥内容优势,倚赖于网络新媒体的渠道优势,在获得可观的版权收益的同时,传播价值也借助第三方互联网力量得到张大;而网络新媒体通过建立基于平台思维的商业模式优化媒体产业结构,与传统媒体在版权上保持紧密合作,逐渐主导媒体产业价值链。2014 年,国家从战略层面,将这种新型的竞合关系定义为传统媒体和新兴媒体的融合发展①。

　　传统媒体一直以来都是中国媒体经济构成的主体,承担党政喉舌、公共服务和商业服务三种功能,因而,传统的中国媒体产业,是事业和产业双轨制运行的特殊产业,其特殊性可以概括为"一元体制、双重结构、三种功能、多元角色"。传统媒体产业的 30 多年的发展历程是这个特殊产业从事业向产业演变的进程。然而,由于中国媒体产业先天的"不纯粹性"以及在由事业向产业转变过程中的"不彻底性",决定了媒体产业化进程必然是迂回曲折同时又矛盾重重。深刻的政治背景、意识形态的宣传功能、浓重的行政色彩以及半事业半企业的运行机制,决定了中国媒体产业的运营、发展以及管理都不可能依据产业的一般规律进行。

　　当人类社会进入互联网时代,随着数字网络技术的不断发展,网络新媒体层出不穷,网络媒体的发展催生了新媒体经济。从技术的角度看,新媒体经济是以信息为主要生产要素,以规模递增为主要特征,以互联网和信息技术为外部条件,以平台化发展为大趋势存在的经济形态。从经济学角度来看,互联网有利于消除经济活动中的信息不对称的现象,对经济资源的有效配置和减少投资风险起到重要的作用。与传统媒

---

① 2014 年 8 月 18 日,中央全面深化改革领导小组审议通过了《关于推动传统媒体和新兴媒体融合发展的指导意见》,中央全面深化改革领导小组组长习近平强调,推动传统媒体和新兴媒体融合发展,要遵循新闻传播规律和新兴媒体发展规律,强化互联网思维,坚持传统媒体和新兴媒体优势互补、一体发展,坚持先进技术为支撑、内容建设为根本,推动传统媒体和新兴媒体在内容、渠道、平台、经营、管理等方面的深度融合,着力打造一批形态多样、手段先进、具有竞争力的新型主流媒体,建成几家拥有强大实力和传播力、公信力、影响力的新型媒体集团,形成立体多样、融合发展的现代传播体系。该《指导意见》的出台,正式将传统媒体和新兴媒体融合发展定位于关乎国家战略的一项重大任务。摘自:中共中央文献研究室.习近平关于全面深化改革论述摘编[M].北京:中央文献出版社,2014.

体产业相比,新媒体产业最根本的区别在于其纯粹的商业性,由市场力量而非行政力量主导,民营企业而非国有企业是产业主体。按照搜狐CEO张朝阳的话说,它是中国历史上第一次完全依靠市场力量产生的一个巨大产业,几乎完全由本土的民营企业领导。由于没有行政壁垒和垄断保护,网络媒体产业从诞生的一刻起就与市场需求紧密关联。新媒体经济的蓬勃发展倒逼传统媒体加速网络媒体化转型。传统电视媒体与网络视频新媒体之间所建立起的市场竞合关系恰好反映了这样的现实情境。

6.1　以电视媒体为代表的基于内容优势的独播策略逆袭

6.1.1　电视媒体的全媒体战略导向

2009 年,我国通信领域实现 3G 技术的商用,解决了"三网融合"最后一个技术瓶颈,传统媒体产业、IT 业、通信业的产业融合势在必行,基于互联网环境的媒体经济发展进入产业融合时期。

在这一阶段,电视媒体产业提出"全媒体战略"。全媒体是传统媒体在媒介融合过程中所呈现出的多功能一体化的趋势,传统媒体通过平面、网络、广播、电视、移动通信等不同媒体形态实现跨平台、全覆盖、立体式媒介服务,实现与受众的单向、双向、交互式复合传播的媒体形式[①]。由此可见,全媒体战略是传统电视媒体试图在媒介产业融合中争取主导地位的具化行为。而全媒体战略实施表现为电视媒体由线性发展模式向平台发展模式的转变,这样的转变包括两个方面:一是应对全媒体平台化趋势;二是融入平台型全媒体化趋势[②]。

6.1.1.1　应对全媒体平台化

应对全媒体平台化是电视媒体适应新的竞争环境的第一步。"三网融合"的大背景下,参与媒介市场竞争的主体已不再仅限于传统意义的媒体,还包括通信运营商、网络服务运营商。这样的竞争主体有着各自的优势:传统媒体有着专业的媒介内容生产机制,通信运营商

---

① 吕岩梅等.全媒体——广电媒体发展的方向[J].电视研究,2011(10).
② 高丽华,林翔等.全媒体时代下的电视媒体品牌策略观[J].中国电视,2012(5).

有着雄厚的亿数量级固定用户基础,而网络服务运营商则有着网络接入服务的先天优势。在市场话语权的竞争中,有一个共同的趋势,就是平台化。平台核心的功能是实现双边或多边体之间的互融互通。未来媒介市场竞争,是基于平台的竞争①,抢占平台优势是获得市场话语权的关键因素。在这样的过程中,面对传播技术的更迭浪潮,全媒体平台化最需要解决的两个主要问题依然是内容和用户服务。内容则成为传统电视媒体参与竞争的关键。电视媒体应抓住这一核心优势,在全媒体的进程中,实现节目内容的多样异质发展。当网速发展到极致,人们不再担心网速的时候,媒体运营应遵循的基本规律是:接口是标准的,内容是差异的;资源是有限的,服务是无穷的②。在节目内容上实现多样异质发展,从而增强节目内容的吸引力,走节目内容差异化的品牌实施策略。

6.1.1.2 融入平台型媒体化

平台型全媒体化就是将电视媒体的全媒体趋势放在一个更宏观的视野中思考发展问题。无论是数字平台、网络平台、电信平台,还是广电平台,未来都是基于"互联网交互式信息平台"。而在这样统一的大平台中,电视媒体品牌将成为一种资源,参与整合整个媒体产业链的产业资源、注意力资源和信息、渠道、影响力资源,促成全媒体产业平台经济、注意力经济和资本经济。

在此过程中,传统电视媒体与网络新媒体建立起新型的竞合关系——主要体现的是合作关系。可以说,媒体经济发展以此为标志,向前迈进一大步。两者共同的目标是创造出更大的新的市场空间,在这里所谓的稀缺资源就变成受众和用户的注意力和时间了,传统电视媒体和网络新媒体之间的竞合就是要齐心协力开发或者获取更多的受众和用户的稀缺资源。以中国市场为例,2009年湖南卫视与淘宝网达成战略合作,整合双方资源优势,建立"嗨淘网",推出"快乐淘宝"节目,创建电子商务结合电视传媒的全新商业模式;2010年江苏卫视开播《非诚勿扰》节目,与优酷进行独家联播合作,优酷在第一时间网上转播《非诚勿扰》的节目视频,以扩大该节目的收视人群,而江苏卫视则在网友评论中,采纳好的建议作为节目素材。版权合作成为传统电视媒体平台与网络新

---

① 黄升民等.数字媒体时代的平台建构与竞争[J].现代传播,2009(5).
② 王虎.媒介融合背景下传统电视与新媒体的整合营销策略[J].视听界,2009(1).

媒体平台合作的主要内容之一。传统电视媒体逐渐成为一种资源,一种参与整合整个媒体产业链的产业资源、注意力资源和信息、渠道、影响力资源,促成全媒体产业平台经济发展。直至 2014 年的春天,以湖南卫视为代表的传统电视媒体宣布"独播策略",打破了这个市场竞合格局,在业内引起强烈反应。

6.1.2　湖南卫视的"独播策略"

　　长期以来,各大卫视都是与网络传媒紧密合作,无论是策划宣传,还是节目播出,都依赖于互联网。尤其是通过把自制节目出售给网络传媒,获得理想的版权费,从而实现利益上的突破,中国地方卫视排名第一的湖南卫视也无外乎此。

　　而运营湖南卫视的湖南广电集团,却一直没有停止寻求另外一条发展之路的作为,充分运用其娱乐资源和节目内容优势,将数字化渠道扩张到电视新媒体、网络媒体及手机无线领域,用全媒体概念建立其商业模式。从 2004 年开始,湖南广电以自办的金鹰电视节为基础,创办自己的门户网站金鹰网,与中国移动联手开通多媒体广播(CMMB),与中国网络电视台合作 IPTV 项目,打造湖南网络广播电视网。2009 年 12 月,湖南广电更是与淘宝网合资成立嗨淘网整合娱乐内容与网络购物,进军电子商务,并实现 2010 年网购营业收入超过 20 亿元;随后又从金鹰网剥离出以交友为诉求的具有 SNS 特性的芒果品牌,独立运营,打造具有芒果(湖南卫视)特色的交友部落。湖南广电的新媒体应用全面井喷。

　　然而,2014 年 5 月,湖南卫视宣布与湖南广电旗下的网络平台"芒果TV"合作,出乎市场意料的实施"独播策略",不再对外销售《花儿与少年》《变形记第八季》等在内的几档自制的品牌新节目的互联网版权,而只在自己的网络电视平台芒果 TV 独播,湖南电视台台长吕焕斌的一番话揭示了"独播策略"的要义:"一定要高度重视版权,包括互联网版权,购买节目的版权,特别是自制节目的版权,一定要包括或者尽可能包括互联网版权,所有节目版权都要掌握在自己手上。全台所有频道制作的节目,决不允许擅自和外面的新媒体合作。"①

　　湖南卫视走出第一步后,即产生蝴蝶效应,安徽卫视也随后严正声

---

① 余玥.评湖南台独播战略:逆袭还是退步?［EB/OL］.［2014 - 06 - 04］. http://www.chinanews. com/cul/2014/06-03/6239530. shtml.

明,其自制的《我为歌狂》第二季节目视频版权归安徽广播电视台所有,未经书面授权,任何广播电视台和网络媒体不得擅自播出;央视也表示,2014 年巴西世界杯央视也不再向任何视频网站开放直播权,只通过自家 CNTV 播出。传统媒体与网络媒体之间由紧密合作转变为彻底划清界限的行为可谓是一石激起千层浪,传统媒体似乎在告诉人们,在互联网环境下,传统媒体依然是媒体经济平台化中不可忽视的市场力量。

当然,"独播策略"并非湖南卫视首创,真正首先在"独播"上竞争惨烈的却是网络视频类新媒体平台。从表 6-1 所统计的 2013—2014 年中国主要人气综艺节目网络视频独播版权情况可见一斑。

表 6-1 2013—2014 年中国人气综艺节目网络视频独播版权一览表

独播版权节目	所属媒体	购买版权新媒体	版权价格	版权年份
《爸爸去哪儿 2》《快乐大本营》《天天向上》《康熙来了》《百变大咖秀》	湖南卫视	百度爱奇艺	2 亿元	2014 年
《中国好声音 3》	浙江卫视	腾讯视频	2.5 亿元	2014 年
《非诚勿扰》在内的江苏卫视旗下所有综艺节目	江苏卫视	PPTV	1 亿元	2014 年
《我是歌手 2》	湖南卫视	乐视网	5000 万元	2014 年
《中国好声音 2》	浙江卫视	搜狐视频	1 亿元	2013 年

网络视频类新媒体平台对来自传统媒体内容版权的争夺由来已久,从 2005 年土豆网上线算起,至今已有 10 年。2008 年以前,网络视频类新媒体平台凭借 UGC(用户生产内容模式)①聚集大量人气,比如土豆网,并带动 56 网、优酷网、酷 6 网等一大批基于 UGC 模式的网络视频类新媒体的诞生,此时的竞争围绕争用户、流量展开;2009 年后,随着百度爱奇艺、腾讯视频、搜狐视频等网络视频类新媒体以 PGC(第三方专业制

---

① 互联网术语,全称为 User Generated Content,指用户原创内容,是伴随着以提倡个性化为主要特点的 Web2.0 概念而兴起,一种用户使用互联网的新方式,即用户将自己原创的内容通过互联网平台进行展示或者提供给其他用户,由原来的以下载为主变成下载和上传并重,体现了网络用户的交互机制,用户既是网络内容的浏览者,也是网络内容的创造者。

作内容模式)①参与市场竞争,网络视频反盗版联盟成立,行业内掀起大规模的版权诉讼潮,版权争夺成为竞争的热点,一直持续到现在,从影视剧蔓延到综艺节目。

网络视频类新媒体平台投入巨额版权费用对版权争夺的诉求点就在于获得来自传统媒体内容的独播权。尽管动辄需花费过亿元代价,但一旦成功,独播效应会给网络视频类新媒体平台带来丰厚的利益:一是播放视频过程中插播的各种广告。在《中国好声音》第一季火爆的时候,搜狐投1亿元买下其第二季的网络独播权,此举在当时被业内普遍认为价格太高,无法收回成本,而事实证明,《中国好声音》第二季在网络上的播放总量超过20亿,广告营业收入超过2亿元,仅此一项收益就让搜狐收回成本,同时为搜狐带来2.63亿PV(页面浏览量)的流量。二是将视频分销给其他视频网站,收取二次版权费用。2012年,乐视网以2000万元费用购买电视剧《甄嬛传》的独家网络视频版权,自此拉开中国网络视频类新媒体平台的独播竞争序幕。该剧独播,为乐视网带来36亿PV以上的流量,所获得的广告收入加上视频分销收入至少1亿元,回报率高达400%。三是将独播视频为视频网站吸引的流量转化为不同形式的广告收入。2013年,爱奇艺宣布以2亿元的版权费用获得湖南卫视5档人气综艺节目2014年的独家播放权,不久后,银鹭就以6600万元的价格拿下《爸爸去哪儿》第二季的网络独家冠名权,蓝月亮则以3000万元抢下联合赞助权,另外爱奇艺仅借这一节目,与包括舒肤佳、英菲尼迪、蒙牛、欧莱雅在内的20多家广告主达成不同形式的广告投放合作方式。2014年,湖南卫视在版权上的销售收益超过4亿元。

网络视频类新媒体平台独播竞争给传统电视媒体带来巨额版权收益的同时,也让传统电视媒体看到网络"独播"的魅力,特别是网络视频类新媒体平台正通过盒子、魔棒、智能电视等方式,凭借从自己那里购买获得的版权内容逐步蚕食传统电视媒体的核心阵地——客厅,大有抢夺其既有市场蛋糕之势,这让传统电视媒体幡然醒悟,版权虽是核心竞争

---

① 互联网术语,全称为 Professional Generated Content,指专业生产内容。早期网络视频新媒体多采用 UGC 模式,虽然 UGC 可以让用户自由上传内容,丰富网站内容,但往往产生在内容的质量方面良莠不齐;所以现在的网络视频新媒体大多采用 PGC 模式,内容设置及产品编辑更专业,内容质量也更有保证。中国网络视频新媒体内容生产从 UGC 到 PGC 的发展,不仅是概念上的语词更替,而且是基于机制、资本量、生产者、内容和受众等五个方面的积累,按照互联网传播和市场运行规律的新媒体经济形态演进的一个缩影。

力,但用户的流失,将丧失整个市场的立足之地。湖南卫视首先吹响反击的号角,推出芒果 TV 全平台独播战略,最好的防守就是进攻。

6.1.3　"重拾用户"的战略选择

芒果 TV 全平台,由快乐阳光互动娱乐传媒有限公司负责运营,快乐阳光为湖南卫视的全资新媒体公司,运营的芒果 TV 全平台包括芒果互联网电视、芒果 TV 手机电视、湖南 IPTV、芒果 TV 视频网站在内的多终端视频业务,独家拥有湖南卫视全部电视节目内容和相关品牌资源在互联网、移动互联网等全球领域的开发、经营(含转授权)权利。芒果 TV 全平台虽然从用户总量、浏览体验上来说,与现在热门的网络视频新媒体平台相比,还有相当的差距,但是倚靠湖南卫视优质的内容资源,成为对抗网络视频新媒体平台的先锋军。

版权是传统媒体作为内容提供商所具备的天生优势。传统媒体用版权来抵抗网络媒体的市场冲击由来已久。早在 20 世纪 90 年代末,迅猛发展的以门户网站为代表的第一代网络媒体就与传统媒体在版权问题上发生过激烈交锋,最终由于网络泡沫的破灭,门户网站纷纷倒闭而告一段落,网络新媒体及其经济发展问题也一度不再受到过多的关注。正如当时一位学者所描述的:在目前的情况下,新媒体对内的覆盖面和影响力远不能和传统媒体相比。内地网络新闻媒体现在主要依附于传统媒体,其内容来源也主要来自传统媒体,在可预见的将来,这种情况不会有根本的改变。于是,传统媒体也不再追究网站所谓的侵权。时过境迁,十年以后,根据最新发布的《2016 中国互联网发展报告》数据,至2016 年年底,中国网络视频用户达到 5.44 亿人,比 2015 年增加了 4000多万人,用户使用率为 74.5%,见图 6-2[①];我国手机视频用户规模为4.99 亿,连续三年增长率保持在 20% 以上。当网络媒体再次蓬勃发展从而对传统媒体的发展造成巨大冲击的时候,电视媒体又举起版权的旗帜实施独播策略对抗网络媒体摧枯拉朽式的发展。这一次的版权武器不在于侵权维权的利益之争,而重点在于吸引和黏住更多的视频用户,扩大用户规模。在传统电视媒体看来,这是一次"重拾用户"战略选择的尝试,放弃短期经济利益,着眼长远发展的市场竞争策略,为打造自身的

---

① 中国互联网络信息中心.第 39 次中国互联网络发展状况统计报告[EB/OL].[2017 - 01 - 22].http://www.cac.gov.cn/cnnic39/index.htm.

网络媒体平台经济优势迈出第一步。

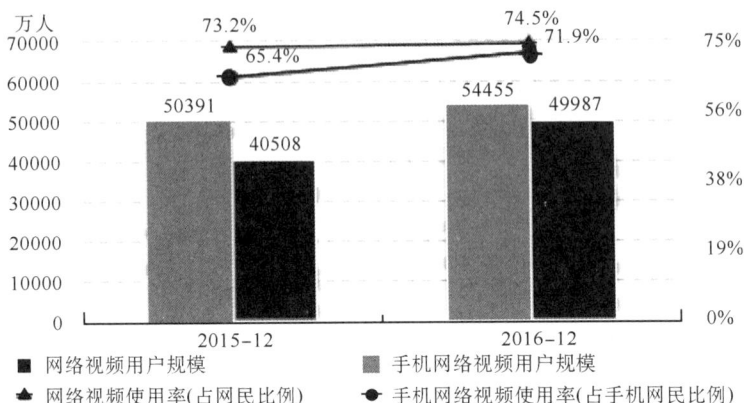

图6-2　2015—2016年中国网络视频用户规模及使用率柱形图

传统电视媒体的核心竞争优势在于有一套完整的内容生产线：最聚人气的明星艺人、最好的编剧导演、专业的设备、最充足的资金……而且，内容的创意和制作没有那么简单，互联网思维最终还是要回归"产品""内容"的本源，虽然网络视频新媒体平台精于技术、平台、用户体验，但短板则是"内容"。据统计，来自传统媒体的电视剧、综艺节目，占网络视频新媒体平台近80%的内容，贡献其最主要的流量，也是其贴片广告的主要传播构成。在这一点上，传统电视媒体有足够的信心在用户层面上反击网络视频新媒体平台。

然而，市场正在悄然发生变化，意识到自身短板是内容的网络视频新媒体平台已经开始全面布局自制节目内容，从自制网剧到自制综艺节目，试图摆脱对传统媒体内容版权的依赖和制约。优酷土豆、搜狐视频、腾讯视频、爱奇艺等网络视频新媒体平台都推出优秀的自制或合作节目，成立类似电视台制作团队的工作室，如爱奇艺的马东工作室等。网络视频新媒体平台的自制内容攻略已经处在进行时，而湖南卫视的独播战略必将加速这样的布局。网络视频新媒体平台的自制能力提高后，会相应地降低版权购买力度，一定程度上还可能使现在过高的影视剧交易价格合理化，促进良性竞争，有利于行业可持续发展。2015年出现自制网剧"井喷"现象，呈现出"反哺"传统媒体制作影视剧趋势正在印证这一点①。

---

① 李萌. 2015 年网剧数量井喷　有"反哺"影视剧趋势［EB/OL］.［2015 - 12 - 23］. http://ent.ifeng.com/a/20151223/42549694_0.shtml.

因此,对于传统电视媒体来说,虽倚靠优质内容积攒信心,但经营上面临的挑战却越来越大,必须凭借自己的核心竞争优势将自己流失的用户再争夺回来。湖南卫视的战略意图很明确,用原创内容决定渠道优势。湖南卫视违背互联网的开放和共享精神的行为,实质上却是一个放弃短期经济利益,着眼长远发展的市场竞争策略。当然,相对于网络视频新媒体平台,传统电视媒体目前仍占规模优势,2013 年相关数据显示,全国广播电视行业 2013 年的收入约为 1302 亿元,其中湖南广电收入 183 亿元、江苏广电收入 123 亿元、浙江广电收入 102 亿元、北京广电收入 103 亿元,上海广电收入也超过 100 亿元。而网络视频新媒体平台的龙头企业优酷土豆收入则为 30 亿元。传统媒体以全媒体平台战略应对网络视频新媒体平台竞争具备实力。

传统电视媒体独播策略对互联网环境下平台经济思维的逆袭,凸显出媒体经济平台化的复杂性,也集中反映新媒体经济发展中有两个核心问题:内容供给和商业模式。正是这两个核心问题,从某种意义上讲,决定未来整个媒体经济的格局。传统媒体在内容产品的创新及规模化生产上具有事实上的优势,使传统媒体与网络新媒体将在很长一段时间里相互依存、不断融合。这种基于共同利益的内在关联,至少需维持到新媒介具备内容创新及规模生产的优势之后。而新媒体即使能够依靠自身力量来逐步培养内容创新和规模化生产的能力,但对于整个媒介产业来说,会真正注入互联网思维基因,起到一个颠覆传统模式的作用。新媒体经济独特的基于平台思维的商业模式优化着媒体产业结构,主导着媒体产业价值链,随着产业结构优化进程的深入,内容领域的优势创造者也将上升为主要的受益者。所以说新媒体与传统媒体相辅相成,融合形成整个媒体经济新的价值链。

6.2　以报业媒体为代表的传统媒体与新兴媒体融合发展模式

6.2.1　报业媒体的媒介融合探索

可以说,报业媒体是最先受益于互联网技术进步所带来福祉的传统媒体,中国媒体经济的媒介融合始于报业媒体。在 1997 年传统媒体掀起兴办网络版、电子版的第一次触网浪潮中,以报业媒体为主的传统媒体纷纷建立自己的官方网站,《人民日报》的网络版"人民网"就是于当年正式上线,两三年的时间,全国 20% 以上的报纸在互联网上有了自己的网络版;2000 年后,以"报网互动"为特征掀起第二次中国传统媒体"触网"潮,传统媒体以各种各样的形式试图在互联网时代到来的时候分一杯羹。虽然在那时传统媒体眼中的互联网仍然只是一个新的传播工具,但是传统媒体与网络新兴媒体融合初露端倪。2008 年爆发国际金融危机之前,以报业媒体为主的传统媒体与网络新兴媒体的融合呈现出这样的特点:内容数字化;渠道立体化;经营集团化[①]。

6.2.1.1　内容数字化

2007 年,全国 47 家报社获得国家数字化创新项目认证,报纸的数字化工程在报业数字信息资源平台、门户网站、电子商务平台、电子阅读器、移动采编系统、户外互动媒体、手机报、多媒体数字报八大创新方向上进行探索。例如,《温州日报》发行全国第一份收费的"数字报纸";《广州日报》设立滚动新闻部,除了为包括传统媒体、新闻网站、手机报等实时提供内容外,通过网络平台、手机平台,可以在社会上获取更多有新闻价值的素材和新闻线索;《解放日报》开发电子阅读终端,在全国率先制定数字报纸移动阅读终端标准,以 i-news、i-book、i-paper、i-street 搭建新的信息发布平台。

6.2.1.2　渠道立体化

报纸在新媒体平台的渠道方面:一是与垂直信息类网络媒体合作,例如《南方都市报》《华西都市报》等 20 多家报纸与前程无忧网合作,共享招聘类信息分类广告;二是与即时通信网络媒体平台合作,打通网络社会化媒体平台渠道,例如地方龙头报纸媒体与腾讯合作,在腾讯新闻门户上开设具有本地特色的频道,当然,此合作为腾讯主导,是腾讯做新闻门户市场布局、对抗其他新闻门户网站的具体市场行为,与地方龙头报业媒体合作也并非一帆风顺,见表 6 - 2;三是与门户网站新媒体进行资讯版权合作,包括新浪、搜狐等,门户网站新媒体获得报纸的原创内容,而报纸获取版权收益和品牌推广效应。

---

① 余晓阳,张金海. 传统媒体的数字化转型与新媒体的平台化发展——基于双边市场理论的经济学分析[J]. 新闻界,2012(5).

表6-2　地方媒体与腾讯合作建设新闻门户频道一览表

媒体合作布局	成立时间	合作媒体
大渝网	2006年5月	重庆日报报业集团
大秦网	2006年6月	无
大成网	2007年10月	无
大楚网	2008年6月	湖北日报传媒集团
大闽网	2010年8月	无
大豫网	2011年8月	河南日报报业集团
大粤网	2011年8月	南方报业传媒集团

6.2.1.3 经营集团化

2007年,传统报业媒体集团内部整合,跨区域的媒介联盟、跨媒体的媒介联盟把报业媒体经营集团化演绎得如火如荼。内部整合使单一的报业集团转型升级为跨媒体或者多媒体经营的媒体集团,一部分已经升级为媒体集团的媒体,例如南方报业媒体集团、文新媒体集团、牡丹江新闻传媒集团等持续推进集团内部的行为整合、环境整合、资源整合,解放日报媒体集团整合各媒体资源、拓展混业经营的道路,通过品牌创意等轻资产注入,与专业公司进行跨界合作,获得稀缺资源,打造媒体产业园区;有的媒体集团,如湖北日报报业集团更名为湖北日报传媒集团,转型升级为媒体集团;跨区域的媒介联盟方面,在高峰期的2007年一年就形成区域报业联盟达十多个,几乎平均每月即有一个联盟诞生,报业经营资源整合的空间和范围得到极大的拓展;跨媒体的媒介联盟方面,各类市场主体与其他形态的媒体之间结盟持续进行,国内专业体育类媒体足球报社与新浪新媒体建立战略合作伙伴关系,在资源共享、市场推广等方面进行深度合作,共同打造一个全新的体育类媒体平台,《解放日报》与新浪建立战略合作伙伴关系,探索平面媒体与网络媒体合作共赢的全新模式,共建联合传播平台。

通过以上的案例,报业媒体,无论是地方报业媒体还是中央报业媒体,都在利用斜向扩张拓展数字新媒体渠道,以集团化经营最大限度地提升内容价值及其影响力,而这种斜向扩张对于既有核心业务市场的用户群体黏性帮助有限,亦无法帮助主体业务强化正交叉外部性并搭建更强大的媒体双边平台。同时新拓展的业务与原有业务通常并不在同一平台之上,无法将优势资源转化,打造更强有力的平台并依托网络外部

123

性进行自发扩张;另外,具有同质化的斜向新媒体渠道扩张又导致报业媒体在新的局部市场展开全面竞争。这样的媒体融合,其思路可以归纳为两点:一是传统报业媒体体系内部的媒介形态融合,以及经营与管理融合;另一个是以传统报业媒体为主、以新兴媒体为辅的主从式思维下传统媒体与新媒体传播形态对接的融合发展。很明显,传播报业媒体仍然停留于以自身为中心的融合发展思路窠臼之中。

2008年,全球爆发金融危机,美国百年老报《基督教科学箴言报》宣布从2009年4月起取消纸媒印刷,改为网络版报纸。另外,在随后的几年间,西方国家其他的著名报纸,如《洛杉矶时报》《费城问询报》《华盛顿邮报》《法兰克福评论报》等纷纷倒闭或被兼并。受金融危机大环境影响,以及中国市场环境的变化,从2009年起,中国的报业经济也进入了寒冬。为了减轻成本压力、维护经济利益,报业媒体开始普遍采取减版面、减刊期、减发行量、减少赠阅以及控制无效发行等措施减少用纸量,还通过精简队伍、降低薪酬来缩减人员成本。于是,"媒体融合"开始遭遇产业实践上的瓶颈,张金海(2013)对中国传媒产业2011年研究文献做统计分析的成果显示,媒体融合研究主题只占到15%左右[①]。而正是这个阶段,互联网技术突飞猛进,人类社会开始进入移动互联网社会,网络新兴媒体形态层出不穷,包括社会化媒体、微博、微信横空出世,发展势不可挡。面对网络新兴媒体的攻城略地,传统报业媒体的生存状况是:从业者更多的精力还是放在传统的盈利模式上,新闻传播学的学者研究重点更多地也放在传统新闻传播理论与技能方面,很少关注新媒体及新媒体业务技能的创新与发展,传统媒体的变革之路仍然缺乏清醒的认识[②],似乎昨天还高高在上的媒体,今天却发现自己连温饱都成了问题。不得不承认这样的事实:传统报业媒体虽然与网络媒体形态的对接已有十几年,但效果不明显,甚至可以说是失败的。

2014年4月,中宣部部长刘奇葆在《人民日报》上发表署名文章《加快推动传统媒体和新兴媒体融合发展》,首提"传统媒体与新兴媒体融合发展"的概念,以"互联网思维"拓展经营思路和发展路径;8月,党中央审议通过《关于推动传统媒体和新兴媒体融合发展的指导意见》,习近平总书

---

① 张金海,陈玥.2011年中国媒介经济与媒介产业研究综述[M]//中国新媒体发展报告(2013),北京:社会科学文献出版社,2013.
② 黄芝晓.卷首语[J].新闻大学,2013(4).

记通过这个指导文件强调,推动传统媒体和新兴媒体融合发展,遵循新闻传播规律和新兴媒体发展规律,强化互联网思维,坚持传统媒体和新兴媒体优势互补、一体发展。这一政策的颁布,标志着传统媒体和新兴媒体融合发展成为关乎国家战略的一项重大任务,指明媒介融合产业实践和理论研究的大方向,也明确地给出解决问题的方法,即用互联网思维解决传统媒体与新兴媒体融合发展中的问题,这也就开拓出"媒体融合"的第三条研究和实践思路。国内众多专家和学者给予积极响应:郭镇之认为通过这次国家层面提出的媒体融合发展战略性部署,打破媒体间的藩篱,突破传统媒体各单位内部和之间的简单融合,以更开放的机制和更积极的方式进行深度合作[①];程曼丽认为,媒体融合不仅是个技术概念,更是一个经营和管理的概念,需要从管理者到执行者具有前瞻思维进行战略布局[②];喻国明则提出互联网思维下的媒体融合是"一场革命",互联网思维对传媒产业的改造体现在三个方面,就是内容规则的创新、产业形态的创新和盈利模式的创新[③];郭全中则提出融合的前提是互联网技术的快速发展打破了既有的产业边界,而融合的主体应是互联网[④];杨状振提出媒体融合的基本路径概括为理念创新,手段创新和制度建设三个层面[⑤],殷俊提出媒体融合的策略[⑥],高亢指出媒体融合的难点和对策[⑦]。

从产业实践的角度看,也正是以 2014 年为分水岭,传统报业媒体真正以互联网思维开始新的传统媒体与新兴媒体融合发展尝试。以澎湃网为代表的脱胎于传统报业媒体的新媒体力开先河,首先成为在内容上脱胎换骨的媒体平台。

6.2.2 报业媒体的移动互联时代机遇

早在 2010 年,一直引领报业风气之先的南方报业集团就提出拥抱数字新媒体"大传媒时代"的战略思路:充分发挥传统媒体内容优势,并

① 孙铁翔等.业内人士和专家学者把脉推动传统媒体和新兴媒体融合发展[EB/OL].[2014-08-22]. http://news.ifeng.com/a/20140822/41690587_0.shtml.
② 马海燕.习近平重互联网思维 拓媒体融合改革新路[EB/OL].[2014-08-19]. http://www.chinanews.com/gn/2014/08-19/6509380.shtml.
③ 喻国明.媒体融合是一场革命[N].综艺报,2014-10-23.
④ 郭全中.融合的主体应是互联网[J].南方传媒研究,2014(9).
⑤ 杨状振.舆论场与产业革命:传统媒体与新兴媒体融合的知与行[J].南方电视学刊,2014(5).
⑥ 殷俊.传统媒体与新兴媒体的融合策略[J].新闻与写作,2014(9).
⑦ 高亢.传统媒体与新兴媒体融合发展的难点与对策[J].新闻爱好者,2014(12).

利用新媒体技术及信息传播渠道实现从传统平面媒体向全媒体集团的转型;从内容服务商向全媒体服务商转变,不仅重视内容的采集和信息,而且高度重视渠道的选择,在数字化转型中打造包括平面媒体、互联网媒体、手机移动媒体、广播电视、户外媒体等的六大渠道,建设高效的信息服务;在新的媒体形态背景下,通过立体的传播手段,实现全媒体内容生产、渠道建设和运营层面的整合。这代表当时众多报业集团网络媒体化转型思路。然而,网络新媒体已经构筑起强大的新媒体市场壁垒,并没有更多的发展机会和市场空间留给传统报业媒体,其结果就是,传统报业媒体一直在转型,一直在投入,却没有效果,更谈不上经济效益。

也正是 2010 年,为应对国际金融危机,加快推进中国经济结构调整,2009 年国家出台《文化产业振兴规划》,将文化产业提升到国家战略性产业的高度,媒介产业迎来了难得的、新的历史发展机遇;同时通信领域实现了 3G 技术的商用,解决了"三网融合"最后一个技术瓶颈,移动互联网呼之欲出。面对互联网自身的快速进化,遥遥领先的网络新媒体与奋起直追的传统媒体似乎又站在同一起跑线上,传统报业媒体获得一次时代赋予的重大历史机遇。

2014 年,上海报业集团依托旗下传统报业媒体《东方早报》,联合其他机构投资 3 亿多元推出"澎湃新闻"。"澎湃新闻"可谓是中国传统媒体与新兴媒体融合发展大环境下诞生的第一个媒体平台产品。面对移动互联网快速崛起而塑造的全新信息传播环境,适应移动互联网时代的传播新秩序成为"澎湃新闻"首先考虑的战略部署问题。7 月,澎湃新闻网站、澎湃新闻客户端、澎湃新闻微信公众平台、澎湃新闻微博同时上线,并主打"澎湃新闻"客户端,成为澎湃对接移动互联网的最主要产品和平台。

"澎湃新闻"的微博和微信"双微平台",除了按照各自的媒介特点发布信息外,都在显要位置提示下载"澎湃新闻"客户端,"澎湃新闻"在7 月 22 日同时开通新浪和腾讯微博,新浪微博发布将近 300 篇博文,粉丝超过 17 万,每条博文最后都以超链接的形式提示下载客户端。腾讯微博发布 124 篇文章,粉丝超过 8000,更新频率和阅读率都及新浪微博。"澎湃新闻"微信也是于 7 月 22 日开通,每天提供 1—8 篇数量不等的信息,发布时间基本在 18—22 点之间,每篇文章最后提示读者通过"阅读原文"下载客户端。除了"澎湃新闻"微信平台外,"澎湃新闻"还形成微信公众号矩阵,开通了"中国政库""市政厅""一号专案"等 30 多个微信账号,由各自内容团队负责运营。"澎湃新闻"形成错落有致、有主有次的移动互联媒介战略格局。

新闻客户端的市场争夺,已经成为传统媒体和网络新媒体在移动互联时代竞争的主战场之一。新闻客户端根据运营主体属性的不同,可以分为三大类:一类以网络门户媒体为主体的客户端,如网易、腾讯、搜狐和新浪等;一类以传统媒体数字化转型由原来的单纯门户转变为网络媒体为主体的客户端,如《人民日报》的人民网、新华社的新华网、央视的央视新闻网,以及澎湃新闻等;一类以移动互联网新兴媒体为主体的客户端,如今日头条、一点资讯、ZAKER 等,见表 6-3。

表 6-3 新闻客户端分类简表

新闻客户端类别	代表性客户端
网络门户媒体客户端	网易、腾讯、搜狐、新浪
传统媒体移动客户端	人民网、新华网、央视新闻网、澎湃新闻网
移动互联新兴媒体客户端	今日头条、一点资讯、ZAKER

根据速途研究院 2014 年 6 月发布数据显示,手机新闻客户端用户规模达到 3.44 亿。根据百度指数统计的 2013—2015 年的数据,腾讯新闻客户端、网易新闻客户端、搜狐新闻客户端的用户规模排在前三位,见图 6-3。新闻客户端用户的质量可见表 6-4。

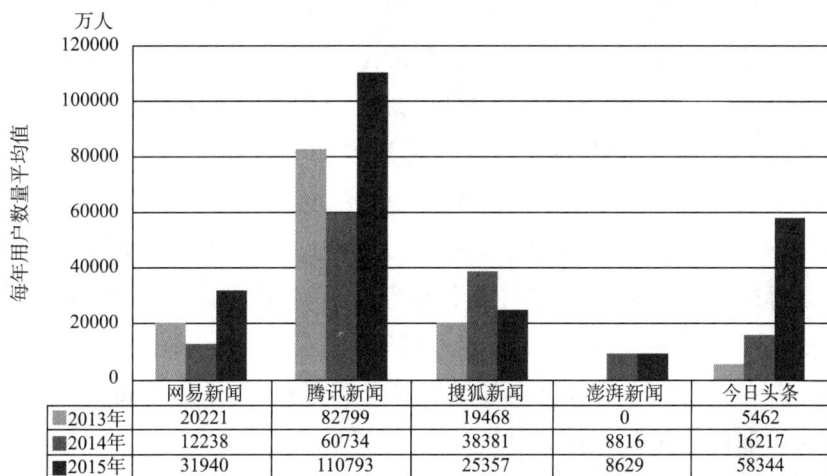

	网易新闻	腾讯新闻	搜狐新闻	澎湃新闻	今日头条
2013年	20221	82799	19468	0	5462
2014年	12238	60734	38381	8816	16217
2015年	31940	110793	25357	8629	58344

图 6-3 主要新闻客户端用户规模柱形图

注:数据根据百度指数整理。

表6-4　澎湃新闻客户端与其他主要新闻客户端用户数据一览表

客户端	下载(注册)用户量	月度活跃用户量	日活跃用户量
澎湃新闻	100万	/	/
今日头条	18000万	1800万	2000万
网易新闻	30000万	10000万	8000万
腾讯新闻	20000万	10000万	10000万
搜狐新闻	20000万	10000万	7000万

注:数据根据相关网络新闻报道整理。

从以上数据我们可以看到,"澎湃新闻"新闻客户端无论是用户规模,还是用户活跃度,都与其他新闻客户端的差距较大,而这两个指标,正是形成媒体平台经济的关键指标。在市场机会转瞬即逝的移动互联网时代,"澎湃新闻"必须快速解决这两个问题,以拥有平台所需的足够庞大的用户基数,保证足够高的用户活跃度。而作为仍具备传统媒体基因的新媒体平台,"澎湃新闻"拥有其他竞争对手所不具备的核心优势:内容生产,与时俱进地说,就是内容产品创造。因此,"澎湃新闻"以内容为核心打造新闻客户端产品成为其移动互联战略的立命之本,正如有业内人士所评价的:"以原创内容精神打造不一样的新闻服务产品。"[1]

"澎湃"主打高质量原创新闻、聚焦时政新闻领域,按照其官方口径,"专注于时政与思想的互联网平台","澎湃新闻"内容"通俗但不庸俗,懂批评也懂建设,听民意但不迎合,谈问题也谈主义",试图"在信息纷杂的时代,由追问洗出真相,为用户提供真正有价值的信息与见解,促进民智的成熟与社会的发展"。"澎湃新闻"生产的内容定位时政领域,50余个栏目内容基本涵盖政治、经济、文化、历史、教育、人物、地方等各个方面。其中,部分栏目此前已经独立作为微信公共账号运营过一段时间,并且已经具备相当的影响力,例如"一号专案""中国政库""舆论场""知道分子"等;同时以"打虎记""中南海"等一批特稿内容抓住民众茶余饭后对信息需求的痛点,一系列反腐系列报道新闻经常在朋友圈中刷屏。

"澎湃新闻"内容生产量巨大,在创刊伊始,就以几篇时政大稿、舆情

---

[1] 孙健.澎湃新闻与今日头条,何者可以言新——从两款风格迥异的新闻客户端看媒体融合之道[J].传媒评论,2014(11).

特稿声名鹊起,在内容的供应量上,工作日发出的稿件量可高达120多篇,20多万字,节假日也有数十篇供稿,特别是其原创内容的比例之高,数量之多,远超当下几款主流的新闻客户端。当然,这也意味着大量的采编队伍配置与高额的资金投入。

另外,澎湃新闻之后的姊妹客户端"界面",再一次强化以内容构建自己核心竞争力的战略部署。界面坚持发布具有原创特征的新闻报道,相较于传统媒体新闻网站的报道来自转载(自家媒体和其他媒体),界面开拓稿件渠道,其新闻来自团队原创 + 自媒体供稿 + 用户提供。其目标是:在2015年内"成为名副其实的中国最好的精品新闻网站,每日将刊发超过800篇精品新闻,覆盖绝大部分新闻报道领域"。于是,界面从诞生之日起的20多条原创报道,发展到5个月后每天200多条原创报道新闻,以惊人的成长速度创造中国媒体领域的一大奇观①。

构建互联网全媒体运作平台、以内容产品创造为核心竞争力成为"澎湃新闻"这样脱胎于传统媒体的新媒体形态立足于移动互联网新环境的必由之路;当然,这正是移动互联网时代的到来,带给"澎湃新闻"这一类新媒体新的发展机遇,"澎湃新闻"以其独特的发展定位正在与网络新媒体形成分庭抗礼之势,见表6-5。

表6-5 澎湃新闻客户端与其他主要新闻客户端特点比较一览表

	内容	上线时间	隶属媒体	特点
搜狐新闻	"订阅平台 + 实时新闻"阅读应用	2010年6月	搜狐	• 视频资源丰富,定时推送 • 主打娱乐,娱乐原创内容的即时快速 • 早晚报设计
网易新闻	新闻阅读 跟帖盖楼 离线阅读 要闻推送	2011年3月	网易	• 产品的互动性很强,游戏化的模块和活动备受欢迎 • "无跟帖,不新闻" • "有态度",做有态度的移动资讯平台 • 打造移动阅读节奏

---

① 陈力丹等.“用户体验”的新型媒体生存模式[J].新闻爱好者,2015(5).

续表

	内容	上线时间	隶属媒体	特点
腾讯新闻	基于 IOS、Android 平台的腾讯新闻服务	2010 年 10 月	腾讯	• 庞大的用户群体，在内容方面有着强大的采编团队 • 云收藏 • 媒体订阅 • 离线下载智能启动
百度新闻	用户可以根据自己的兴趣选择内容类别	2011 年 11 月	百度	• 内容来源于全球最大中文搜索平台的海量数据
新浪新闻	全球资讯新闻国内国外要闻	2013 年 4 月	新浪	• 独创的微新闻模式，利用(新浪)微博上用户在新闻现场的 UGC 内容，用户能看到一手的现场图文资料 • 随心所欲的个人定制
澎湃新闻	专注时政与思想的互联网平台	2014 年 7 月	上海报业	• 时政报道为主
今日头条	基于数据挖掘的推荐引擎	2012 年 8 月	北京字节跳动科技有限公司	• 根据兴趣推荐资讯

　　然而，这并不能回避市场风险。在移动互联网传播环境中，新闻内容的属性也发生了相应改变，在浩瀚的信息海洋里，人们更希望看到经过筛选后的，符合自己阅读口味的内容。在澎湃新闻客户端的产品功能结构中，具备"信息定制"的功能，可以自由选择想要关注的板块内容，但这对读者的主动性提出要求，很多人根本不会仔细考虑怎么在 50 多个栏目中选择定制内容，从而使用默认订阅，使得订阅功能流于形式。而这一竞争短板，却在作为信息内容聚合的第三方自媒体新闻客户端得以克服，即在提供用户自由订阅的基础上，根据用户的阅读习惯和属性特征主动推送内容。这是"澎湃新闻"在获得时代赋予的机会的同时，必须面对的时代所带来的挑战。

6.2.3 移动互联时代的挑战

"今日头条"是第三方自媒体新闻客户端应用中的佼佼者。它是一款基于数据挖掘的个性化推荐引擎自媒体,与传统的新闻客户端做法不一样,它是完全基于技术做内容推荐实现新闻信息传播:通过用户的社交媒体账号和使用产品的信息反馈(包括用户对某一条内容的阅读、评论、收藏,在此内容上停留时间的长短),推算出用户偏好,从而为其推荐个性化的内容,随着使用时长的增加和算法的不断演进,推荐内容将越来越精准。它的核心竞争力体现于把信息推荐得更好,满足用户获取信息的需求,以及把创作和变现平台做得更好,满足合作方媒体平台。由此可见,它与"澎湃新闻"基于内容打造核心竞争力的模式形成鲜明的对比。徐琦等对两者做了比较分析,见表6-6①。

表6-6 "澎湃新闻"与"今日头条"基本指标对比分析

对比维度		澎湃新闻	今日头条
战略定位		专注时政与思想的互联网平台,"内容为王"路线	基于数据挖掘的泛资讯推荐引擎,"渠道为王"路线
产品	主要版本	覆盖iOS、Android等主流平台	覆盖iOS、Android等主流平台
	特色功能	新闻追问、新闻跟踪等	个性订阅、评论时事、社交互动
	UI风格	简洁化、扁平化,明显区别于一般新闻客户端	主流新闻客户端设计,以多板块叠加设计为主
内容	内容定位及特色	主打时政新闻与思想分析,主张"通俗但不庸俗,懂批评也懂建设,听民意但不迎合,谈问题也谈主义"	自身并不生产内容,专做泛资讯个性化推荐分发
	频道/栏目情况	现有新闻频道39个栏目、思想频道11个栏目;主要包括中国政库、中南海、舆论场、打虎记等	43个频道,主要包括推荐、热点、北京、社会、娱乐、科技、汽车、体育、财经等

① 徐琦,胡喆."澎湃新闻"PK"今日头条"——解码移动互联网背景下新闻媒体融合之道[J].新闻研究导刊,2014(9).

续表

对比维度		澎湃新闻	今日头条
用户	用户量	注册用户尚无权威统计;媒体报道称下载量已突破百万	用户量1.7亿,注册用户超9000万,日活跃用户超过1300万
	用户特色	高知、精英群体	年轻化、大众化群体
盈利情况	商业模式	广告、用户付费、智库收入等	精准广告、产品合作(包括自媒体开放平台、应用下载换量、原生内容合作等)、"今日特卖"的电商合作等模式
	盈利情况	目前已有少数广告投放,整体盈利规模不明	据称月广告收入达1000万,目前盈利已经能支撑公司日常运营
资源体系	所属集团	上海报业集团	北京字节跳动科技有限公司
	人员规模	"东早"有近180人转入,又新招130人,预计发展至400人	目前200余人
	投资情况	媒体报道称"澎湃"项目初期投资达3亿至4亿元。其中一部分来自政府,一部分来自财团	目前已获得1亿美元C轮融资,此轮融资估值5亿美元

"今日头条"自己并不生产内容,只是主动为已有内容做更精细的传播并从中盈利。这使它被贴上了"搬运工""抢劫者"的标签。正如其自身口号所宣称的——"你所关心的才是头条","今日头条"更关注资讯的个性化订阅。它实际上是一款基于数据化挖掘技术的个性化信息推荐引擎,通过算法管理内容标签、做大数据内容聚合推荐,做的是"平台",走的是典型的"渠道为王"路线。在做2014年主要新闻客户端用户好评度的数据统计时,"今日头条"排名第一,而"澎湃新闻"尚未进入前八名,见图6-4①虽然该数据统计由于澎湃新闻2014年上线之初,用户基数尚不足而不足以说明什么,但是"今日头条"打败了其他具有雄厚实力和深厚功底的新闻客户端是一个不争的事实。

---

① 王思齐.传统媒体转型亟需互联网基因——以上海报业集团的移动客户端为例谈传统媒体转型[J].新闻世界,2015(8).

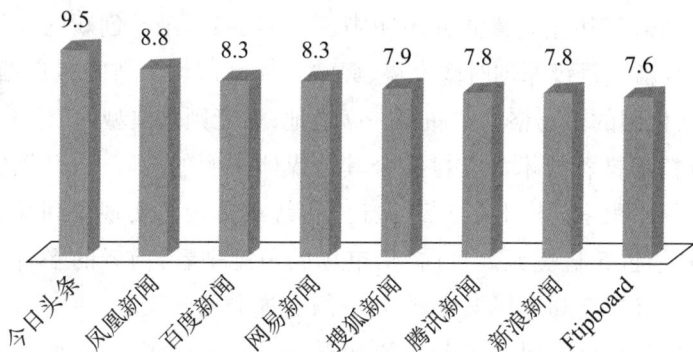

图 6 - 4 前八名新闻客户端用户满意度柱形图

　　"今日头条"与"澎湃新闻"另一本质区别就是对待盈利的问题。传统媒体新闻客户端盈利可以预见的是有主要两种模式：一是通过优质原创内容来吸引流量，通过海量的用户来获取广告收入。二是面对个性化需求人群，以高度专业化的内容和精准服务获得用户付费收入。而第一种方式显然首当其冲，不过离规模化盈利还很远。"澎湃新闻"到目前并没有真正考虑盈利的问题。而对于今日头条，盈利始终是其考虑的首要问题。目前，"今日头条"的盈利模式基于其平台战略。广告模式是其主要盈利方式之一，开屏广告、瀑布流混杂广告、内容页尾部广告等主流新闻客户端广告均已上线，吸引力大量品牌广告主。另一个主要盈利方式是移动流量分发和原生内容合作，基于移动互联网思维，通过网站内容合作收录、今日头条媒体平台、应用分发下载换量等方式，为合作站点带去可观流量并从中盈利；通过与阿里锁屏宝、百度轻松十分、UC 浏览器资讯中心、凤凰网、中国网事等合作，实现个性内容输出、文章热门评论输出等方式获得盈利，今日头条多元化盈利发展势头甚至赶超移动广告联盟平台。此外，"今日特卖"频道，涉入电商领域，与其他媒体客户端合作开发、新闻搜索等也将成为盈利来源之一。

　　"今日头条"像一匹黑马，以"不是新闻客户端定位"的市场进入者身份向依赖新闻客户端实施移动互联网转型突围的传统媒体发起冲击，即使后者有国家扶持、政策利好、政府背书的先天优势，但似乎仍敌不过互联网思维的横扫千军。在众多实施新闻客户端战略的主流网络门户媒体中，"澎湃新闻"与"今日头条"，虽然两者用户规模与排名前几位的移动新闻客户端的用户规模相较还有一定差距，但它们代表着两类趋势：前者是典型的"内容为王"的思路，依仗着强大的背景资源，敢做时政和思想内容,虽然盈利模式并不明晰,但其是媒体融合创新的一记重磅举措,以数篇重量级原创时政大稿、舆情大稿高调切入新闻客户端红海,并在本已稳固的市场格局中赢得一席之地;后者则是典型的"渠道为王"思路,以精准推荐技术为支撑整合其他媒体来源的内容,自己做资讯分发平台,用户积累已经上亿,靠"搬运"传统媒体内容实现盈利并获得资本市场估值近5亿美元。目前,从市场的角度来看,前者的平台之路会更艰辛。也许,会和电视媒体领域一样,有逆袭的一天。

于是,传统报业媒体的与新兴媒体融合发展的模式似乎多元化一些。2015年12月,香港地区销量最大的英文报纸《华南早报》进入阿里巴巴集团媒体产业布局,这是将传统报业媒体的采编优势直接与网络新媒体优势相结合、以网络新媒体平台为主导的模式。当然,这样的模式在国外已有值得参考的案例,2013年亚马逊收购美国三大报业之一的《华盛顿邮报》,近两年后,《华盛顿邮报》在保持显赫声望的同时,其内容、技术和营销都取得显著进步,2015年10月《华盛顿邮报》月度访问人数达到6690万人,比2014年同比增长59%,首次超越《纽约时报》①。

传统媒体与新兴媒体融合发展之路,对于传统报业媒体而言,可谓是"雄关漫道真如铁,而今迈步从头越"。无论以怎样的平台模式前行,既然方向对了,可以用实践证明和判断。

互联网时代媒体经济的另一市场主体网络新媒体,正凭借平台的无限延展的优势,将网络用户、通讯用户、传统媒体用户的消费行为聚合,将用户的工作、生活,乃至整个人生都纳入到平台之中,提供全方位的信息产品和服务,见表6-7。而这一切正是以网络媒体平台商业模式不断创新作为支撑。

表6-7　2012—2016中国互联网用户对各类网络应用的使用情况一览表

应用	2016年		2015年		2014年		2013年		2012年	
	用户规模(万人)	用户使用率(%)	用户规模(万人)	用户使用率(%)	用户规模(万人)	用户使用率(%)	用户规模(万人)	用户使用率(%)	用户规模(万人)	用户使用率(%)
即时通信	66628	91.1	62408	90.7	58776	90.6	53215	86.2	46775	82.9

① 阿里收购《南华早报》,互联网和媒体优势结合[EB/OL]. [2015-12-11]. http://tech.sina.com.cn/i/2015-12-11/doc-ifxmpnqf 9577324. shtml.

应用	2016 年		2015 年		2014 年		2013 年		2012 年	
	用户规模（万人）	用户使用率（%）	用户规模（万人）	用户使用率（%）	用户规模（万人）	用户使用率（%）	用户规模（万人）	用户使用率（%）	用户规模（万人）	用户使用率（%）
搜索引擎	60238	82.4	56623	82.3	52223	80.5	48966	79.3	45110	80.0
网络新闻	61390	84.0	56440	82.0	51894	80.0%	49132	79.6	/	/
网络音乐	50313	68.8	50137	72.8	47807	73.7	45312	73.4	43586	77.3
博客	/	/	/	/	10896	16.8	8770	14.2	37299	66.1
网络视频	54455	74.5	50391	73.2	43298	66.7	42820	69.3	37183	65.9
网络游戏	41704	57.0	39148	56.9	36585	56.4	33803	54.7	33569	59.5
微博	27143	37.1	23045	33.5	24884	38.4	28078	45.5	30861	54.7
社交网站	/	/	53001	77.0	/	/	/	/	27505	48.8
电子邮件	24815	33.9	25847	37.6	25178	38.8	25921	42	25080	44.5
网络购物	46670	63.8	41325	60.0	36142	55.7	30189	48.9	24202	42.9
网络文学	33319	45.6	29674	43.1	29385	45.3	27441	44.4	23344	41.4
网上支付	47450	64.9	41618	60.5	30431	46.9	26020	42.1	22065	39.1
BBS论坛	12079	16.5	11901	17.3	12908	19.9	12046	19.5	14925	26.5
旅行预订	29922	40.9	25955	37.7	22173	34.2	18077	29.3	11167	19.8
团购	20856	28.5	18022	26.2	17267	26.6	14067	22.8	8327	14.8

续表

应用	2016 年		2015 年		2014 年		2013 年		2012 年	
	用户规模（万人）	用户使用率（%）	用户规模（万人）	用户使用率（%）	用户规模（万人）	用户使用率（%）	用户规模（万人）	用户使用率（%）	用户规模（万人）	用户使用率（%）
网络炒股	6276	8.6	5892	8.6	3819	5.9	/	/	3423	6.1
网上银行	36552	50.0	33639	48.9	28214	43.5	25006	40.5	/	/
互联网理财	9890	13.5	9026	13.1	7849	12.1	/	/	/	/

  由于中国网络媒体发展与世界保持同步,所以中国网络媒体商业模式的建构实践将成为反映世界范围网络媒体发展趋势的缩影。冉华(2010)等以技术逻辑为路线,研究在中国互联网作为一种新兴技术到成熟媒体形成的内在演进过程[①];彭兰(2005)以互联网发展为历史线索,描述中国网络媒体从无到有、从边缘到主流的发展脉络[②];以及本研究第三章所呈现的互联网时代媒体经济发展的平台化逻辑,都将成为本章分析中国网络媒体商业模式动态演进的依据。

  基于以上的研究,以实现互联网交互式信息平台的传播模式为分水岭,将目前中国网络媒体平台商业模式的演进分为两个阶段:基于Web1.0的中国网络媒体商业模式的构建;基于Web2.0的中国网络媒体商业模式的构建。

① 冉华,张金海,程明等.报业数字化生存与转型研究——基于产业发展的视角[M].武汉:武汉大学出版社,2010.
② 彭兰.中国网络媒体的第一个十年[M].北京:清华大学出版社,2005.

7 基于 Web1.0 的中国网络媒体平台化发展

7.1 以三大门户网站为代表的基于广告盈利模式的平台化发展

7.1.1 传统媒体的发展思路决定了以广告盈利为主的商业模式

1998 年,门户网站概念随着互联网被联合国列为"第四媒体"而进入中国,中国第一家互联网商业门户网站搜狐上线,随后国内 ICP(互联网内容提供商)、ISP(互联网服务提供商)一拥而上,纷纷向门户网站挺进,标志着中国网络媒体市场开始形成①。历经十几年的市场洗礼,中国门户网站网络媒体市场形成以新浪、搜狐、网易三大门户网站为主导力量的市场格局。门户网站作为网络媒体的基本形态,可以说是网络媒体经济发展初级阶段的弄潮儿,从信息传播的角度,它凭借 Web1.0 的技术特征,力图将无所不有的信息,传递给无所不在的用户,它实现传统媒体前所未有的信息传播广度和深度;然而从媒体经济的角度,却是沿袭传统媒体经济的发展思路,首先依靠前期的风险投资为用户提供免费的服务和信息,以此吸引大量用户来使用平台,建立用户信任,增强用户黏度,当用户的规模达到一定程度后,利用注意力经济效应实现广告盈利。很显然,门户网站的"门户 + 广告"的基本商业模式,只是对传统媒体双边市场盈利模式的翻版。

本研究第五章指出,在平台经济的研究中有一个关键概念是平台网络效应的临界容量,临界容量是决定网络平台应用成败的关键转折点。所以门户网站以传统广告盈利为主的商业模式,让其自身在发展初期就与传统媒体发生正面竞争,这与媒体经济研究中一直强调的"新媒体必

---

① 张金海,林翔. 网络媒体的商业模式构建[J]. 现代传播,2012(8).

须从其他非媒体支出获得更多,而不是争取消费者在其他媒体上的消费"的观点相悖;同时与传统媒体雷同的双边市场结构,使其平台效应不可避免地会受到负交叉网络效应的影响,可以看出,无论从外部环境的角度,还是内部环境的角度,都对其突破临界容量产生副作用,网络媒体平台正反馈机制的形成受到阻碍。虽然一开始可以以互联网美好发展前景作为一个概念,获取风险投资资金,然后寻求境外上市,获得源源不断的资金支撑经营,但是当圈钱、烧钱一段时间后,仍无法找到相宜的商业模式突破临界容量,并且门户网站基于"门户 + 广告"商业模式的双边市场结构由于基础平台效应的未形成,不足以支撑门户网站的正常经营运作,一旦资金链断裂,就会导致网络媒体经济的发展危机。2000 年网络经济泡沫的破裂就是历史的教训。

根据当时的数据统计,2000 年前后一时繁荣的中国以门户网站为主体的网络媒体市场,门户网站数量曾达到上千家,而网络经济泡沫破裂后,门户网站的数量只有 400 家左右。2001 年,中国电信运营商开发出短信业务模式,为困境中的中国互联网业带来一线生机,在众多互联网收费业务中,短信收费是当时所能看到的最能为网民接受的一项服务,而且收益可观,虽然这样的盈利必须依附于电信运营商,但是新业务模式的开拓,使门户网站在 2004 年前后终于逐步走出困境。随后,门户网站曾尝试建立收费邮箱服务、彩铃业务、网络游戏等收费模式,试图突破传统的广告盈利思维,通过实现多平台网络效应,来达到构建自身盈利模式的目的。新浪、搜狐、网易经过市场的洗礼,成为探索这个过程中发展起来的领导者。

7.1.2 新浪:中国式"雅虎"样本

在三大门户网站中,更具新闻门户特点的莫过于新浪,也就是说,新浪的发展更有传统媒体的色彩。1999 年,新浪网首先在国内报道"北约导弹击中我驻南联盟大使馆"事件,访问量瞬间达到平时的 5 倍以上,新浪作为新媒体的代表让大众真正体验到网络新闻的"快速、海量"。经过2001 年网络经济泡沫危机后,新浪将自身定位于"在线媒体及增值资讯服务提供商";2002 年,网络新媒体首次参与"两会"报道工作,其意义已远远超出了新闻领域,在推进民主政治建设上起着无可替代的作用。门户新闻网站凭借着自身的时效性、信息海量性、开放性、生动性、易保存性、易检索性和多媒体性等,得到越来越多用户的认同,让报刊、电视等传统媒体感受到"第四媒体"的信息传播能量和魅力。可以说这段时间是门户网站的稳定发展时期。

由此可见,以新浪为代表的新闻门户网站最重要的功劳是普及了互联网应用的观念与常识,并成功实现了媒体内容生产由传统的三大媒介向互联网的逐步转移。但究其本质,在 Web1.0 环境下,门户网站与传统媒体在商业模式上并无本质区别,依然遵循传统媒体的"免费内容生产"和"二次售卖广告"模式,其相对于后者的优势主要在于传播技术的方便快捷,而非商业理念与模式上的革新。这一点从新浪的财务数据中可以很明显地看到,见表 7-1。其广告收入占营业收入的比重逐年上升,已经占到整个营业收入的 4/5 以上。

表 7-1　新浪 2012—2016 年营业收入结构情况统计表

	2012 年		2013 年		2014 年		2015 年		2016 年	
	金额	占比	金额	占比	金额	占比	金额	占比	金额	占比
营业收入	52930	100%	66510	100%	76820	100%	88070	100%	103090	100%
广告收入	41290	78%	52650	79%	64030	83%	74320	84%	87120	85%
非广告收入	11640	22%	13860	21%	17680	17%	13750	16%	15970	15%

注:数据根据新浪年度财报整理,新浪将营业收入分为广告类收入和非广告类收入,非广告类收入主要包括移动增值业务及其他业务收入。单位:万美元。

当然,在实践过程中,伴随着互联网从 Web1.0 发展到 Web2.0,也不时能够看到新浪的身影。如 2003 年网络博客新媒体形态兴起时的新浪博客,2005 年搜索引擎新媒体形态爆发时的"爱问"搜索,手机 WAP 上网流行时的手机新浪网,即时通讯 QQ 大行其道时候的新浪即时通信工具 UC,除了以上应用,还涉足在线旅游、在线教育、网络游戏、C2C、网上招聘……在新浪微博出现之前的十年发展时间里,新浪铺天盖地的扩张,又风卷残云般的撤退,新浪的收入来源九成以上依然是广告和 SP。

在这个过程中,值得一提的是新浪推出的博客专栏。新浪博客一出世,就轻松打败中国博客媒体鼻祖"博客中国"。这得益于新浪一直以来凭借新闻所聚集和积累的用户规模和媒体才有的"传播公信力",这符合平台经济发展规律。新浪还将首页三分之一的内容都链接到新浪博客，以博客强化内容，既为其内容提供材料，也吸引大批的粉丝聚集，创造出巨大的流量，并且借此聚集起更多的用户，增加网站的用户黏度。但是，新浪博客的发展之路却选择新浪一贯的运营理念，把博客这个原本属于Web2.0阵营的东西，硬生生做成Web1.0。徐静蕾、韩寒、郭敬明、李承鹏、洪晃……新浪博客的页面上精英的发言铺天盖地，2.0时代最为核心的"互动"理念，全转化为粉丝的追捧和呻吟。草根，仅仅只是点缀。互联网界有一个著名的观点，博客的革命性就是把发表观点、影响舆论的工具和权利从少数精英和媒体手里解放出来，让大众、草根也有这个权利，从而打破精英层对信息和思想的垄断。由此可见，新浪博客的运作思维恰好与此背道而驰。于是，新浪博客新媒体的没落在所难免。

由此可见，新浪唯一拿得出手的"产品"莫过于"新闻"。在缺乏产品盈利的情况下，依靠"行业里最好的新闻"吸引广告，成了救命稻草。纵观其他网络新媒体，搜狐的输入法、网易的邮箱、腾讯的QQ、盛大的游戏、百度的搜索、淘宝的电子商务，这些都是有着自己的核心基础应用产品。互联网的核心就是以产品和技术为驱动，构建用户群体，然后借助产品探索盈利模式，这是互联网革命意义的精髓所在，也是新媒体经济里的唯一生存法则，而只拥有"新闻"的新浪，显然这是它的硬伤。不仅如此，新浪在新闻内容方面的优势或将不复存在，因为互联网的发展是一个创新的过程，新浪新闻已不再是行业内公认的标准，在一个没有独家新闻的时代里，需要更多新潮的编辑手法去展现新闻——比如网易的回帖盖楼、搜狐的美观页面、腾讯的即时弹窗，这些，都有足够的理由让网民抛弃几乎一成不变的新浪"新闻"。在随机做的用户调查中，仅有10%左右的受访者表示看新闻首选新浪，大部分人选择的是互动性更强的网易、编排更符合阅读习惯的搜狐以及独树一帜的腾讯。正如有专家评论所说，"新浪成功的方式，完全是反互联网的。这是一个披着互联网外皮的极端传统的公司"，或者说，新浪是"以互联网为渠道的媒体公司"。能让新浪感到危机感的事实是，这些一样"做"新闻的网络媒体，在新闻编辑上的投入，远不如新浪，但是形成鲜明对比的是流量，例如在2007年，网易的新闻流量超过新浪，腾讯的超过新浪，这就是杀手级产品应用的力量——用户数量第一的网易邮箱将用户指向新闻，腾讯的用户随时接受新闻弹窗。如果按照市场优胜劣汰的规律，新浪所面对的风险恐怕就是生存问题了。2009 年,受金融危机影响,广告客户大幅削减预算,一直以网络广告为主要收入来源的新浪遭到重创,导致同期利润水平只有腾讯的 1/20,网易的 1/10,搜狐的 1/6。

不可否认,新浪为摆脱迫在眉睫的困境,一直在探寻改变单一经营结构的方向。也是在 2009 年,新浪抓住微博这一新媒体形态的兴起机会,推出新浪微博,重新回到社交媒体平台战略的探索之路上。同年,新浪将企业的发展战略定位由"为全球华人提供新闻与内容服务"转型为"服务于中国及全球华人社群的在线媒体",力图通过门户网站新浪网(SINA.com)、移动门户手机新浪网(SINA.cn)和社交网络服务及微博客服务新浪微博(Weibo.com)组成的数字媒体网络,构建多元化的商业模式,实现平台经济。2013 年年初,新浪完成组织架构调整,进一步把微博作为未来新浪新媒体成长战略的核心,并引入阿里巴巴战略投资合作,拆分为独立业务上市。新浪微博由于从新浪母体拆分成为独立业务,不作为新浪本身发展的组成部分,所以,新浪凸显出的传统媒体的商业模式特点,无疑导致它与互联网核心本质渐行渐远。

从媒体经济发展的角度看,新浪的发展与雅虎如出一辙,都是在发展中具有先发优势的情况下突然丧失了领先地位,进而进入目标摇摆不定的状态,错失了在这个过程中的很多机会,归于一点,它们在推进它们平台建设的时候,都没有真正领悟到互联网的本质精神,或缺失互联网思维,或与互联网精神背道而驰。这样的转型是艰难的,但是转型又是必须要做的,已无回头之路。

7.1.3 搜狐:从传统思维到互联网思维的蜕变

"模仿"二字,深深地烙在搜狐前期发展过程之中。1998 年,搜狐首先以中国首家大型分类查询搜索引擎面目出现人们的视野中,因为当时雅虎凸显的就是分类查询搜索引擎特点。1999 年,搜狐推出新闻及内容频道,开始其综合门户网站发展之路,而此时,也正是综合门户网站站在风口的年代。

从发展战略上看,网络经济寒冬过后,2005 年前,搜狐与新浪几乎走的是完全重合的道路。搜狐依托 2002 年在 SP 业务(为移动通信运营商提供短信等服务)上迅速积累起的资本,在"新闻 + 广告"门户网站模式基础上,开始全面出击,在网上证券、游戏、WAP、在线地图、视频等领域全方位发力,把辛苦赚来的钱全部烧在了这些前景不明的互联网产品上。这些互联网产品从平台经济的角度,当年之所以都很少有成功,就在于它们仅仅只是为产品的销售增加一个互联网渠道而已,并没有摆脱传统的商业模式思维。不过,在市场上,搜狐和新浪是面对面的对手,在这条路上却一直处在新浪的阴影当中。

2004 年后,搜狐似乎幡然醒悟,掌门人张朝阳对外界一直强调"技术驱动和产品导向"作为搜狐今后的发展重心;2005 年,搜狐快速布局,在网游和搜索引擎方面积累技术研发力量,同时始终坚持在技术研发上的投入,在经历了"骑士""刀剑"等游戏的失败后,终于凭借"天龙八部"在网游方面大获成功,2008 年攀升到网游业第六位,其收入甚至高于潜心经营网游的完美时空和金山。从 2008 年第三季度开始,搜狐的网游收入开始超过广告,也在这一年,搜狐在搜索引擎的研发方面也有收获,其倾力打造的搜索引擎搜狗以 2.9%的市场份额成为中文第三大搜索引擎,仅次于百度和谷歌,其中值得称道的是,打造以搜狗为核心的客户端特色终于显露,搜狗输入法狂飙直上,位列中文输入法用户数量第一,搜狗浏览器也于 2008 年发布 1.0 版。此举另辟蹊径将基础用户牢牢的黏在它的平台上。正是这一年,搜狐在利润、净收入上全面超过新浪。

表 7 – 2　搜狐 2012—2016 年营业收入结构情况统计表

	2012 年		2013 年		2014 年		2015 年		2016 年	
	金额	占比	金额	占比	金额	占比	金额	占比	金额	占比
营业收入	106700	100%	140000	100%	170000	100%	193700	100%	165000	100%
广告收入	41500	39%	42900	31%	54100	32%	57400	30%	44800	27%
在线游戏	57500	54%	66900	48%	65200	38%	63900	33%	39600	24%
无线业务/搜狗	5600	7%	21600	15%	38600	23%	72400	37%	80600	49%

注:数据根据搜狐年度财报整理,从 2013 年起,搜狐年度财报主要指标中"无线业务"由搜狗业务替代,搜狗的业务增长,主要来自于无线搜索业务。单位:万美元。

搜狐转型将被动变为主动,在"网游 + 客户端"的方向上获得了转机,这与新浪技术能力的缺失、迟迟难以突破旧有的业务围城的状态形成了鲜明的对比。在"大小 S"(Sina 和 Sohu)你追我赶的八年时间里,新浪布局的新业务基本颗粒无收,而且陷入业务上的全面被动与落后,唯有拼命收缩死保网络广告,而搜狐依托"网游 + 客户端"的转型后来居上,由一个人工编辑的传统媒体公司,变成一个由产品驱动的网络新媒体公司。

搜狐解决了基础用户平台问题后,开始倾向于综合型网络媒体平台的建设发展。搜狐除了拥有互联网媒体网站 www.sohu.com,还拥有自己的互动搜索引擎搜狗、网络游戏资讯门户 www.17173.com、房地产网站 www.focus.cn、中国第一在线校友录 www.chinaren.com、无线增值服务提供商 www.goodfeel.com.cn、地图服务提供商 www.go2map.com,以及在线游戏开发和运营商 www.changyou.com。搜狐 2012 年度营业收入突破 10 亿美元,而新浪 2012 年营业收入却只有其的一半。另外,搜狐盈利结构中网络游戏收入已经超过广告收入,也显得不平衡,除了网游其他的非广告平台业务,如搜狗、搜狐视频等都还在靠"烧钱"维持经营。

搜狐与新浪相比,最大的区别在于它思维模式的转变,思维模式从传统思维到互联网思维的转变,帮助它完成一次企业基因的质变过程,获得难能可贵的发展机遇。虽然其状态还不甚与新媒体经济发展相匹配,但是,它的转变有目共睹,可圈可点。

7.1.4　网易:以产品和用户体验为驱动的可持续成长

网易作为门户网络媒体平台,与新浪和搜狐最大不同在于它以产品和用户体验为驱动,而不是通过大量的人工编辑新闻来吸引用户,这个产品就是邮箱服务和网络游戏。于是,网易更具互联网技术型公司的色彩。1997 年网易创立之初,网易就向用户提供中国第一款免费的双语电子邮箱服务,结果证明这成为中国互联网发展的催化剂。

表 7 - 3　网易 2012—2016 年营业收入结构情况统计表

	2012 年		2013 年		2014 年		2015 年		2016 年	
	金额	占比	金额	占比	金额	占比	金额	占比	金额	占比
营业收入	130000	100%	160000	100%	201100	100%	352000	100%	549900	100%
广告收入	13000	10%	18000	11%	25000	12%	27600	8%	31000	6%

续表

	2012 年		2013 年		2014 年		2015 年		2016 年	
	金额	占比	金额	占比	金额	占比	金额	占比	金额	占比
网络游戏	113100	87%	137000	86%	158200	79%	267300	76%	403000	73%
无线增值业务及其他	3900	3%	6079	3%	18000	9%	57100	16%	115900	21%

注：数据根据网易年度财报整理。2014 年网易将"无线增值业务及其他"项名称改为"邮箱、电商及其他业务"项,统计口径不变,数据前后关联性保持一致。单位:万美元。

专注于邮箱和网游,使网易熬过 2000 年网络经济泡沫破裂阶段后,发展一路顺风,虽然网易在此过程中也尝试做即时通讯(2003 年推出网易泡泡)、搜索(2007 年推出有道搜索)、电商、新闻门户等业务没有引起多大反响,但是它坚持的产品和用户理念,为它赢得稳定的庞大的基础用户规模。仅邮箱服务,2012 年数据统计就已达到 5.3 亿。凭借稳定庞大的基础用户数量,网易发挥其深厚的技术底蕴,精耕细作,在自己的细分领域获得足够的市场口碑和市场份额,有道词典和网易云音乐便是其中值得称道的好产品。

有道词典是在有道搜索产品基础上延伸出来的。综合性的搜索引擎产品在竞争激烈,且有百度抢占先机的市场环境下无法立足,但是在细分出的在线翻译市场上,凭借过硬的技术,让网易打了个翻身仗。虽然在用户规模上无法与综合性的搜索引擎相抗衡,但是通过在细分的在线翻译领域的出类拔萃,让其脱颖而出。2014 年,有道词典改版后,逐渐从工具应用转型为媒体,并成为原生广告的一个重要载体。针对 3.5 亿用户不断增长的实际需求,有道词典设置了信息流,并精心制作不同的栏目,通过栏目与网易旗下的其他产品打通,如在线教育产品,托福讲堂,高水平英语老师专门讲托福考试的问题,词典的用户可以从老师的文章中,了解老师的水平,甚至直接在线填注册表,成为老师的学生,老师也可以跟踪学生,形成一个闭环营销;再比如,有道词典信息流中的"动听音乐"栏目,里面的内容都是由网易音乐提供的英文歌曲,同时提供乐队、歌词等,并插入一个更多好音乐的链接,喜欢英语又喜欢听英文歌曲的有道词典用户下载网易云音乐的比以前翻一番。在为宝马汽车服务时,有道词典通过在"心灵英语"中,结合每日一问,问了和宝马有关的问题,这个东西上线第一天,整个回答问题的人超过 10 万。有道词典的种种原生广告推广实践和创新,使用户、平台、广告形成无缝结合,消除受众对广告的排斥,成为移动互联网时代在原生广告上最先实践的数字媒体。

2013 年,网易云音乐上线,目标是"成为中国最大的移动音乐社区和开放平台,形成以用户为中心的音乐生态圈",标志着网易正式通过娱乐的音乐细分领域进军移动互联网。网易云音乐走的是社交 + 内容平台的路线,同时支持手机号、新浪微博、腾讯微博,以及网易通行证登录,即将已有的社交关系导入,在此基础上再发展以音乐为纽带的社交圈子,充分凸显移动化、云服务、社会化三大特征。

这种意图也被解读成,以音乐之名,行社交之事。换言之,这将是一款以音乐为由头的移动互联网社交产品。网易正在通过自己的方式打造适合自己发展的移动平台优势。

7.1.5 门户网站多元化的商业模式只是简单的"1 + 1 = 2"平台效应

新浪、搜狐与网易成为中国最具代表性的门户网站,它们是中国门户网站发展的风向标。从表 7 - 1、表 7 - 2、表 7 - 3 分别对新浪、搜狐和网易近五年来营业收入相关数据的统计来看,总体而言,门户网站的营业收入结构已趋于稳定,广告收入是三大门户网站的主要营业收入构成,侧重于互联网新闻业务的新浪尤甚,其广告收入占营业收入的比重逐年上升,已经占到整个营业收入的 4/5 以上;广告收入比重最大的新浪在营业收入总额方面却是最小的,而且在这五年间,新浪、搜狐、网易营业收入的年均增长率分别为 18.15%、11.49%、43.42%,见表 7 - 4,说明在营业收入构成上与传统媒体越接近的门户网站,其成长性显得越弱。所以在三大门户网站中,新浪所面临的企业成长乏力的问题显得尤为突出。

表 7 - 4 中国三大门户网站近五年营业收入增长率统计表

	2012 年	2013 年	2014 年	2015 年	2016 年	年均增长率
新浪	19.9%	25.65%	15.51%	14.63	17.06%	18.15%
搜狐	39.0%	31.21%	19.48%	15.78%	- 14.80%	11.49%
网易	12.49%	12.14%	27.37%	94.68%	67.43%	43.42%

表 7 - 5 对新浪、搜狐、网易的网络媒体平台化发展做了进一步归纳和对比说明。三大门户网站在平台化发展过程中,虽然凭借多元化商业

模式的构建,实现多平台的结构,然而各平台之间缺乏内生的相互耦合作用,大量互联网应用的基本特征仅仅体现于直接的用户外部性,无法有效地利用网络正反馈机制快速增加网络媒体平台的价值,所以,门户网站多元化的商业模式无法产生"1+1>2"平台效应,在这一点上,与本研究第五章所提到的"平台效应的延展"有着本质的区别。当互联网平台进入 Web2.0 时代,门户网站的发展并不能真正让网络媒体看到可持续发展的未来。

表 7-5　中国三大门户网站平台化发展对比说明表

	平台定位	平台结构	主要收益来源
新浪	服务于中国及全球华人社群的在线媒体	门户网站 sina. com 移动门户 sina. cn 新浪微博 weibo. com	广告
搜狐	整合在线市场推广平台	门户网站 sohu. com 搜索引擎搜狗 sogou. com 网络游戏资讯门户 17173. com 房地产网站 focus. cn 中国第一在线校友录 chinaren. com 无线增值服务提供商 goodfeel. com. cn 地图服务提供商 go2map. com 在线游戏开发和运营商 changyou. com	广告 网络游戏
网易	以用户需求为导向进行科技创新和产品多元化平台	门户网站 163. com 在线游戏平台 open. game. 163. com 邮箱服务平台 mail. 163. com ……	网络游戏

7.2　以百度为代表的搜索引擎信息运作商业模式的平台化发展

搜索引擎是门户网站发展催生出的一个互联网信息技术应用工具,用于解决海量信息与用户需求表达之间存在强烈信息不对称的问题,所以中国最早的门户网站搜狐一开始的业务定位就是提供信息搜索服务,这一点与雅虎如出一辙。然而随着互联网的发展,搜索引擎的媒体化趋势逐渐凸显,在中国的市场上,最具代表性的以搜索引擎为技术特征的网络媒体莫过于百度。2000 年成立的百度,最初为搜狐、新浪、263 在线、TOM. COM 等门户网站提供互联网信息搜索服务技术支持,然而搜索引擎对信息控制的天然优势,以及对信息资源利用效率和共享水平的大幅提升,使其具备独特的媒介特征。一年后,百度(baidu. com)正式上线,标志着搜索引擎从幕后走向前台,作为一种新的独立的网络媒体进入中国网络媒体市场。百度仿效美国搜索引擎 overture,开发出竞价排名业务,建立自己的盈利模式,竞价排名也是一种广告服务模式,基本特点是按点击付费,广告出现在搜索结果中,一般是靠前的位置,如果没有被用户点击,则不收取广告费。在同一关键词的广告中,支付每次点击价格最高的广告排列在第一位,下面其他位置同样按照广告主自己设定的广告点击价格高低来决定。广告收入作为百度除资本收益外唯一的主要收益来源,同样成为维持搜索引擎运作的主要动力之一。解决盈利问题让百度获得实质性的中国网络媒体市场垄断地位,从此,中国搜索引擎新媒体经济进入百度时代。

表 7 - 6 是对百度 2012—2016 年营业收入与利润状况的数据统计(单位:亿元人民币)。对比三大门户网站的数据,应门户网站而生的搜索引擎百度,无论从市场规模,还是增长速度,已超越三大门户网站,早在 2012 年福布斯全球企业 2000 强排行榜中,唯一进入排行榜的门户网站网易,其市值只有百度的 1/5 不到。百度之所以能在短时期内如此快速发展,关键在于其清晰的基于搜索引擎平台信息运作的商业模式。商业模式具体体现在两个方面:信息流控制和信息内容产品创造。

表 7 - 6　百度 2012—2016 年营业收入与利润状况数据表

	2012 年	2013 年	2014 年	2015 年	2016 年	平均复合增长率
营业收入	223.06	319.44	490.52	663.82	705.49	33.3%
收入增长率	53.8%	43.2%	53.6%	35.3%	6.3%	
总净利润	104.56	105.19	131.87	336.64	116.32	2.7%
利润增长率	57.5%	0.6%	25.4%	155.09%	- 65.45	

注:数据根据百度年度财报整理。单位:亿元人民币。

7.2.1 信息流控制

百度凭借搜索引擎平台对信息流控制的天然优势,首先解决了盈利这个其他网络媒体颇为头疼的问题。搜索引擎的一般工作原理可以简述为:从互联网抓取网页→建立索引数据库→在数据库中搜索排序→呈现给客户端。根据以上的搜索引擎技术原理链路,本研究将百度对信息流的控制从信息属性的角度分为两类:客观信息流控制与主观信息流控制。简单地分析,客观信息流控制就是对所存在的信息进行控制,这里既包括客观事实信息,也包括网络舆情信息,对客观信息流的控制往往影响到搜索引擎作为媒体的公信力;而主观信息流控制,就是通过网页检索服务,即对客观信息流控制,运用具有人工智能及自动学习的机制,获取用户"欲望"与"问题",用户规模越多,搜索引擎获取的用户"欲望"与"问题"也越多,由此来识别和掌握用户的意图和需求。于是,用户搜索关键词的行为基本上成为反映用户潜在需求的信号,在此基础上匹配与之相关的广告信息,而对于广告主而言,搜索引擎实际上已经为其提供了一对一用户需求平台,精准营销成为可能。百度在此基础上建立起以广告信息运作为核心的商业模式:通过搜索引擎平台信息运作实现用户需求与广告主提供产品或服务的精准匹配,相关性极高,传播效果也可以根据单次点击成本与转化率比例来进行科学的衡量,并加以持续优化,同时对同一关键词广告进行竞价排名,支付每次点击价格最高的广告排列在第一位,下面其他位置同样按照广告主自己设定的广告点击价格高低来决定。

另外,根据平台双边市场规模临界容量原理,当一家搜索引擎的市场规模达到一定的临界点后,其搜索结果与质量改善机会也就相应越多,所以搜索引擎的市场规模优势会使平台效应迅速提升,市场对此的反应往往就是形成一个具有绝对垄断优势的搜索引擎。在中国,中文搜索就迅速进入到百度时代,百度成为中文搜索引擎的代名词。百度垄断地位的形成,标志着中国的搜索引擎市场实现了从启蒙期到垄断竞争时期的跨越式发展。2003 年 6 月,美国第三方权威统计机构 Alexa 统计,百度在最受欢迎的中文网站中位居第四,成为全球最大的中文搜索引擎。2005 年 8 月,百度在美国纳斯达克交易所上市,上市首日股价上涨 354%,创下美国股市 200 多年历史中,外国企业上市首日涨幅纪录。此后,百度一路高歌猛进,CNNIC(中国互联网络信息中心)发布的 2006 年中国搜索引擎市场调查报告中数据显示,百度中文搜索市场份额达到61.9%,标志着中文搜索市场进入到寡头垄断时期。这一年,全球最大搜索引擎 Google 宣布正式进入中国市场,百度与 Google 一起占据整个中文搜索市场的 85%。由百度和 Google 构成的双寡头垄断市场格局就此形成。表 7-7 是对百度近八年中文搜索市场份额对比统计,可以看到,百度以绝对的垄断控制整个中文搜索市场。

表 7-7　百度 2011—2015 年中文搜索市场份额对比统计表

年份	中文搜索市场份额(%)		
	百度	谷歌	其他
2006 年	66.3%	18.1%	15.6
2007 年	60.4%	21.2%	18.4
2008 年	63.5%	27.3%	9.2
2009 年	63.9%	32.3%	3.8
2010 年	71.6%	26.0%	2.4
2011 年	76.1%	19.8%	4.1
2012 年	78.6%	15.6%	5.8
2013 年	81.4%	13.1%	5.5
2014 年	81.8%	10.4%	7.8
2015 年	81.4%	9.3%	9.3

7.2.2　信息内容产品创造

信息内容产品创造是百度构建基于搜索引擎平台信息运作商业模式不可或缺的组成部分。在盈利方面虽然远不及对广告信息控制所产生的收益,但是它能够不断加强百度搜索引擎基础平台建设,锁定用户,同时也是在做好进入 Web2.0 时代的准备,以立于市场不败之地。

基于核心技术优势的信息产品创造,体现于对网络信息资源的整合与挖掘,根据网络信息整合与挖掘机制的不同,又可分为两类信息产品:社会化信息产品与数据深度分析信息产品。

"百度知识搜索体系"即属于社会化信息产品。这个产品的实质就在于互联网交互式信息平台的开发与应用,实现了对用户隐性知识资源的整合,并纳入整个搜索机制。这样,搜索引擎不仅通过搜索技术基于既有数据库帮助用户获得信息,而且反过来,通过平台机制发掘用户的创造力,不断强化自身对信息资源的整合能力,在实现进一步方便用户信息查询目标的同时,增强用户的使用与满足依赖感。具体分析百度知识搜索体系,就是"百度贴吧"通过同一关键词搜索聚合有着共同兴趣的受众,以在线交流机制,实现将存在于人大脑中、尚未体现于互联网上的隐性信息挖掘出来,建成源信息网络社区,进而发展成为信息内容交互平台;"百度知道"是对搜索引擎传统数据库功能的一种补充,让受众头脑中的隐性知识变成显性知识,通过对反馈信息的组织与整合,形成新的数据库信息资源,供其他受众进一步搜索和利用;"百度百科"是由网络用户共同创造和维护的开放式网络"百科全书",每一个用户都可以在此自由获取信息,并可以参与撰写和编辑,分享自己的显性知识和隐性知识。

而数据深度分析信息产品,则是纯粹利用自身数据库所控制的信息而创造的信息产品,此类产品如百度的数据研究中心、风云榜与百度指数。这类产品的特点在于对基于关键词信息数据的深度挖掘和分析,它在创造呈现某种客观存在事实,试图引导人们的思维与想法,从这个意义上讲,这一类信息产品创造是对搜索引擎媒体平台特征的极致演绎。

百度的信息产品创造,可以看作是另一种的信息流控制。当绝大多数用户一直沉浸于百度的友好的、简单的、统一的用户搜索界面时,其背后蕴涵的搜索技术却发生着日新月异的变化,搜索技术的进步在某种客观程度上要求不能仅仅停留于对信息流的线性控制,而是要通过对信息流的控制进行资讯运作创造出自主信息产品;更重要的是,信息内容产品创造使百度搜索引擎平台成为开放的网络媒体平台,成为真正意义上的平台,而不是仅仅停留于"中介平台"角色,它预示着搜索引擎平台未来的发展方向。图7-1是百度网络媒体平台信息运作树形分析图。

百度开放平台的信息提供的海量性、自由性、客观性,使用户形成应用依赖,更重要的是,它激发了用户对信息搜寻的主动性。这种主动性包含着对资讯和信息更为强烈的使用和参与动机,积极的、有目的地使用工具,让用户在获得资讯和娱乐中体验久违的参与感,这种参与感意味着一种乐于对资讯和信息加以选择、诠释和回应的状态。这是在传统大众传播里无法感受得到的,甚至在门户网站当年为吸引注意力而提出的所谓"网上冲浪"中也体会不到。于是,搜索引擎以工具属性产生强烈的集聚效果,赢得了大众公信力的口碑,被认为是可信赖的、使用度很高的信息获取渠道的同时,让互联网的另一个基本结构特征"交互性"终于得以显露。交互性的特征,让用户依赖更强,在平台经济里我们称之为用户黏度。用户依赖将网络效应很快发挥到极致,市场集中度也迅速提高,用户越来越集中于少数几个搜索引擎平台,自此,百度搜索引擎实现了互联网真正意义上的平台效应,从而形成巨大而稳固的媒体影响力。

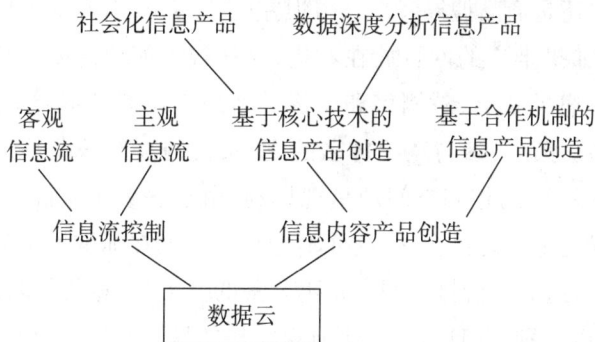

社会化信息产品　　数据深度分析信息产品

客观　　　主观　　基于核心技术的　　基于合作机制的
信息流　　信息流　　信息产品创造　　　信息产品创造

信息流控制　　　　　信息内容产品创造

数据云

图 7 - 1　百度网络媒体平台信息运作分析树形图

百度以绝对的市场占有率优势已然成为全球最大的中文搜索引擎。它的成功正是得益于在中文搜索领域的专注,而中文又是全世界最多人用的交流语种。这一块对于 Google 来讲则是一个薄弱环节。百度仅用四年时间在中国市场上就远远领先于 Google,并且成功地将 Google"挤"出中国市场。目前,百度拥有全球最大的中文信息数据库,比 Google 中文更准确、更全面,百度对中文搜索市场的深刻理解和把握,以及对用户的习惯和爱好的了解都大大胜过 Google。

而这一点恰好反映作为新媒体对于传统媒体来说有一个不可比拟的竞争优势,就是注重用户体验。这在传统媒体领域从未有过。对于百度来说,用户体验永远是第一位的,对于中国用户而言,百度的用户体验一定优于 Google。2004 年,李彦宏就在公司的会议上提出百度要不遗余力地为用户提供五星级的服务要求。"快,准,全,新,稳"成为百度对其搜索服务的最基本的要求。作为一个搜索引擎,最重要的是让用户在最短的时间内找到他们需要的产品和信息,然后离开,而不是让用户花费大量的时间去学习如何使用你的产品,甚至在打开页面的时候产生疑惑,无所适从。百度的竞价排名的推广页是呈现在搜索结果的左侧还是右侧,就是一个很经典的案例。看似简单无奇的问题,却在百度实施的过程中基于用户体验的考虑出现了分歧,倾向于向右的人则基于网页功能清晰明了的考虑,而倾向于向左的人则基于对中国网民搜索习惯的尊重。是向左还是向右,竞价排名系统启动前,百度通过网上问卷、坊间走访等多种形式进行调查研究,最后确定竞价排名的推广网页选择性地呈现在搜索结果首页左侧上方,用推广两字加以区隔和提醒,其选择数量保守。这样做的好处有,第一,它符合中国网民的搜索习惯,中国网民不管普通用户还是商品搜寻者早已习惯左侧内容,对右侧的推广产品大多视而不见,如果推广的网页放在右边,这样很可能使想要寻找产品的人失去获得信息的机会,对网民和竞价排名的用户都是不公平的,也影响到用户体验。第二,参与竞价排名的用户,其网页应该获得像其他非竞价排名用户一样的相同空间的呈现权利,由于它参与竞价排名,通过付费而获得优先呈现的机会,但这并不意味着百度在抓取网页时就应该将它排斥在外,这对竞价排名用户是不公平的。第三,竞价排名网页以“推广”字样加以区别,并且只有首页有保守性的呈现,可以使想寻找产品的人在第一时间发现目标网站,而普通用户可避开最前面几个“推广”的商业网页,直奔主题。百度的算法其基本逻辑就是让搜索用户的体验最优。

百度发展的趋势,显而易见的是凭借平台的优势无限接近信息使用零成本的方式,不断将网络用户、通讯用户、传统媒体用户的消费行为聚合,最终将用户的工作、生活,乃至整个人生都纳入到平台之中,以提供全方位的信息服务,其中既包括社会福利性的免费使用,也包括营利性的有偿购买。在此基础上筛选商业价值高的用户和根据用户的特点对市场细分,为商业价值高或者有特定需求的用户提供个性化定制服务。

7.2.3　搜索引擎平台化发展局限于单一信息流的商业模式

百度擅长信息运作的搜索引擎平台商业模式,与互联网时代的广告泛形态化和资讯化趋势相得益彰,百度将网络广告作为其收入的最主要来源,占比达90%以上,利润率也保持在30%左右,超过谷歌,表现出一家优质公司强劲的成长性。

但是,当Web1.0进化到Web2.0的时候,过分倚赖信息流的商业模式显示出其后劲不足的短板。从表7-8中可以看到,百度的主要产品中,除了基于Web1.0的百度贴吧和百度知道保持着市场领先地位外,其他的基于 Web2.0 的产品尝试,纷纷铩羽而归①。而百度正是依靠前者创造出中文搜索引擎的市场神话。

表 7-8　百度主要产品运营基本情况说明表

产品名称	上线时间	产品定位	竞争对手	运营状况
百度贴吧	2003 年 12 月 3 日	网络社区平台	无	全球最大中文网络社区
百度知道	2005 年 6 月 21 日	知识分享平台	新浪爱问	流量最大中文知识分享平台
百度输入法	2010 年 10 月 14 日	PC 端移动端文字输入工具	搜狗输入法	几乎无市场份额
百度说吧	2010 年 9 月 16 日	微博类产品	新浪微博	2011 年 8 月 22 日正式关闭
百付宝	2008 年 9 月 25 日	第三方支付平台	支付宝	2011 年未获得第三方支付牌照
百度有啊	2008 年 8 月 22 日	C2C 产品	淘宝	2011 年从 C2C 变成生活信息服务平台
百度 hi	2008 年 2 月 29 日	即时通信工具	QQ	几乎没有市场份额

2009 年,百度紧随谷歌"云计算"步伐,推出"框计算"这一具有想象力的技术概念②。意欲对信息的控制力发挥到极致,将用户所有的互联网需求一网打尽,通过搜索引擎这个平台媒介对整个信息资源整合,提供一站式信息服务。这意味着百度这家搜索公司不仅要做人们获取信息的入口,还希望成为所有互联网应用服务的入口,带动更加庞大的互联网产业生态圈。当时有业界人士如是评:"框计算正在源源不断地推动互联网创新,促进互联网生态的良性循环,并在产业间形成多赢的局面。"然而,2010 年,移动互联网开始蓬勃发展,打破了各领域新媒体自我塑造的格局,市场随即进入 BAT 竞争格局。而竞争的焦点就在 O2O(Online to Offline)。O2O 核心概念与百度所提出的"框计算"战略有重合性,但前者更强调的是"信息流与资金流、物流的整合",而后者却更多地局限于信息流的整合,所以,在移动互联网时代到来的时候,百度并没

---

① 孙宏超. 百度社交化折戟[J]. 中国经济和信息化,2011(16).
② 刘佳. 百度进入"框"时代[J]. 互联网周刊,2010(9).

有占得先机,这一点从百度在市场布局中的成败可见一斑。关于百度在移动互联网参与竞争的数据分析将在后续章节详述。

7.2.4　基于信息流的商业模式创新与突破

2010 年,中国搜索引擎市场发生巨变,谷歌宣布退出中国市场,这让徘徊于二线的中国本土搜索引擎看到曙光。搜狐的搜狗、网易的有道、新浪的爱问、腾讯的搜搜,以及后来居上的 360、姗姗来迟的阿里一淘网,一时间形成中国本土搜索引擎群雄纷争的市场局面,激烈的市场竞争也激发搜索引擎基于信息流商业模式的不断创新与突破,其中搜狗的"输入法—浏览器—搜索引擎"商业模式①、奇虎 360 的"安全卫士—浏览器—搜索引擎"②的商业模式,帮助各自的搜索引擎在中国搜索市场上赢得一席之地。

7.2.4.1　搜狗的"输入法—浏览器—搜索引擎"商业模式

搜狗的"输入法—浏览器—搜索引擎"商业模式在业内俗称"三级火箭"商业模式。这样的商业模式凸显的是它积累和拥有的客户端资源,也是与市场老大百度最大不同之处。不过在形成这一独特竞争优势之前,搜狗仍然走的是模仿之路。

早在谷歌尚未退出中国市场之前,搜狗的目标是争坐中文搜索引擎市场第三的位置,于是它一直模仿搜索领域的领导者百度和谷歌,它们开发什么产品,搜狗就模仿什么产品。搜狗的主要产品:网页搜索、音乐搜索、图片搜索、新闻搜索及工具栏都与百度和谷歌重叠,百度自主研发的产品"贴吧"和"知道"引起市场巨大反响后,搜狗也推出"说吧"和"知识"两款对应的产品。百度收购"千千静听"进军客户端领域,搜狗也跟着做音乐盒客户端。谷歌最开始推出 Google Lab,搜狗就模仿着推出 Sogou Lab……但是,在市场中处于跟随者位置的搜狗,市场份额始终不足 1%。

搜狗意识到,如果想实现市场的赶超,必须另辟蹊径。于是搜狗选择输入法,试图通过输入法的大量用户形成客户端入口价值,通过客户端入口,辅以按用户需求与流量指引的搜索,来改变竞价排一家独大的搜索模式。在人与电脑或是手机互动过程中,其实输入法总是最先知道

---

①　崔文花. 多场景打造热传播[J]. 成功营销,2014(7).
②　冀勇庆,袁茵. 土豪进化攻略[J]. 中国企业家,2013(10).

人们想要什么,这主要是基于对于人们输入习惯以及词语联想的功能,这一点很难逾越。当潜在用户具有诉求时,不管他们通过哪一种渠道在网络上寻找,"输入法"是必经之路。如其所愿,2006 年搜狗输入法一经推出就获得网民的高度认可。同时与 PC 厂商、下载站甚至番茄花园合作做渠道、买流量,联合更多的商业力量共同推广搜狗输入法。2007年,搜狗输入法的市场份额飙升到 40%,到了 2008 年,市场份额达到70%,成为市场第一名,输入法战略大获成功。然而从营业收入来说,输入法未能给搜狗带来收益。

输入法原本属于工具类客户端,并不能直接连接内容,虽然没有很强的延展价值,可是它可以选择另外一条路径,那就是以工具带工具,发展出浏览器这个互联网内容的入口级产品。2008 年输入法大获成功之后搜狗随即向浏览器这一目标挺进,从浏览器起始页的服务出发,把浏览器变成导航和搜索的流量入口,彻底颠覆原有浏览器产品的功能。浏览器给搜狗搜索带来流量,而搜狗输入法则能够推荐用户安装浏览器,这就是搜狗创造的"三级火箭"商业模式:通过输入法带动浏览器,再带动搜索,最后在搜索变现。

2010 年,搜狗获得阿里巴巴和云锋基金投资,从搜狐成功拆分,由一个部门变成独立的公司。以该事件为临界点,2010 年以前是搜狗势能的积累,这期间,搜狗通过杀手级应用输入法拥有海量用户,并且在移动互联网领域,搜狗手机输入法已经成为仅次于 QQ 和微信的第三大入口级产品,通过用户量体现出在新媒体经济中的价值。2010 年以后,"三级火箭"形成相互助推之势,搜狗进入快速成长阶段。

2012 年 9 月,搜狗推出智慧版搜狗输入法实现"输入即搜索"功能:用户输入的搜索需求的特定文字,在输入框下方直接呈现搜索结果,输入"天气"时按数字"0"就能够直接观看当地未来几天的天气预报,输入一首歌曲名则直接给出歌曲链接。更有意思的是,当用户输入"锄禾日当午"等古典诗词的上半句的时候,输入法会自动给出"汗滴禾下土"的下半句……这个结合输入法和搜索的"组合拳"类似于百度的"框计算",却抢在"框"的前面。

7.2.4.2　奇虎 360 的"安全卫士—浏览器—搜索引擎"商业模式

奇虎 360 的"安全卫士—浏览器—搜索引擎"商业模式与搜狗的商业模式有异曲同工之妙,都不是单纯的布局某一类市场,而是多管齐发,互相之间形成助推之势,不仅降低市场竞争风险,而且更符合新媒体经济运行特点,即激发需求方规模经济实现供给方范围经济。在具体的需求方规模经济实现上,两者却有着差异性,搜狗是"输入法—浏览器—搜索引擎"路径,而奇虎360则是"安全卫士—浏览器—搜索引擎"的路径,并且后者的浏览器开发先于前者,甚至后者借助于浏览器取得市场优势,崛起成为BAT之外的新势力,它的下一个战略目标很自然锁定搜索引擎。同时与输入法类似,360安全卫士也属于工具类客户端,并不能直接连接内容,没有那么强的延展价值。于是奇虎360必须在搜索引擎有所作为。

奇虎360首先在内部架构上完成布局,它设置四个底层技术部门:语义判断部门,内容收录部门,服务器部门,大数据以及机器学习部门。语义判断部门从语言学角度分析词汇,以了解用户真正需求,如搜索"LV"时用户是想了解这个品牌还是购买产品,属前瞻研究;内容收录部门针对搜索策略,负责对用户呈现搜索结果;服务器部门,负责资源和节点的调配,决定搜索页面展现的速度,决定搜索体验;大数据以及机器学习部门,判断网页和词汇之间的联系,研发第三代搜索引擎。这四个部门已涵盖搜索所需的各类技术,构建起360搜索引擎的整个技术底层。同时360在上层设置产品和运营部门根据业务要求再向底层技术部门提出需求,形成业务闭环。2012年8月16日,奇虎360低调推出综合搜索,仅数天就冲到10%的市场份额,给整个中国搜索引擎市场带来不小的震动。

无论是搜狗,还是奇虎360,在其搜索引擎媒体平台构建中,都采取"曲线救国"的方略,来获得基础用户规模。不过,它们与百度相似,商业模式的核心还是依赖网络广告作为其收入的主要来源。当然,虽然擅长信息运作的搜索引擎平台商业模式的发展,与互联网时代的广告泛形态化和资讯化趋势相得益彰,但是与门户网站一样,实质还是延续的传统媒体的商业模式框架,所以,搜索引擎商业模式只能说是网络媒体商业模式发展的过渡阶段,并不能代表网络媒体未来发展的方向。

7.2.5 搜索引擎平台化的媒体责任

搜索引擎媒体平台化发展过程,比任何其他网络新兴媒体更强调媒体责任。搜索引擎不生产内容却是信息的集大成者,不仅控制信息的内容而且能够控制信息的传播,充分体现搜索引擎媒体平台在对资讯(信息)的运作控制力上的优势。市场的垄断催生话语的霸权。在搜索引擎媒体平台化过程中,作为一种新媒体形态,暴露出这一行业责任感缺失的危机,百度的"屏蔽门"和"央视曝光"事件让作为媒体的搜索引擎已不能以纯粹的商业机构自居。搜索引擎对信息的控制力足够大时,其媒体特性逐渐显现,相应所须承担的媒体责任显而易见,正如麦克奎尔所说:媒体不同于其他企业,要挑起公共责任的重担,无论它们喜不喜欢。一旦搜索引擎严重损害信息甄选机制的独立性和公正性,也就损害搜索引擎这一新型传媒的公信力。

正是因为百度在盈利方面过度依赖广告收入,在公信力和经济利益的天平上发生倾斜。2008 年 9 月 12 日,随着三聚氰胺奶粉事件的不断曝光,网上出现一封公开信,指称涉案企业的危机公关策略中包括"与'百度'搜索引擎媒体合作,拿到新闻话语权"等,一时舆论哗然。2008 年 11 月 15 日和 16 日,中央电视台"新闻 30 分"栏目播发连续报道,披露百度的竞价排名导致搜索结果不公正。央视记者的调查显示,劣药、假名医出现在百度的搜索结果中,且排名靠前,使患者不仅花了冤枉钱,还延误了病情。一时间百度成为舆论的众矢之的,人们对于能否通过百度搜索引擎获得公正而客观的信息充满质疑。

时至今日,2016 年年初,百度卖"血友病吧"的新闻曝光,百度再一次坐上了舆论的火山口。百度贴吧作为百度社交媒体平台的代表,已经成为全球最大中文网络社区,据爱站网的估算,百度每天搜索流量导入百度贴吧的大约是 1600 万—2000 万次,贴吧的日活跃用户和日访问量,远远超过天涯、知乎、豆瓣、人人网①。贴吧的用户群覆盖不同主题、不同诉求的人群。可谓是百度搜索引擎媒体平台上最成功的社交类产品。进入移动互联网时代后,为了应对来自微博、微信等移动社交新媒体平台的市场竞争,贴吧开启商业化运作模式。这次曝光的百度卖"血友病吧"的新闻所反映的事实,正是基于这样的背景发生的。事件的逻辑很简单,作为商业性质的媒体平台将原来公益性质的信息流控制转变为以盈利为目的的信息流控制,导致以盈利为唯一目的的商业机构有机可乘,入住垂直类贴吧(病种类归属垂直类),为了达到自己盈利目标,能充

---

① 曹政.贴吧的水有多深?在百度商业化贴吧之前 其利益链已触目惊心![EB/OL]. [2016-01-14].http://www.cyzone.cn/a/20160114/288429.html.

分享有如帖子删除功能、禁封 ID、数据监控后台、舆情监控本吧关键词等管理权限，而这些权限往往成为他们实现欺诈和敛财的有效手段。事件的结果是百度通过危机公关，宣布所有医疗相关的贴吧均停止商业合作，并将血友病吧的吧主给予 NGO 公益组织，取消骗子的管理权限。虽然这次百度及时、快速反应，但是对其公信力的损害可想而知，特别是在移动互联网市场竞争激烈的这个年代。

媒体拥有"议程设置"的功能，搜索引擎也是如此。在社会层面，议程设置左右着人们的视线及社会舆论；在商业应用领域，议程设置往往与商业利益及经济环境直接相关。百度贴吧、百度空间、财经频道、月度首页人物，百度的一系列产品早已离搜索渐远、离媒体渐近。而且在这次百度危机中，社会对于百度这家商业公司的谴责，与原来发生的记者"封口费"事件如出一辙，这意味着社会把衡量媒体的职业和道德标准也加在百度的身上。换句话说，在百度那里，也许是百度的"屏蔽门事件"让主流媒体认识到原本当作工具来用的搜索引擎，正在伴随着互联网的日益普及而在潜移默化中左右着互联网的舆论氛围，如今在中国能够左右网络舆论就意味着能够左右大众舆论，搜索引擎的舆论引导力可想而知。

媒体平台组织作为信息传播的既定社会角色和独立社会组织，作为社会大系统中不可或缺的一个子系统，其生存发展必然受到社会大系统制约和影响的问题：媒介的发展受到政治逻辑和经济逻辑的双重制约，出于自身利益的需求，往往在社会责任、伦理道德与巨额商业利润的纠结中陷入困境，以致丧失其社会独立品格，放弃其社会公众立场。而本着不受任何控制的精神在发展的互联网的出现，似乎给媒体突破双重制约提供机会。从这个角度来讲，基于互联网而发展起来的搜索引擎媒体平台，正经历着"公共服务部门—商业机构—再强调公共属性"的演化过程。搜索引擎平台化趋势，不仅对于媒体市场结构，而且对于媒体社会结构都具有深远的影响。对于技术本源的搜索引擎媒体平台，在利益和社会公信力、媒体责任的矛盾冲突中发展，这是一个不得不面对的现实问题。

8　基于 Web2.0 的中国网络媒体平台化发展

8.1　以腾讯为代表的实现多边平台经济的平台化发展

8.1.1　免费即时通信工具构建基础平台用户规模

腾讯以网络聊天软件 QQ 起家,同新浪、搜狐、网易一起是中国成立最早的一批互联网企业,有研究将腾讯与新浪、搜狐、网易并称为四大网络门户①。然而腾讯在短短十余年的发展中,脱颖而出,发展成为中国三大网络媒体 BAT 之一,新浪、搜狐、网易三大门户网站总营业收入之和也只有腾讯营业收入的五成。腾讯业务范围已经由原来的即时通信工具延伸到线上虚拟社区、门户网站、线上购物、线上支付、休闲游戏、无线增值服务等众多领域。刘琦琳(2011)称腾讯的发展充满偶然性和代表意义②,谷虹(2012)则评价腾讯平台新业务的发展不是"水到渠成",而是"水未到,渠先成"③。而这一切都源于免费即时通信工具构建起的基础平台用户规模。表 6-16 是对腾讯近五年平台用户规模数据的统计。腾讯的注册用户已经突破 9 亿,分布于中国的各个年龄阶层,QQ 号跟手机号、邮箱一样成为联系方式中的必要一项。QQ 平台的成长,得益于它推出的时间恰好与中国第一代互联网网民的成长时间契合,基础用户市场规模增长的动力主要来自直接网络效应,当这个基础平台伴随着网民的成长而成为一种环境时,这个平台的成熟能够使得置于其上的增值服

---

① 陈丽洁,肖慧莲,陈文富.四大门户网站商业模式的规范分析[J].湛江师范学院学报,2010(4).
② 刘琦琳.免费经济:中国新经济的未来[M].北京:商务印书馆,2011.
③ 谷虹.信息平台论——三网融合背景下信息平台的构建、运营、竞争与规制研究[M].北京:清华大学出版社,2012.

务成为腾讯盈利引擎,而不是广告。

腾讯对即时通讯基础平台的免费属性的认识也是在实践中确立下来的。腾讯曾一度对QQ用户注册采取收费行为,在激烈的市场竞争中(主要竞争对手是MSN),果断转变平台经营思路,将即时通讯QQ免费应用的基础平台作为培育具有盈利前景互联网增值服务的土壤。

表 8 - 1　腾讯 QQ 2008—2016 年平台用户规模数据统计表

	2008年	2009年	2010年	2011年	2012年	2013年	2014年	2015年	2016年
活跃账户数	37660	52290	64760	72100	79820	80800	81500	85300	86800
最高同时在线账户数	4970	9300	12750	15270	17640	18000	21700	24100	24400
互联网增值服务包月用户数	3140	5160	6570	7720	7090	8860	8400	9500	11000
QQ游戏最高同时在线账户数	470	620	680	840	880	850	/	15971	18469
QQ空间活跃账户数	/	38780	49200	55210	60270	62500	65400	64000	63800
移动及电信增值服务包月用户数	1470	2030	2460	3140	3360	/	/	/	/

注:数据根据腾讯年度财报整理。单位:万人。

8.1.2　增值服务打造一站式在线生活平台

腾讯可以说是最早寻找到盈利方式的网络媒体。企业成立之初,QQ平台并不是主营业务,当然更谈不上是其收入的来源。在经过两年多的探索之后,腾讯终于借助当时中国移动通信业发展的机会,在移动增值业务上找到盈利的突破口。2000年,腾讯推出移动增值服务"移动QQ",成为电信运营商中国移动"移动梦网"的SP,移动增值服务内容具体包括移动QQ、移动游戏、移动语音聊天、手机图片和铃声下载等。在这项服务所得的收入中,包括通信费收益和信息服务费收益两部分,中国移动完全获得所有的通信费收益,而信息服务费收益则按照腾讯和中国移动事先约定的比例分成。在相当长一段时间里,腾讯营业收入的80% 以上来自移动增值服务。很显然,腾讯的移动增值服务并没有体现出它的平台经济效益。也就是说,移动增值服务严格来讲还不能说是基于 QQ 基础平台用户规模上的增值服务。所以,当腾讯平台规模逐步显现时,移动与电信增值服务业务占总营业收入的比例一路下滑,到 2012年时不足 10% ,从原来的营业收入主体地位逐渐淡出。2013 年起,腾讯所公布的年度财报中不再单列出移动与电信增值服务业务项目正好说明了这个问题。

2001 年,腾讯基于 QQ 基础平台用户规模的互联网增值业务初露端倪,腾讯逐渐建立起从稳定的即时通讯基础用户平台到丰富增值服务的清晰架构,免费平台与增值服务平台的叠加效应逐渐形成,与其他网络媒体相比最显著的特征在于其营业收入结构中,互联网增值服务成为腾讯盈利的中流砥柱,所占比例达到 80% 以上,而网络广告一般维持占腾讯总营业收入的 7% 左右,2014 年最高时也只有 10% ,见表 8 - 2。

表 8 - 2 　腾讯 2012—2016 年营业收入结构情况统计表

	2012 年		2013 年		2014 年		2015 年		2016 年	
	金额	增长率	金额	增长率	金额	增长率	金额	增长率	金额	增长率
营业总收入	698330	54%	991300	38%	1289900	31%	1584100	30%	2190000	48%
互联网增值服务	509030	38.9%	728340	43.1%	1034840	42.1%	1355757	31%	1708200	26%
移动及电信增值服务	59230	13.8%	/	/	/	/	/	/	/	/

续表

	2012 年		2013 年		2014 年		2015 年		2016 年	
	金额	增长率	金额	增长率	金额	增长率	金额	增长率	金额	增长率
网络广告	53810	69.8%	81580	51.6%	135580	66.2%	149138	110%	394200	164%
电商交易	70440	/	158620	125.2%	76850	−51.6%	79205	3%	240900	204%

注:数据根据腾讯年度财报整理。从 2013 年起,腾讯年度财报中不再单列"移动及电信增值服务"业务项目,而从 2012 年起,新增电子商务业务单列项目。单元:万美元。

腾讯互联网增值服务盈利的原理在于在用户群体的不同层次中实现"交叉补贴",以及基于长尾经济理论的微支付。腾讯巨大的增值服务收入,乃至全部广告收入,都来自庞大的忠实用户,即 QQ 会员以及 QQ 游戏、QQ 空间的活跃账户。付费享受增值服务的 QQ 会员以及 QQ 游戏、QQ 空间的活跃账户与免费使用 QQ 即时通信工具的普通会员之间形成交叉补贴,而用户对 QQ 各项只需支付很少费用增值服务乐于付费的"用户体验"因用户群体的庞大而给腾讯带来源源不断的巨大的收入。

腾讯利用增值服务形成强大的平台交叉网络效应,依靠基础平台对各个业务领域进行快速扩张。2003 年年底,推出腾讯网进入新闻门户市场;2005 年推出腾讯拍拍网进入 C2C 电子商务市场;2006 年推出搜搜进入搜索引擎市场;2009 年推出 SNS 产品 QQ 校友[①]。腾讯的平台扩张涵盖几乎所有的互联网应用服务和内容产品。腾讯构建"免费平台 + 增值服务平台"的商业模式打造"一站式在线生活平台"的战略目标正在一步步实现,例如在腾讯 2012 年度财报中首次出现电子商务交易业务收入的统计为 7.044 亿美元,腾讯的电子商务业务初具规模。表 8 - 3 反映的是腾讯一站式在线生活平台的结构内容。

---

① 余晓阳,张金海.传统媒体的数字化转型与新媒体的平台化发展——基于双边市场理论的经济学分析[J].新闻界,2012(5).

表 8 – 3　腾讯一站式在线生活平台

平台结构	具体内容
基础平台	
即时通信工具 QQ	QQ、企业 QQ、TM、RTX、TT 浏览器、QQ 医生、QQ 邮箱、Foxmail、QQ 影音、QQ 拼音、QQ 旋风、QQ 软件管理
增值服务平台	
互联网增值业务	QQ 空间、QQ 会员、QQ 秀、QQ 音乐、QQLive、城市达人
无线互联网增值业务	手机门户、手机 QQ、超级 QQ、手机游戏、手机 QQ 音乐
互动娱乐业务	休闲游戏、桌面游戏、QQ 游戏社区
门户网站	www.qq.com（腾讯网）
搜索引擎	www.soso.com（搜搜网）
电子商务	www.paipai.com（拍拍网）、财付通
SNS	QQ 校友
广告及咨询	网络广告、腾讯智慧

腾讯营业收入结构中"互联网增值服务"一直保持绝对的比例优势，这在众多网络媒体中是无法比拟的，使腾讯网络媒体平台具有很高的成长性，并将平台的无限延展性演绎到极致，同时广告所占营业收入比重的微小，说明腾讯已经摆脱以往传统媒体和网络媒体所一直依赖的广告盈利模式，正在建立适合网络媒体发展的新的商业模式。

罗小鹏（2012）曾描绘出腾讯围绕 QQ 打造的"一站式在线生活平台"商业模式模型图，见图 8 – 1①。从模型图中我们可以看到，腾讯围绕 QQ 打造出面向三大端口（移动用户端、PC 用户端、Web 网络端）的四大基础体系（会员体系、账号体系、金融体系、基础服务）和七大业务模块（免费基础服务、无线增值业务、互联网增值服务、网络媒体业务、互动娱乐业务、电子商务、SNS），构建一个有着多元、丰富内容的开放式在线生活平台。

该商业模式以 QQ 免费基础服务为核心构筑庞大基础用户群，采取在 QQ 界面上捆绑推送（弹出页面、设置链接入口）的新业务的方法，迅速增加各业务的流量（门户、论坛、SOSO 搜索引擎等）和使用量（拍拍、游戏等）；增加包罗万象的互联网增值业务如 QQ 会员、QQ 秀、QQ 宠物、

---

① 罗小鹏，刘莉.互联网企业发展过程中商业模式的演变——基于腾讯的案例研究[J].经济管理，2012（2）.

QQ空间,以增强用户黏度,发行虚拟货币Q币以获取收入;无线增值业务通过与中国移动、联通等移动通信运营商的合作,在手机中内置手机QQ等软件,为用户提供移动QQ信息服务,以月费或年费为收入来源,同时从运营商处获得信息流量利润分成;网络媒体业务(门户、论坛等)和互联网业务(拍拍、SOSO等)从QQ面板的接入按钮获得主要的用户流量,同时与各大影视广播、报纸杂志机构达成战略合作,共享新闻资讯,以广告获取收益;拍拍和SOSO虽无法盈利,但是整个平台商业模式中不可或缺的组成部分,拍拍推出的"财付通"是腾讯对构建自主金融体系的一种有益尝试,而在随后的发展中,腾讯以开放平台的思维将搜索引擎业务与搜狗合并,将电商业务与京东合作,打造更完善的平台商业模式;互动娱乐业务则是一个"现金流"业务,通过发售游戏点卡,出售道具盈利。大型网络游戏需另外注册账号,它也已经与QQ有效衔接。

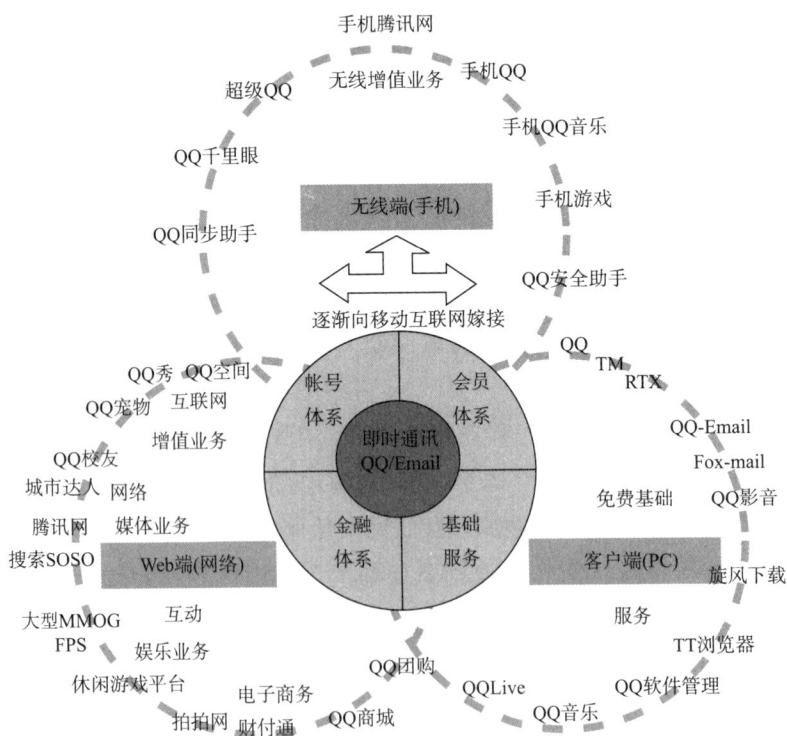

图8-1 腾讯以QQ为核心的商业模式体系

另外,四大体系之间环环相扣,以会员体系、账号体系增强用户黏性、整合业务资源,以金融体系完善收入模式,稳固利益链,以免费基础服务培育资产型用户,为"一站式在线生活平台"提供稳固支撑和强大保障。

8.1.3 腾讯平台商业模式的蜕变

腾讯手握高达 8 亿的 QQ 活跃用户数量,建立起无所不包、无所不有的"一站式在线生活平台",是实现多边平台经济的商业模式的最生动写照。而腾讯也成为可以从任何角度出击,有效覆盖任何目标用户群的综合性媒体平台。

从 2003 年走出互联网泡沫,到 2006 年提出"一站式在线生活平台"战略,再到 2010 年宣布开放式平台,无论是取得的成绩还是成长的速度,腾讯在中国互联网新媒体经济的发展中是数一数二的,也成为公认的 BAT 互联网新媒体企业巨头之一。不过,腾讯平台模式的成功也并非一番坦途,也经历了从全部自己做,到收购成熟业务,到开放平台让别人进来做,再到现在把业务放到外部去的一个过程。

腾讯依托 QQ 庞大的基础用户规模,什么赚钱做什么,什么业务热门就模仿什么,如 QQ 模仿 ICQ、TM 模仿 MSN、QQ 游戏大厅模仿联众、QQ 语音模仿 UC Talk、QQ 拼音输入法模仿搜狗输入法、QQ 播客模仿土豆、超级旋风模仿迅雷、QQ 交友中心模仿亚洲交友中心……并无清晰的战略意图,特别是在 2004 年上市以后,资金面的充裕使这样的状况愈发明显。那时的腾讯,可以看得出无非以网络服务提供商身份参与到新媒体经济的发展中,见表 8 - 4。

表 8 - 4 主要腾讯产品与被模仿产品投入时间与市场占有量对比表

产品类别	被模仿产品	投入时间	腾讯产品	投入时间	市场排名
即时通讯	ICQ	1996 年	QQ	1998 年 11 月	第一
网游平台	联众	1998 年	QQ 游戏大厅	2003 年 8 月	第一
门户平台	新浪、搜狐	1998 年	腾讯网	2003 年 12 月	第一
博客	博客大巴	2004 年	Q-zone	2005 年	第一
电商平台	淘宝	2003 年	拍拍	2005 年 9 月	第二
搜索引擎	百度	2000 年	搜搜	2006 年	第四
SNS 平台	人人网、开心网	2005 年	QQ 校友录	2009 年 1 月	第一

2007 年,基于 Web2.0 的社交媒体蓬勃发展,开放性平台开始大行其道,全球范围内各种网络媒体平台纷纷加入其中。2010 年,腾讯顺势也宣布开放其 QQ 平台,陆续推出 Q + 、Qzone 等开放平台,最终发展成为一家平台型企业,其内部拥有 30 多个开放平台。在平台架构上,这 30

多个平台要么是绝对控股,要么是全资收购实现平台扩张。

直到 2010 年腾讯与奇虎 360 之间爆发 3Q 大战,腾讯的平台战略发生实质性的改变。奇虎 360 起家于向用户提供免费的网络杀毒软件,由于免费策略的成功运用,打败了业内老牌杀毒软件企业,迅速发展成为基于信息安全技术的网络新媒体平台,其"安全卫士—浏览器—搜索引擎"的商业模式可见一斑。奇虎 360 从技术和业务范围上本无瓜葛,但是我们前文提到,腾讯凭借庞大的用户规模已经发展成为可以从任何角度出击,有效覆盖任何目标用户群的综合性媒体平台,并且随着它的产品线的衍生,被其模仿的业务领域所在的互联网企业也因失去用户而开始衰落,信息安全领域也不例外。2009 年,腾讯尝试推出电脑防护软件"QQ 医生",同样定位于安全软件,但市场表现平平;2010 年春节,腾讯升级这款软件,进化为"QQ 电脑管家"。此举立刻引发奇虎 360 的注意。腾讯所推出的软件拥有查杀木马、系统测试、病毒防护等功能,业务区块与奇虎 360 高度重叠,对其构成前所未有的威胁。两家平台企业比较而言,360 提供免费防毒杀毒软件,再从其他增值渠道、开放式平台渠道赚取盈利,这是典型的平台战略——将核心优势以免费的补贴策略双手奉送给用户,等用户规模抵达临界数量,并拥有口碑黏性之后,再通过额外的增值服务及广告获利;而腾讯也以相同的模式搭建起自己的一站式生活平台,用户免费下载 QQ 即时通讯软件,却可能从与它相连的社交平台"QQ 空间"缴付会员费,或自"QQ 秀"缴付增值服务费用等。两者所采取的平台商业模式大同小异,不同的只是他们以补贴战略所推广出去的触角性质而已,而这却同样对竞争者的盈利构成了潜在威胁。

让奇虎 360 不安的是,腾讯将"QQ 电脑管家"软件与 QQ 软件捆绑,当用户下载使用 QQ 时,"QQ 电脑管家"软件也顺势占据用户桌面信息安全应用模块,抢占网络信息安全市场。为了遏制这一市场威胁,奇虎 360 推出"扣扣保镖",其功能包括"禁止侧边栏位面板,为 QQ 界面保持清爽","清除非主要组件,加速 QQ 运行速度""屏蔽 QQ 弹窗"等,全是去除 QQ 插件的功能,该软件甚至还有"过滤 QQ 软件广告"的功能,许多腾讯的付费会员享有免看广告的特权,而"扣扣保镖"让 QQ 会员丧失这个"特权",任何一个 QQ 用户都可以不必付费就可以屏蔽掉广告,破坏了腾讯的盈利模式。奇虎 360 此举迅速赢得用户的青睐,"扣扣保镖"软件推出的短短 3 天内即被下载超过 2000 万次,且一直呈现增长之势。

而对于腾讯,"扣扣保镖"不仅仅给用户带来清爽,而且剥除腾讯 QQ 一直盈利倚赖的所有增值服务及广告,QQ 将成为一款赤裸裸的免费软件,无法利用基础用户规模来获得商业回报,动摇了腾讯平台商业模式的根本,这着实是一个难以接受和承受的事实。于是,腾讯不得不选择最激烈的回击方式,公告所有 QQ 用户,除非卸载电脑中的 360 的所有软件,否则将强制停止 QQ 的运行。3Q 大战正式爆发。

3Q 大战成为中国互联网史上最严重的对抗案例之一。此时,互联网的用户们才真正体会到互联网新媒体平台之间展开的平台覆盖战争所释放出的爆炸性能量。当用户必须在依赖已久的通信工具以及安全防范工具之间做抉择时,腾讯与奇虎 360 都在以伤害用户体验为代价维护自己的利益,这与互联网精神背道而驰。

腾讯与奇虎 360 的这场影响整个中国互联网新媒体经济的纷争,最终还是在政府部门的介入下,得以平息。虽然持续时间不到一个月,但是足以让一路野蛮成长起来的互联网新媒体平台对商业模式进行思考——不仅需要建立维系用户的生态圈,还要建立和谐的市场环境,在这一点上,腾讯理解得更为深刻。

3Q 大战后,腾讯意识到自身商业模式的缺陷,开始积极布局,致力于创造出一个更好的市场环境,同时又能确保自身商业模式的根本。2011 年,腾讯投资金山网络等公司,寻找到在互联网安全上的合作伙伴;2013 年,腾讯收购搜索引擎搜狗并将自身的搜搜、QQ 输入法并入搜狗,将自己的搜索业务和流量放到搜狗里面。这两件并购合作事件,在平台战略上都一个共同之处,即全面开放腾讯平台,正如马化腾对收购搜狗所评述的:腾讯很多业务并不需要完全百分之百拥有去做,很多业务是可以合作甚至是合资去打造的,这个结构是最平衡完美的,既考虑创业团队管理层的积极性,又让搜狐和腾讯的平台资源能够全力释放,都比百分之百给搜狐或者百分之百给腾讯会好得多。2014 年 3 月,腾讯提出"开放式平台"战略,即对于那些腾讯具有相应经验的领域,腾讯会选择自己来开展业务;但对于那些不熟悉的领域,腾讯将更多地采用开放式平台战略。这一"开放式"概念突破以往所谓聚拢型开放式平台,即聚集流量和资源,让合作伙伴进来一起玩,演化为扩散型开放式平台,采取相反策略,把自己的流量和业务反过来嫁接到合作伙伴那里,给合作伙伴输送资源。随后的 2014 年腾讯与京东合作,将自身的 B2C 电商平台易迅并入京东。再一次践行"开放平台"商业模式理念。另外从资本层面上看,腾讯所占的股份达到第一大股东的位置,却不争绝对控制权,认为你的也是我的,这样的平台也就不会被自己的格局所困死,同时能够最大限度地降低收购阻力,提升市场效率,这在收购搜狗尚表现尤为明显,腾讯搜搜在与搜狗合并之前亏损近 20 亿元,市场份额仅为 3.6%,尽管市场排名第四,但微不足道,几乎没有任何话语权,如今无论是在PC 端,还是移动端,市场份额跻身前三位;而在电商方面,腾讯放弃刚刚有起色的电商平台的主导权,宁愿让自己的财务报表数据不甚好看,都交由京东合并打理。

腾讯经历从业务模块全部自己做,到收购成熟业务,到开放平台让别人进来做,再到现在把业务放到外部去全权交由他人经营,完成其平台商业模式的蜕变。

8.1.4　腾讯网络媒体平台的无限延展性实现多边平台经济

2010 年,互联网进入移动互联时代,作为中国三大互联网企业巨头之一的腾讯,在平台战略实施的实践中腾讯也逐渐意识到,移动互联网和互联网不是割裂的,手机和 PC 也不是割裂的,腾讯的产品体系的核心竞争力又表现在擅长于运营用户的关系链,关系链是腾讯媒体平台的核心基础,而"关系"本身就是跨终端的。由于增加了手机号码、位置等新参数,在移动端上最先爆发的是社交以及关系链。腾讯无疑在移动互联网时代到来之际抢得市场先机。

2011 年,正当微博新媒体发展如日中天,腾讯、新浪、搜狐还在为微博进行市场搏杀的时候,在中国新媒体领域,一种新的基于移动互联网的社会化媒体形态——微信,闯入人们的视野。从技术的角度,这种新媒体起源于 2010 年开发、登录 App Store 和 Android Market 的 Kik Messenger软件,它实现的是针对智能手机终端的一种新型即时通信服务功能,它的与众不同在于支持跨运营商和跨系统平台发送文字、图片、语音,且具备 LBS(基于定位的信息服务)无距离手机聊天社交功能。基于这样的技术功能实现,微信同其他社会化新媒体相比,最大创新点就在于它对人们的社交网络做出一个重要拓展——从原有的"弱关系链接网"向基于手机通讯录的"强关系链接网"转变,从而实现基于通讯录的全新互动。这一点也是微信迅速打败同时代诞生的新媒体形态微博的重要原因,见表 8 - 5。

表 8 - 5　微信与微博平台比较说明

	用户关系	连接方式	传播方式	平台性质
微信	强关系	互为好友	以个人用户为核心的一对一传播方式占主流	强社交,弱媒体
微博	弱关系	单向关注	以大 V 为核心的一对多传播方式占主流	弱社交,强媒体

因此,微信可以"轻松"绕过通信运营商,直接借助手机终端上的手机通讯录网络去辐射用户并拓展自己的业务,免去了培养用户的时间与成本,建立起用户之间的关系网,这种通过手机通讯录形成的"强关系链接网",其用户关系的稳定性,不仅解决新社交网络脆弱、用户培养难度大的问题,而且体现出超越一般社交媒体的传播价值。同时,这还是一个更加省钱的选择,因为发送微信本身并不需要支付费用,所需要支付的仅仅是手机传输这条信息所需的网络流量,这对于用户来说,为用户节省通信费用就是一个杀手级应用,而且,通过微信平台用户可以轻松地发 800M 以内照片、视频等各种文件,还可以发送地理位置、交换名片等。这都彻底颠覆当时主流的移动通信方式。

微信一经推出,就被市场称为将挑战运营商短信和语音通话业务的跨时代产品,越来越多的厂商加入到微信应用产品的开发中,小米科技"米聊"、盛大"KiKi"、开心网"开心飞豆"、诺基亚"诺基亚 IM"……通信运营商也不甘示弱,移动的飞信、联通的沃友、电信的翼聊,也纷纷开通,一时间,微信应用领域百花竞放,迅速引爆移动互联网市场形成新的追逐热点,直到腾讯"微信"产品推出,统一了整个微信市场。腾讯微信 2011 年正式上线,没有依靠任何推广活动,仅仅依靠口碑传播,开通仅一年时间,即拥有 5000 万注册用户,这在中国互联网发展历史上,绝无仅有(张京科,2011)[①]。从此,"微信"这样一个带有技术色彩的词语成为腾讯微信产品的专有名词。对于整个新媒体市场而言,微信的横空出世,首先的意义在于它通过技术的创新,正在绕开政策的壁垒,倒逼通信运营商在"三网融合"的问题上,重新思考它们所谓的"垄断优势"。图 8 - 2 反映出 2011—2016 年微信用户的急剧膨胀态势。

---

①　张京科. 腾讯押宝微信,短信将成历史?［N］. 第一财经日报,2011 - 12 - 12.

万人

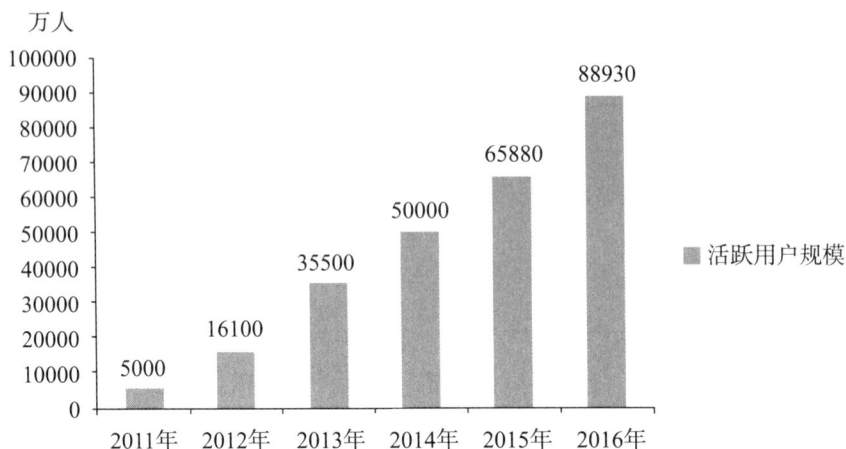

图 8-2　2011—2016 年微信用户规模及增长柱形图

注:2011 年数据根据相关文献整理,2012—2016 年数据根据腾讯年度财报数据整理。

表 8-6 梳理出微信在短短 5 年时间里,从一款简单的适应移动互联网需求的即时通讯软件,向实现多边平台经济的腾讯第一大媒体平台进化。

表 8-6　微信媒体平台实现多边平台经济进化的说明表

更新时间	版本迭代	功能进化
2011-01—04	微信 1.0—1.3	基于移动互联网的即时通讯软件
2011-05—08	微信 2.0—2.5	突破语音对讲功能,打通手机用户通讯录应用
2011-10—12	微信 3.0—3.5	实现基于 LBS 应用的信息交互(社交)功能
2012-04—2013-02	微信 4.0—4.5	增加朋友圈功能模块,建立基于社交的内容分享平台
2013-08—2014-01	微信 5.0—5.2	开放公共平台,完成向融合多边用户市场社交应用平台的进化
2015-01—	微信 6.0—	基于一大移动互联网端应用入口地位,向成为一大商业交易平台进化

微信诞生之初,其核心功能是"即时通讯",它取代了人们通过电信运营商付费发送短信的传统方式,将人们点对点的信息传递需求延伸到移动互联网。之后的微信在移动通讯功能上继续挖掘,从微信 2.0 突破性的语音对讲功能,到微信 2.5 实现视频信息的发送,再到微信 4.2 版

本的实时视频聊天功能,微信作为一个即时通讯移动应用的工具属性始终贯穿其产品迭代整个过程。

从微信 2.5 版本开始,随着基于 LBS(location based service)的相关功能的开放,包括"查找附近的人""摇一摇""漂流瓶"等,微信创新性地打破即时通信类软件的熟人社交网络,实现基于地理位置、互动体验的陌生人社交功能。至此,微信已经不是简单的即时通信工具,而是形成基于强关系链的熟人社交与基于弱关系链的陌生人社交的多维化社交体系。

到了微信 4.0,发生两大重要变革,这决定微信逐渐由社交类即时通信工具向平台级社交应用过渡。其一就是微信朋友圈模块的开放让用户之间可以彼此分享各自的生活信息,形成基于社交关系链的内容分享平台;其二,微信开放平台的上线让第三方开发者可以直接对接微信朋友圈,实现自己营销宣传的目的,开放平台意味着微信在商业化拓展上有了很大的想象空间。

从 2012 年 8 月开始,微信开放公共平台,媒体、企业、品牌、明星、个人都可能注册属于自己的面向所有微信用户的公共号,并且逐步细分为三种类别的公共号:订阅号、服务号、企业号,满足不同企业级用户的需求,见表 8 – 7。

表 8 – 7　微信公共号类别说明

订阅号	订阅号定位的服务对象主要是具有强烈宣传需求的媒体和营销公司,订阅号可以每天推送消息,已达到信息传播的效果,具有强烈的媒体属性
服务号	服务号定位的服务对象主要是对客户服务需求更多的品牌或企业组织。服务号每周只能推送一条消息。相对于订阅号来说,服务号弱化媒体属性,但增强互动性,适合定制企业接入 CRM 系统为粉丝提供一对一的客户服务功能
企业号	主要是针对企业进行线上员工管理的平台,服务好可以为企业提供对内部员工的管理、沟通与服务

公共平台的开放意味着微信从只有一方用户市场的即时通信工具,完成向融合多边用户市场的平台级社交应用的过渡。有数据显示,公共平台开放仅一年,已有 200 多万的用户注册订阅号,在高峰时期每天约增长 8000 个注册订阅号,公共平台的用户数量保持着极高的增长速度。与此同时,在公共平台上每天有超过亿次信息交互。

另外,当用户对微信的认知还停留在"聊天 + 交友"的时候,微信平台的微信移动支付功能于 2013 年上线,并与腾讯 QQ 财付通打通,为微信小额支付提供解决方案,实现微信基于一大移动互联网端应用入口地位,向成为一大商业交易平台进化,特别是 2014 年春节腾讯微信发起的"发红包"策略,一举奠定微信支付平台用户基础。

微信通过移动支付功能,与腾讯传统业务进一步对接,特别是与腾讯所打造的一站式在线生活平台的对接,微信负责线上环节,微生活负责线下推广,完成腾讯 O2O 模式的布局。借助它,可以向用户提供从线上到线下的一整套服务。腾讯似乎已经为微信商业化制定具体的发展方向:首先做游戏平台,以达到快速产生增值服务平台效应,同时探索 O2O 商业模式、基于地理位置的服务和基于地理位置的电子商务等。当然随着越来越多商家借微信发布信息,做起微商时,腾讯也在悄然开启着广告盈利模式。朋友圈这个阵地首当其冲。但是由于微信"强关系"社交特性,腾讯不得不对朋友圈的商业化进程十分谨慎。

朋友圈具有"交叉网络效应",会吸引包括营销公司、广告主、第三方开发者等在内的企业用户群体为了接触到个人用户群体在朋友圈中的社交关系链而入驻微信平台生态圈,从而实现自己的传播、营销或导流目的。但大量来自于开放平台或特定好友的营销信息,可能会给朋友圈带来噪音,因此朋友圈的社交属性和微信的开放平台可能存在一定冲突。从个人用户的角度来讲,朋友圈其定位更偏向于有价值的内容分享平台。因此,在朋友圈进行铺天盖地的营销传播非常影响个人用户群体的用户体验,企业用户群体的营销诉求更适合使用定制性更强且打扰性较弱的微信公众平台来实现。不过,2015 年伊始,微信向朋友圈推送出第一条广告信息。

微信平台如 QQ 平台一样,拥有庞大的注册用户基础,为微信进入商业化提供良好的平台用户基础。平台商业模式让微信形成良性循环可持续发展的平台生态圈,微信已经成为一个功能越来越强大的"超级 APP",也正在演变为一个基于移动互联网的具有无限延展性的巨型媒体平台。

腾讯成功的关键就在于它的商业模式实现对其"平台"特征的充分张大,无论是基于 QQ 平台上线的增值业务,还是微信平台一直延伸出的移动互联增值服务,都形成一个完整的双边市场结构,都可视为一个完整的实现双边经济的平台,众多的增值业务的互联互通,逐渐营造出腾讯所特有的实现多边平台经济的多变市场结构,使腾讯的盈利点遍地开花,为企业的发展创造出无限想象空间。

2013 年始,腾讯开启重塑平台模式进程,采取与百度、阿里巴巴乃至 360 不同的市场战略,即合并 PC、移动两条业务线,调整企业架构,手机管家和电脑管家合并,QQ 手机浏览器和 QQ 浏览器合并,手机腾讯网和微博合并,魔乐软件和应用宝合并,MIG(移动事业群)主抓安全、浏览器、地图和应用商店四大板块的入口业务,各业务线全面实现跨终端,奔赴移动互联网的新战场,正如 2016 年伊始张小龙公开表达的微信平台的四大价值:用户价值是第一位;让有价值的东西触达用户;微信不当时间杀手;不做基于骚扰的、流量变现的商业化①。

8.2　以阿里巴巴为代表的平台整合的平台化发展

8.2.1　整合信息流构建平台整合商业模式基础

阿里巴巴构建信息流、资金流、物流平台整合的商业模式并非一蹴而就,按照马云的话讲,这是阿里巴巴通过 15 年的布局,慢慢形成网络效应的结果②。与其他网络新媒体平台一样,阿里巴巴在发展的初期,信息流是平台整合的最主要资源,并贯穿阿里巴巴平台整合商业模式构建的全过程,成为其平台整合商业模式的基础。

阿里巴巴成立于 1998 年,也是中国第一批互联网企业中的一员。阿里巴巴运营初期,其平台模式具有显著的“中介平台”的特征,在平台盈利模式的构建上,与其他网络媒体相比显得更加清晰、简单,它的主要收入来源就是会员费。与传统商业思维不同,阿里巴巴的中介平台模式不是做 20% 大企业的生意,而是专注做 80% 的中小企业的生意,从一开始就与互联网的“长尾效应”不谋而合。大量的买家可以免费成为阿里巴巴会员,卖家也可以免费发布产品信息,而如果想知道买家信息,则需

---

① 张小龙.2016 在广州举行的微信公开课 PRO 版活动上的演讲[EB/OL].[2016 – 01 – 11]. http://www.zjscdb.com/detail.php? newsid = 145493.
② 方兴东,刘伟.阿里巴巴正传[M].南京:江苏凤凰文艺出版社,2015.

要支付会员费成为阿里巴巴的会员。很显然,阿里巴巴构建的 B2B 平台所形成的双边市场结构中,卖方一边的需求弹性,与买方一边的需求弹性相比,是比较低的,对于卖方企业而言,支付会员费成为阿里巴巴的会员是他们日常经营必须投入的部分。因此,阿里巴巴 B2B 平台依靠这种买方和卖方之间稳定的"交叉补贴"维持平台的运营和盈利。清晰而简单的商业模式让阿里巴巴在发展初期显得稳健而持久,既没有门户网站的大起大落,也没有搜索引擎的一飞冲天,阿里巴巴平台专注于"信息流",集中精力汇聚大量的市场供求信息,为用户提供实时有效的信息服务。难能可贵的是,阿里巴巴对平台的理解入木三分,严格恪守自己在市场中作为"中介"性质的角色定位,从不介入买家和卖家之间的实际交易行为,保证市场交易的公正性、客观性。而这一点,阿里巴巴在随后构建 C2C 平台淘宝的过程中,演绎到极致。

在淘宝推出之前,中国的 C2C 电子商务市场易趣网一家独大,拥有中国近 80% 的 C2C 市场份额,美国最大 C2C 电商 eBay 看好中国市场,收购易趣,意在进军中国市场,甚至想独享中国电商盛宴。C2C 模式相对于 B2B 模式而言,在当时的电商领域属于新的商业模式概念,而且更接近"平台"的概念,所以 C2C 模式的应用受到风投的热情追捧。2003年,阿里巴巴推出淘宝网,从某种意义上来说,也是市场形势所逼不得已之行为。从当时的实力来看,淘宝作为市场的新进入者,与 eBay 易趣相比,可谓是以小搏大,不在一个数量级。但是淘宝面对强大的竞争对手,做出一个与竞争对手背道相驰的市场策略决定:免费提供信息服务 3年,即在未来三年里对入驻淘宝平台的买家和卖家信息免费,在淘宝平台上进行交易和实现交易的买卖双方均不收费。在当时缺乏平台经济理论支持和实践经验情况下,做出这样的决定是冒着很大的市场风险。在具体运作中有一个细节足以说明"免费"的市场风险,阿里巴巴开发出阿里旺旺即时通讯软件,用于淘宝平台,方便买家和卖家之间的实时沟通,这样用户可以共同完成交易并建立相互信任,而这个功能被 eBay 易趣拒绝,原因是担心用户之间直接交易,逃避易趣的收费。而正是这个看似"巨大风险"的免费策略,改变了整个市场格局,让淘宝在三年之内打败 eBay 易趣,成为中国市场上最大的 C2C 平台,2006 年 eBay 在中国市场上铩羽而归,昔日的市场老大易趣网也从此淡出用户的视野,从此中国 C2C 市场淘宝一家独大。阿里巴巴淘宝平台的产业实践证明"免

费"在网络媒体平台经济发展中的巨大能量。淘宝的免费期已经从
2003 年建站时宣布的 3 年延续至今,淘宝已经发展成为集合中国超过 4
亿用户的平台。淘宝的成功,用平台经济理论来解释,就是 C2C 平台与
其他模式平台的最大不同特点在于双边市场结构的两边的需求弹性都
比较大,对于 C2C 平台上的大量中小个体卖家,成本是经营考虑中的第
一要素,一旦出现免费的、产品服务差异不大的同类平台,用户用脚投票
的速度是迅速而惊人的。这也就是本研究第五章所论述的基础平台的
构建原理。也许在国外平台通过收费构建基础平台能够取得成功,但是
在中国,往往会遭遇残酷的免费经济现实。

如果说 B2B 模式为阿里巴巴网络媒体平台化发展奠定基础,那么阿
里巴巴决然推出 C2C 模式的淘宝平台,却是抓住一次巨大的历史发展机
遇,进入一个爆发式成长时期,并改变着整个社会商品的流动方式和消
费方式。2008 年,淘宝分离出"淘宝商城"B2C 交易平台,实现阿里巴巴
基于信息流整合的 B2B、C2C、B2C 全平台商业模式;2009 年,阿里开始
打造"双十一"购物狂欢节,即在每年的 11 月 11 日这天,淘宝平台给出
全年最大补贴于商家,让商家以最优惠的折扣吸引网购消费者,最大限
度地促成线上交易的完成,达到淘宝平台年交易额的峰值,此举发展至
今,已连续创出单日交易金额规模的世界纪录,堪称中国互联网发展史
上的一道壮丽的风景线,见图 8 - 3。

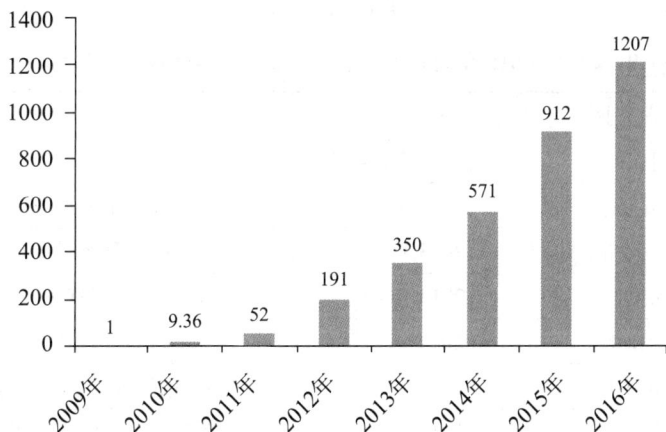

图 8 - 3　阿里巴巴历年"双十一"购物狂欢节单日平台交易金额规模
注:数据根据相关网站信息整理。单位:亿元。

2012 年 1 月,"淘宝商城"拥有 4 万个商家共 7 万个国际和本地品

牌,更名为"天猫",阿里巴巴 B2C 平台开始独立运作,标志着平台模式日趋成熟;同年,淘宝天猫平台年交易额突破 1 万亿元,此后每年的平台交易额以近 50% 速度不断创出新高,一个百亿市值发展到千亿市值的企业,每年的营业收入不过几百亿,却控制上万亿的交易、数十亿的实体物品流动,创造 300 万的直接就业和超过 1000 万的间接就业。表 8-8 是对淘宝近 9 年来交易额的统计,可以看到,淘宝交易规模以年复合增长率 53% 速度迅速扩张和成长。

表 8-8　淘宝 2008—2016 年交易额统计表

	2008年	2009年	2010年	2011年	2012年	2013年	2014年	2015年	2016年	年均增率
交易额	1000	2000	4000	6000	10000	15000	22740	29510	30000	53%

注:数据根据相关网站信息整理,该数据统计为淘宝和天猫交易额的总和。单位:亿元。

2010 年以后,移动互联网、社交网络的兴起,阿里巴巴为了整合其信息资源,将信息流平台无限延伸,以此打通移动互联网、社交网络信息流与平台核心竞争力的通路,如 2013 年入股新浪微博,并协助其 2014 年在美国纳斯达克上市;2014 年收购高德地图;而且阿里先后通过直接、间接、关联公司、个人入股等各类方式,布局 25 家文化传媒类企业,既有传统媒体,也有新兴媒体,显示出要做以商业为核心的综合业态,以保持旺盛的人气,增加用户黏度,让平台持续增值,见表 8-9。

表 8-9　2013—2015 年阿里巴巴信息流整合平台布局主要信息一览表

关联企业	并购时间	关联企业性质
新浪微博	2013—2014 年	新兴社交媒体
华谊兄弟	2013—2015 年	影视娱乐上市公司
商业评论	2013 年 4 月	传统财经媒体
快的	2013 年 4 月	移动互联网打车应用
高德地图	2014 年 2 月	移动互联网地图应用
文化中国	2014 年 3 月	影视娱乐,更名为阿里影业
魅族科技	2014 年 3 月	移动互联网终端提供商
银泰百货	2014 年 3 月	线下渠道类百货公司
华数传媒	2014 年 4 月	文化产业

续表

关联企业	并购时间	关联企业性质
虎嗅网	2014 年 5 月	新兴网络媒体
二十一世纪经济报道	2014 年 6 月	传统大众传媒
UC 优视	2014 年 6 月	移动互联网浏览器应用
恒大足球俱乐部	2014 年 6 月	体育娱乐产业
光线传媒	2015 年 3 月	影视娱乐上市公司
第一财经	2015 年 5 月	传统财经媒体
北青社区报	2015 年 5 月	传统大众传媒
苏宁电器	2015 年 8 月	线下渠道类上市企业
无界	2015 年 9 月	新闻类新兴媒体
36 氪	2015 年 10 月	新兴网络媒体
优酷土豆	2015 年 10 月	网络视频新媒体
封面	2015 年 10 月	新闻类新兴媒体
华南早报	2015 年 12 月	传统大众传媒

注:数据根据相关网站新闻信息整理。

这样一个以整合信息流为基础的中介性质的巨无霸平台,已经创造世界互联网发展史上的奇迹,见表 8 - 10。

表 8 - 10　阿里巴巴发展基础指标数据一览表

	2010 年	2011 年	2012 年	2013 年	2014 年	2015 年
营业收入	66.7	119.03	200.25	345.17	525.03	762.04
净利润	5.03	16.08	46.65	86.49	234.03	243.20
活跃用户规模	/	/	/	2.39 亿人	3.34 亿人	4.07 亿

注:数据根据阿里巴巴 2014 年 IPO 说明书、阿里巴巴 2015 年度财报,以及相关网络信息整理。其中,财务指标统计口径为当年的 3 月份截止期,活跃用户规模统计采用的是自然年度统计口径。单位:亿元。

8.2.2　整合资金流形成平台整合商业模式的"赢家通吃"格局

阿里巴巴基于信息流整合平台模式积聚海量用户信息资源的同时,迈出为后来成功构建平台整合商业模式具有战略意义的关键一步:建立支付平台和信用认证平台,即整合资金流。阿里巴巴认为,支付和信用认证是未来所有网络交易中都需要的支撑性基础业务,它们比任何一个领域的电子商务平台蕴含更大的能量和潜在价值。只有将支付平台和信用认证平台内嵌于自身的平台发展战略里,才能真正建立起自己的平台发展模式,而且还要抢在通信运营商和金融机构前面,才可能在平台支付和平台信用认证领域扎根立足①。

阿里巴巴的支付平台就是支付宝,支付宝在阿里巴巴推出淘宝实现C2C平台模式发展中起到关键作用。2003年,阿里巴巴为了突出淘宝作为C2C市场中介平台的公正性与客观性,推出支付宝应用,作为淘宝平台的第三方支付信用工具,协助淘宝解决当时线上交易中买卖双方不信任的状况:淘宝上的买家担心卖家会骗钱不发货,于是先将钱打给支付宝,等卖家发货买家收到并觉得满意之后,支付宝才会将钱打给淘宝卖家。为了进一步强化中介平台的公正性和客观性,2004年,阿里成立支付宝公司,独立运营支付宝,支撑淘宝平台的双边市场交易。支付宝设立之初并非像今天这样是个完全独立的平台,而是依附在淘宝上,提供交易担保的附属功能。

这个提供附属功能的平台,为淘宝的平台整合商业模式营造出"赢家通吃"格局。淘宝作为具有强烈中介属性的平台,虽然交叉网络效应强,但市场一边的商家之间的直接网络效应却是为负,而且另一边的消费者用户又缺乏单归属行为特征,可以在不同C2C平台之间转换,随意浏览产品、下单,转换成本并不高,易趣后来的败北,从平台的角度分析其原因,正是基于这一点。但是,支付宝这个第三方支付平台的存在,不仅解决消费者对电商市场的疑虑,而且弥补淘宝这个平台在转换成本环节方面的缺陷;同时,由于第三方平台机制聚集的消费评价,即使消费者之间并不认识,但是却开启直接网络效应,使用户集体对商家的评价在彼此间产生高度的价值,两项合并,创造出"赢家通吃"的条件,确立了淘宝C2C在线购物市场的独霸地位。最终使整个C2C平台产业形成一家独大的局面。

实际上,支付宝在线支付平台所提供的现金流交易服务贯穿诸多产业,可以说是位于不同层面的平台生态。更特别的是,资金流和产品流不同,它是多方向流通的——商家与消费者之间、商家与商家之间,甚至消费者与消费者之间,使用支付宝的用户可以发生更多场景应用,如互

---

① 谷虹.信息平台论——三网融合背景下信息平台的构建、运营、竞争与规制研究[M].北京:清华大学出版社,2012.

相转账、支付房租等。因此我们可以说,支付宝平台服务跨越产业边界,交叉网络效应与直接网络效应表现出既是正向的,又是强烈的。同时,消费者会因此自然抗拒多地栖息的可能性,因为使用多个支付平台可能会产生难以管理、资金分散,甚至有泄密、被盗等风险,支付宝的交易担保系统解决多方交易者之间的原生风险,得到使用者的信任。强大的口碑是在无形间消弭了用户转换的可能性,因此,在高度的网络效应与高度转换成本条件下,支付宝第三方在线支付平台也形成"赢家通吃"的局面。从 2008 年开始,支付宝一直蝉联市场份额之首,达到 50% 以上,而第二名的腾讯财付通仅拥有 20% 左右的份额[①]。图 8-4 反映的就是支付宝市场份额占有情况[②]。

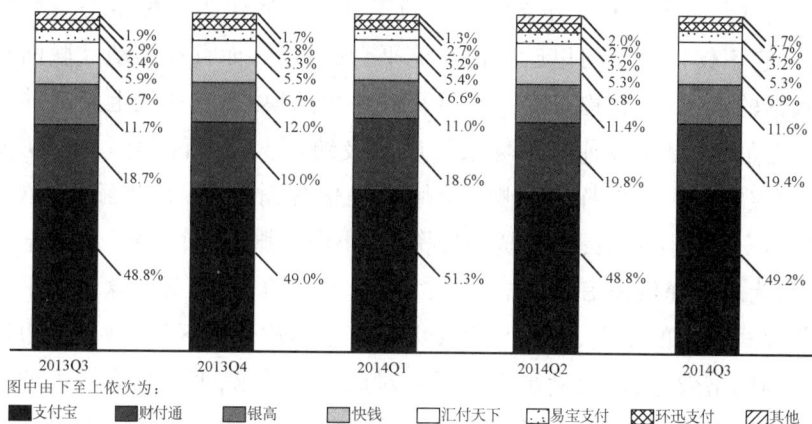

图中由下至上依次为:
■支付宝　■财付通　■银高　□快钱　□汇付天下　□易宝支付　⊠环迅支付　◿其他

图 8-4　支付宝及其他第三方支付工具市场份额柱形图

注:综合企业及专家访谈,根据艾瑞统计模型核算数据。

所以,当移动互联网时代的到来、市场又出现新的机会时,互联网巨头公司首先围绕第三方支付平台开始市场的争夺。事实也证明,支付宝除了为淘宝商家和用户提供服务外(淘宝的支付宝注册用户就已经突破 3 亿),还为国内 50 多万独立电子商务企业提供网络支付应用支持,涵盖几乎所有电子商务产业领域的应用,产生淘宝的竞争者也必须依赖支付宝的市场现象。由于支付宝成为淘宝 C2C 平台交易所产生资金流的关键一环,随着平台交易额的迅速膨胀,支付宝以零成本吸收的沉淀资

① 陈威如,余卓轩.平台战略——正在席卷全球的商业模式革命[M].北京:中信出版社,2013.

② 郝凤苓,费戈.马云最值钱的资产:蚂蚁金服在下一盘很大的棋[N].21 世纪商业评论,2014-12-30.

金规模也急剧扩大,其商业价值也凸现出来,支付宝的盈利模式呼之欲出,阿里巴巴上市筹备之时披露了 2012 年—2014 年从支付宝处获得的收益,我们可见一斑(表 8 - 11),从此,支付宝第三方交易平台的运营进入良性循环发展状态。

表 8 - 11　支付宝平台利润说明表

	2012 年	2013 年	2014 年
支付宝总税前利润	5411 万元	5.55 亿元	35 亿元
阿里巴巴在支付宝上的收益	2700 万元	2.77 亿元	17.64 亿元

注:数据根据阿里巴巴 2014 年 IPO 说明书整理计算。

支付宝已经从第三方支付平台的工具属性演化为一种生态属性的平台,它不仅伴随着阿里巴巴信息流平台的扩展,而且在移动互联网和大数据的浪潮下,它构筑出一种极具想象力的模式:它从线上交易的支付渠道角色,变成各种应用场景的广泛吸纳者。它不仅发挥支付功能(支付宝钱包),还发挥着理财(给用户提供理财产品,如余额宝、招财宝)、融资(给小商家提供小贷型融资,如小微金服和网商银行)、数据服务(将为社会提供征信等数据服务,如未来的芝麻信用)等。这正是平台商业模式存在的意义,平台与中介渠道有了本质性的区别,激发多边市场间的网络效应,借以满足不同群体对彼此的需求,就像拥有强大的吸引力的漩涡,开启多边市场间从未被发现的动能,组织起庞大而复杂的生态圈,互联网、线下商家、手机终端,都有可能是平台生态圈的业务范畴,高度的网络效应增加使用者进驻平台的效用,因此推升该平台的市场占有率,最后形成一家独霸市场的局面。

2014 年 10 月,阿里巴巴在推出支付宝应用的 10 年后,以支付宝公司为基础,整合其资金流相关平台资源,成立"蚂蚁金服"互联网金融服务企业,终于将阿里巴巴第三方支付平台做成一个"赢家通吃"的产业,主要产品和服务包括:支付宝、支付宝钱包、余额宝、招财宝、网商银行、蚂蚁小贷,基本覆盖除传统银行以外的互联网金融服务业务范围。

"蚂蚁金服"借助支付宝获得 3 亿实名用户,在钱包 1.9 亿活跃用户、日常交易 4500 万笔的前提下,"蚂蚁金服"已经将安全、移动、云、大数据的基底筑牢,足以成为一个大的平台,承载复杂的金融生态。按照蚂蚁金服的解释,通过旗下支付宝、招财宝、金融云等都不断构建开放的环境,为合作伙伴(商家、金融机构)提供更高的参与深度、更广的职责边界,使其跳出原有藩篱,形成更多创新,获取更多的毛利,同时,它们反哺蚂蚁金服用户、数据、信用资源。如此,蚂蚁金融便可不断清洗、分析、整合新旧资源,获得马太效应①。

阿里巴巴的信用认证平台则是"诚信通"。诚信通的主要功能是阿里巴巴通过向注册会员出示第三方对其的评估,以及在阿里巴巴的交易诚信记录,依托阿里巴巴平台,帮助会员获得采购方的信任。

8.2.3 整合物流完成平台整合商业模式的闭环

阿里巴巴淘宝整合资金流建立起支付宝第三方支付平台,做了平台整合商业模式中最核心最缺失的一环——建立双边市场交易和信用机制。在这套机制下,阿里巴巴淘宝平台就是要提供好公正、客观的平台服务,而商家受机制所驱使,自然会卖力销售和宣传,甚至出现各种销售的辅助包括导购、返利等,消费者用户则在机制的导引下,贡献商家评价数据,获得自己满意的商品,分工明确,让产能庞大的制造业与渴望实惠的消费者对接,让双边用户都极大地降低交易成本、提高交易效率,释放巨大的市场能量。以物流为例,阿里巴巴 2015 财年每天产生的快递包裹超过 2400 万个,其物流合作伙伴每天有 100 多万名快递物流员工在为其从事递送和运输服务②。

面对淘宝平台用户规模和业务量的急剧膨胀,以及以京东为代表的竞争对手的横空出世,阿里巴巴意识到需要整合相关的线下资源,满足消费者用户的"最后一公里"需求,完成整个平台整合商业模式的闭环——这就是物流。2010 年,阿里巴巴推出"物流宝"作为淘宝平台的物流信息调配平台,接入第三方快递、仓储信息,全面打通物流信息、交易信息和商家 ERP 系统,数据化分析追踪各地物流资源使用情况,通过API 接口的全面开放联合国内外仓储、快递、物流、软件等企业组成服务联盟,提供一站式电子商务物流配送外包服务,面向淘宝卖家提供入库、发货、上门揽件等服务,解决商家货物配备的递送的难题。

然而京东作为一家试图打破阿里巴巴一家独大市场格局的 B2C 平

---

① 小郝子. 马云未来的王牌就是它:蚂蚁金服[EB/OL]. [2014 – 10 – 17]. http://tech. si-na. com. cn/zl/post/detail/i/2014-10-17/pid_8463127. htm.

② 阿里巴巴 2015 财年年报中集团执行主席马云撰写的致股东信中所提到的数据。该年报于 2015 年 10 月 8 日披露。

台,正在奋起直追,图 8 - 5 是对阿里巴巴与京东的 2010—2016 年营业收入增长率的比较①。

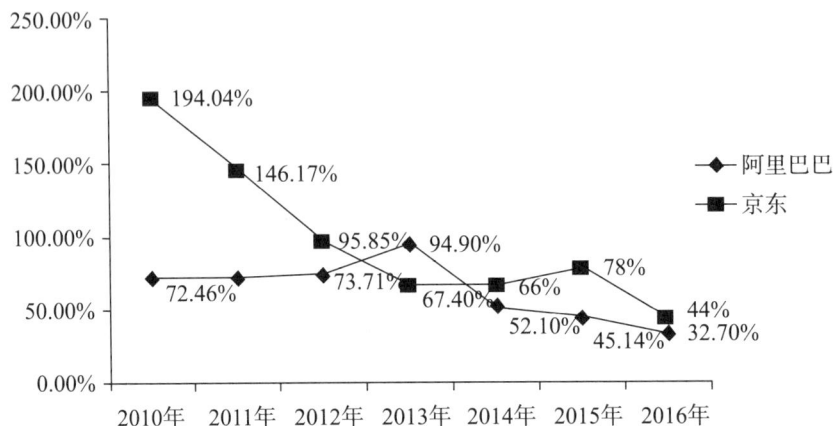

图 8 - 5　阿里巴巴与京东的年营业收入增长率的比较

注:根据阿里巴巴与京东年度财报相关数据整理。

表 8 - 12 是 2014 年排名前六位 B2C 平台市场份额一览表。京东已经牢牢占据 B2C 平台第二的位置。

表 8 - 12　排名前六位 B2C 平台市场份额一览表

排名	B2C 平台	市场份额
1	天猫	59.3%
2	京东	20.2%
3	苏宁易购	3.1%
4	唯品会	2.8%
5	国美	1.7%
6	亚马逊中国	1.5%

注:数据来源于中国电子商务研究中心。

京东与阿里巴巴在平台商业模式上最大的不同就在于物流。京东通过自有物流平台建设的长期投入使其在送达效率和规模上超越阿里巴巴。京东物流首先就是让用户感知到货真快,当天买甚至当天就能收货,这对其他平台上下单后被延迟收货的消费者用户来说是个巨大诱

---

① 贞元.从财务对比分析看京东商城的商业模式和核心竞争力[EB/OL].[2014 - 02 - 02].http://www.huxiu.com/article/27305/1.html.

惑,同时京东还能做到一日几送、节假日照送;其次,物流的规模决定交易量的空间,例如"双十一"购物狂欢节一天的交易规模阿里巴巴需要一个星期的时间来消化,那么阿里巴巴每天交易的增长空间也就有限了。以上说的就是阿里巴巴整合物流需要解决的痛点,通过更高效地利用已有的庞大基础设施和现成的多张物流网络,实现用户更好的物流体验,产生正的网络效应,释放更大的交易空间。

阿里巴巴对物流平台的整合迥异于京东,将平台定位于做物流的"路由器"和"CDN",利用大数据分析和对各个物流网络能力的了解,做好网络路由、负荷调节和物品缓存。这秉承了阿里巴巴在信息流平台、资金流平台整合的经营理念和模式,即又一次以轻资产形式进入这个重资产领域。2013 年,马云联合银泰集团、复星集团、富春集团、顺丰、申通、圆通、中通、韵达等物流行业主要企业,投资建立菜鸟网络,将阿里巴巴原有的"物流宝"平台整合进菜鸟网络,宣布开始建设"全国智能物流骨干网"(简称 CSN)。CSN 计划将所有的第三方物流和快递都接入到菜鸟网络中来,在 8—10 年内建立一张能支撑日均 300 亿网络零售额的智能物流骨干网,"让全中国任何一个地区做到 24 小时内送货必达"。该项目电商观察员晏琛认为,以"物流宝"为主体的阿里巴巴物流在内部被称作"天网",其作用主要是通过数据化分析追踪各地物流资源使用信息,而"菜鸟"则称为"地网",其作用是真正实现以数据为主宰的阿里巴巴物流管理系统与连接各大仓储的主干配送网络正式衔接①。菜鸟网络的建立,标志着阿里巴巴正式以数据平台为核心,以淘宝、天猫配送需求为纽带,开始打造以社会化分工为理念特征的物流平台。2015 年阿里巴巴年报显示,菜鸟网络在一年里帮助处理大约 100 亿个快递包裹②,初见成效。

表 8 - 13　阿里巴巴与京东物流平台相关数据比较说明

	阿里巴巴	京东
平台性质	第三方开放平台	自建自营平台 + 第三方开放平台
平台特点	重在规模(先规模后效率)	重在效率(先效率后规模)
平台优势	信息流 + 资金流	物流

---

① 阿柳. 阿里大物流与菜鸟网络合并[EB/OL]. [2013 - 09 - 04]. http://www.enkj.com/idcnews/Article/20130904/2331.
② 阿里巴巴 2015 财年年报中集团执行主席马云撰写的致股东信中所提到的数据。该年报于 2015 年 10 月 8 日披露。

续表

	阿里巴巴	京东
平台覆盖	全国范围	1300 个行政区县
物流能力	2700 万包裹/天	200 万包裹/天
人员规模	25000 人	50000 人
平台交易额	22740 亿元(2014 年度)	1000 亿元(2014 年度)
商家规模	100000 家(天猫数据)	60000 家
盈利模式	交易平台规模化收益管理	优化产业价值链要素提高供应链管理效率

注:根据相关网络信息数据整理。

8.2.4 信息流、物流和资金流的平台整合商业模式实现全平台经济

淘宝网与天猫对应于信息平台,支付宝(蚂蚁金服)对应于资金平台,物流宝(菜鸟网络)对应于物流平台,三大基础业务支撑平台让阿里巴巴的平台整合商业模式逐渐显现,如图 8 - 6 所示。

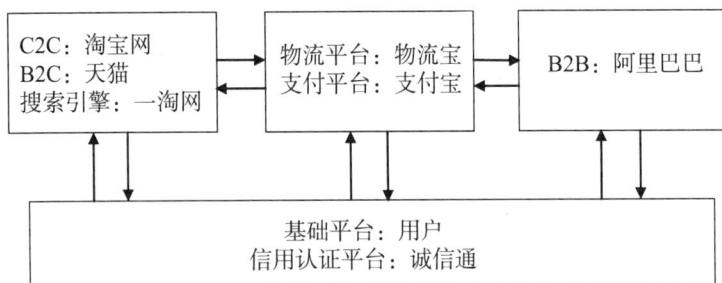

图 8 - 6 阿里巴巴平台整合商业模式示意图

淘宝网通过免费机制赢得用户,而用户规模为淘宝的收费服务的开发奠定了坚实的基础。阿里巴巴在淘宝所构建的平台商业模式的最大价值不在于增值服务,而是实现了对信息流、物流、资金流的平台整合。而信息流、物流和资金流的平台整合所构建的商业模式的意义在于实现了互联网全平台经济:基于网络即时通信和网络社会媒体应用,建立起良好的平台用户沟通机制,营造出和谐的商业环境;基于支付平台和物流平台的开发与应用,建立起基于双边用户的互联网第三方货币支付系统和一站式电子商务物流配送外包服务,实现了保障商誉的网上支付商业秩序和线上对线下的服务机制;基于网络实名信用认证平台和搜索引擎的应用,建立起双边用户信息透明的信用评价体系,尽可能地消解传

统商业经济中的信息不对称商业风险。

阿里巴巴到淘宝,从 B2B 到 C2C,再到 B2B、C2C、B2C 的延伸和整合,阿里巴巴首先通过淘宝免费策略吸引了大量卖家进入到平台,解决平台有效供给不足的问题;在成为行业领导者之后,阿里巴巴为了进一步提升有效需求,提升平台的交易质量,阿里巴巴分拆了淘宝和天猫,将重要资源投注于构建开放式平台,致力于打造一个无所不有、无所不能和无所不及的开放平台。阿里巴巴还联合卖家加大了广告、促销、品牌推广等方面的投入,持续刺激开放平台的整体参与率、活跃度和购买力,使网站流量和会员数量都得到显著提升,阿里巴巴凭借淘宝正在实现打造一站式购物、社交和资讯分享平台,业内也称阿里巴巴的平台扩张正在建立无限延展性的虚拟交易市场。截至 2015 年 3 月(阿里巴巴 2015 财年度),淘宝天猫平台在中国零售市场的交易额为 24437 亿人民币,占中国零售消费总额的 9%。基于平台的无限延展性,建立起没有地理界域的虚拟交易市场,而且随着淘宝平台的 API 的开放,第三方应用开发者可以共用整个阿里巴巴平台用户等相关数据,用户和信息这些关键资源进行共享,将成为整个阿里巴巴媒体平台的支柱之一。在这样的开放平台中,可以满足用户的无限需求,阿里巴巴也就真正实现从"平台"向"市场"概念的演进。那么这个虚拟交易市场将呈现的怎样的形态呢?

首先是信息流。这是一个以服务为中心的信息系统,开放,松散耦合,能够和外界自由进行数据通信,系统能够任意扩展,企业以及与企业相关的人员能够在世界的任何地点和任何时间接受信息系统服务,除了与物质相关的环节需要人员到企业参与外,其他所有环节全部在线实现。其次是企业的采购,直接通过阿里巴巴进行所有原材料的采购,线下的物流信息也由此系统进行交互。销售上,企业所有产品不在实体店销售,而是全部在淘宝网和天猫的互联网集市和品牌店上注册实行线上销售,由此一来,阿里巴巴通过控制网站流量和会员消费选择权的分发,对卖家形成了约束供给,从而建立以开放平台为供给者的卖方市场结构。其次是资金流,阿里巴巴凭借天猫建立优质卖家遴选机制以后,经营性现金流入能力显著提升,除卖家进场相关费用之外,在线广告和产品搜索服务、支付宝衍生金融服务均是阿里巴巴的收入来源。然后是物流和库存环节,阿里巴巴平台本身并不参与产品的买卖交易,产品供给资源由所有的第三方卖家提供,虽然阿里巴巴平台本身具有规模优势,但难以转化为单一卖家的范围经济优势,如开放平台下的快递速度不可控,就令单一卖家难以获得更大范围的网络效应优势,于是阿里巴巴通过菜鸟网络物流整合平台,实现企业采购和销售形成的物品流动全部由一个大的物流平台负责,大的物流平台不仅提供实体仓库,还提供基于SaaS(Software-as-a-Service 软件开发服务)模式的信息平台,企业可以在此平台上管理自己的原材料和产成品,企业在阿里巴巴采购材料后,指定销售方将原材料送到物流企业,然后企业在物流企业的信息平台上管理自己的材料进出。企业所有物品变动的信息全部在物流企业的 SaaS平台上反映。当企业将原材料变成产成品后,运送到最近的物流企业仓库,然后在物流企业 SaaS 平台上更新信息。最后销售部门在淘宝网和天猫上接受顾客订单,然后指示物流企业将商品配送给最终消费者,当然这个环节的业务活动全部是在物流企业的 SaaS 平台上完成。物流带来的资金流全部由支付宝的第三方支付机构完成,企业在采购,销售和物流活动中与商家和物流企业发生的费用全部通过支付宝完成,当然,企业的支付宝账户和银行的结算系统直接相连,企业可以用多余的现金流进行投资,例如将多的现金流转入第三方托管账户,进行股票投资。企业会计人员在税务申报和上交中,也全部在网上银行中完成。阿里巴巴预测,未来五年内,中国零售总额的 30% 将通过在线方式实现,中国50% 以上的消费将会通过互联网进行,阿里巴巴提供的服务会将成为企业继水,电,土地以外的第四种不可缺失的商务基础设施资源。当然,这是对理想模式的描述,在现实中,我们不难看到,这种趋势已经开始了。

2014 年 9 月,阿里巴巴正式在美国纽交所挂牌上市,上市当天,市值超过 2000 亿美元,达到 2314 亿美元,不但超越腾讯和百度,而且超越腾讯与百度两强之和;上市两个月之后,阿里巴巴的市值已经差不多是腾讯的 2 倍,是百度的 4 倍之多。虽然从市值的角度阿里巴巴在 2015 年遭遇商品信任危机而一度走低,但是它打造信息流、物流和资金流的平台整合商业模式实现全平台经济所爆发出的能量却毋庸置疑。2013 年,中国已经超越美国成为全球第一大电子商务市场,2015 年全年中国电子商务市场规模达到接近 7000 亿美元,今天的阿里巴巴已经不仅仅是淘宝、天猫,它所实现的全平台经济正在引领互联网时代媒体经济的发展趋势。

9　基于移动互联网的中国网络媒体平台化发展

2010 年,可以称为中国移动互联网元年。在国内,通信领域实现 3G 技术的商用,解决"三网融合"最后一个技术瓶颈,也解决移动互联网的带宽问题;在国外,苹果的 iOS 操作系统与谷歌的安卓系统的龙争虎斗,创造数百万款移动互联网 APP 应用,极大促进移动互联网个人智能终端应用在全球范围的普及,深度改变着信息用户习惯,同时与中国网络媒体平台化发展接轨。移动互联网,从技术逻辑的角度看,是对基于 Web2.0 互联网的平台延伸。从传统媒体时代到 Web1.0 互联网时代,海量碎片化的信息颠覆了传统的信息传播模式,实现了市场的"去中心化";从 Web1.0 到 Web2.0 时代,庞杂而混乱的网络关系通过平台实现高效的交互,平台的意义得以真正体现;从 Web2.0 到移动互联网时代,中国网络媒体平台化发展正在呈现出两大特点:一是正如本文前述所坚持的观点,即平台通过重新聚合从信息生产、传输、需求等环节分裂出来的碎片,正在进行一种"再中心化"的重构;另一个就是平台商业模式正在瓦解同质竞争这种线性关系,"平台覆盖"正在重新定义中国媒体经济平台化发展趋势。前者具化为在 PC 时代专注搜索的百度、专注社交的腾讯,以及专注电商的阿里巴巴已经成形为中国网络媒体的超级平台,在用户市场上形成"三足鼎立"之势,中国互联网媒体经济的任何发展都离不开这三家平台企业(简称 BAT);而后者则表现为平台之间的边界正在不断消融,平台之间的边界也越发模糊,正加剧为以 BAT 三家巨型平台为主导的跨平台竞争。

9.1 平台的"再中心化"重构

我们一直强调,从信息传播的角度,平台化实现了双边主体间多点对多点的高效率互动传播,无论对于产品与服务提供商还是用户来说,都获得更大的自主权。对于媒体而言,无论传统媒体还是网络新媒体,在平台化的过程中,不再拘泥于传统思维模式下的某种媒体形态,不再局限于一定的产业边界,也不再桎梏于产业链上下游地位的局限,让平台上的产品和服务应用能够自主地参与到开放的产业领域,自由的形成各种合作或交易关系,同时用户也可以低价的、便捷的从开放的平台获得无限丰富的信息产品和服务。这就是我们经常提到的"去中心化"。

随着平台双边主体规模的不断扩大,无论是应用服务、内容提供商还是最终用户,对平台的依赖将不断提高。媒体平台能够通过各种互联网途径,不间断和实时地抓取、获得、分析用户各种的消费行为和生活形态的数据信息,然后反馈给平台上的各种应用服务提供商。应用服务提供商再根据这些数据信息追踪它所圈定的目标用户,为其提供个性化的服务。平台最终实现供需无缝链接和实时匹配,这是在大众传播时代无法想象的。媒体平台化的过程,不仅控制信源和信道,而且控制大众传播无法接触到的信宿,信宿每一个个体的任何一个微小的举动,都将数据化,并进入媒体信息平台,这一过程无所不在、无时不在。这就是我们提到的平台的"再中心化"重构过程。移动互联网时代的开启,给已经在PC时代筑起信息壁垒的网络媒体平台提供了这样的契机。

9.1.1 百度平台的"再中心化"重构

PC互联网时代成就搜索引擎百度。那时的互联网的入口只有搜索引擎和浏览器,由于后者一直群雄割据,未能形成垄断的市场格局,而搜索引擎自2010年谷歌正式退出中国市场后,百度一家独大并无对手,流量尽数归于百度,百度以一个框形入口连接起一个完整的信息置换空间,搜索成功成为互联网应用入口,并凭借搜索所创造的新商业模式为企业带来持续十余年的高用户规模红利和高利润回报,快速形成需求方规模经济,从营业收入和盈利比例上早已超过世界第一的搜索引擎谷歌,成为世界上最赚钱的搜索引擎,百度由此建立起 PC 时代的媒介帝国。

然而移动互联网时代,电子商务也成为入口,社交网络也变成入口,搜索引擎在众多 APP 直达用户的新环境下,入口的优势却显得越来越弱。从表 7-6 对百度历年营业收入与利润状况数据统计中可见一斑,百度营业收入年平均增长率为 33.3%,最高增长率为 53.8%(2012年),2016 年总营业收入增长率下滑到只有 6.3%,利润增长率五年来首次负增长,为 -65.45%。其中一个主要原因就是竞争对手在移动互联市场上攻城掠寨初有战果,对百度的营业收入造成分流影响,开始对百度赖以生存的命脉——流量构成威胁[①]。

百度在移动互联网时代面临一个全新的市场环境,不仅需要继续保持在搜索业务上的领先地位,确保自身平台的核心优势在新环境下构建的需求方规模经济,而且为了应对平台"再中心化"的激烈竞争,百度需要在移动用户端的发力不拘泥于搜索业务,采取四面出击、遍地开花的方式,进行百度媒体平台的"再中心化"重构过程。

9.1.1.1　百度"云"战略

2012 年,百度在年度财报中,首提"PC 互联网向移动互联网的转型"。这一年,移动互联网应用市场已经如火如荼,例如腾讯微信,在不到两年的时间里,2012 年年底用户规模发展接近 3 亿。百度基于移动互联网尚未体现其商业价值的认识,没有在第一时间启动移动互联市场的布局,而是将精力放在基于移动互联网的云平台基础设施的开发与建设上。2012 年仅一年时间技术创新和研发投入达到 23.05 亿元,比 2011年增长 72.7%,创历史新高[②]。在 2012 年 6 月百度联盟峰会上,CEO 李彦宏表示,移动终端计算能力的不足将被"云计算"所弥补[③],进一步强调百度迈向移动互联网的第一步:技术"云"战略。

百度云平台不再提以搜索为核心,而是通过聚合主流云应用的方

---

① 流量的价值直接体现于百度的网络营销收入(广告收入)上。百度的整体营业收入基本来自网络营销收入,据其年报公布的数据,2010 年以来百度年度网络营销收入占整体营业收入的比例均在 99% 以上,其中 2011 年百度网络营销收入占比高达 99.9%,2013 年百度网络营销收入占比也达到 99.5%。

② 数据来源为百度所公布的 2012 年度财报。

③ 毕夫.李彦宏:让百度成为全球最大的媒体平台[J].沪港经济,2012(8).

式,并向开发者开放 API,帮助用户把个人数据集中存储,打破以往的信息"孤岛",让用户在任何应用和设备中都可随时随地连接到远方的计算机数据中心,使用自己的数据信息,获取自己所需要的产品和服务,解决用户数据分散于各个应用或设备本地空间,信息和数据不能实现同步和共享,用户访问起来不方便,难于管理等问题。这个平台对外开放百度的相关资源,不再涉及具体应用的开发,而是为开发者提供服务,利用搜索技术和流量等优势为第三方数据提供商搭建支撑平台,实现"资源集中于云上、技术实现于云上、用户聚合于云上"的媒体平台云解决方案。

9.1.1.2 百度"轻应用"

百度在 PC 时代尝到搜索引擎作为互联网入口所带来的庞大的需求方规模经济的甜头,深知移动端入口对于抢占移动互联市场的重要性。但是对移动互联网商业价值的判断,使其在市场布局方面起步时就落后于竞争对手,而且由于移动端被 APP 占据用户太多的时间,同时很多 APP 数据封闭并不开放,搜索的客观性和权威性受到挑战,使得搜索营销价值被快速削弱,于是 2013 年起百度决定奋起直追,正式开启移动互联战略。而首先需要解决的就是移动端入口的问题,打破 APP 各种应用对搜索应用的围追堵截。

2013 年,百度收购 91 无线,解决移动互联网应用分发问题,相当于复制在 PC 时代流量分发模式。对于百度来说,收购 91 无线固然是为了抢夺移动互联网的应用分发入口,更重要的是提高百度对于开发者运营的能力以及流量变现能力,从而打通全产品线的前向收费业务。百度看重的不只是 91 手机助手、安卓市场这两个移动分发平台,而且包括 91 无线的开发者资源以及流量变现能力,与自身的云平台无缝对接。当然,对于用户而言,百度 91 移动分发平台其实是 APP 应用市场的一个出口,平台派发的 APP 越多,用户装的 APP 就越多,用户手机上网的入口就越分散。所以这实质上是解决移动互联网环境下百度媒体平台双边市场的一边用户,即开发者的多样性供给问题。一边用户问题的解决,加上 91 移动平台本身的商业变现能力,以及百度手机助手具备的移动安全体系和支付平台"百付宝",百度就彻底打通移动应用平台前向收费的业务链,同时百度在包括云存储、游戏、阅读、音乐、视频等垂直领域多角度发力,为开拓基于前向收费模式的有着巨大想象空间的增量市场做好准备①。2013 年,百度收购 PPS 与旗下视频网站爱奇艺合并就是其中的典型案例。

对应地,在百度移动互联平台双边市场的另一边,百度力推"轻应用"打造移动搜索成为百度移动互联网的入口级产品。对于"轻应用",百度的解释是:无须下载、即搜即用的全功能 APP,基于搜索的检索与智能分发特性,解决了移动用户需求与开发者对接的问题。比较于 Native APP②,"轻应用"最大的特性在于移动用户不用下载各式各样的应用,只要搜索到就能立刻使用。这对于用户来说,无疑非常重要,因为用户的手机存储空间有限,大部分用户装了十几个应用后,就会发现手机运行速度减慢、存储空间不够等问题,不得不选择卸载部分 APP。但有了轻应用后,用户想用多少就用多少,完全不占手机存储空间。百度李明远解释为"轻应用既不是一系列工具,也不是一个产品,而是一个机制,能把移动搜索海量的长尾需求分发给开发者,同时为用户创造搜索即服务一整套完整的优质体验"③。简而言之,用户无须其他 APP,只需进入百度的移动搜索页面,百度媒体平台通过智能分发把用户的需求跟开发者的应用产品和服务进行对接,解决用户长尾需求,最后当用户订阅了轻应用之后,双方也就形成牢固的双向关系,这样百度就形成相对稳定的基于移动互联网的双边市场,充分发挥出平台的长尾效应,使其继续在移动互联领域保持搜索老大的地位。图 9 - 1 所显示的 2013—2016 年百度在中国移动搜索市场份额的数据,说明百度已经成功做到了这一点。

9.1.1.3 百度"O2O"布局

进入移动互联时代之后,用户需求已不再仅仅停留于信息需求,而是迅速切换为服务需求,线上的信息服务开始延伸到线下服务,才能闭环。特别是 2014 年以后,互联网开始全面挑战传统产业,传统产业整体面临互联网改造,2015 年国家所提出的"互联网 +"正是基于这样的背景。而对于媒体平台化发展而言,"O2O"成为应对竞争、保持竞争优势的不二选择。百度与 BAT 其他两家平台相比,在移动互联网水平上的落

---

① 所谓前向收费,是指向终端用户收费,比如文库的付费下载、音乐的付费下载、会员包月等收费形式。而传统的向广告主收取广告费,就是所谓后向收费。

② 也叫本地 APP,基于智能手机本地操作系统如 iOS、Android、WP 并使用原生程式编写运行的第三方应用程序。

③ 付云.百度移动战略拼图[J].经理人,2013(11).

差逐渐加大,在 2014 年阿里巴巴上市之时,百度以其不到 800 亿美元的市值远远落后于腾讯 1800 亿美元、阿里 2400 亿美元。百度在"O2O"布局方面尤显紧迫。百度也因此提出从"连接人与信息"到"连接人与服务"的战略转型①。

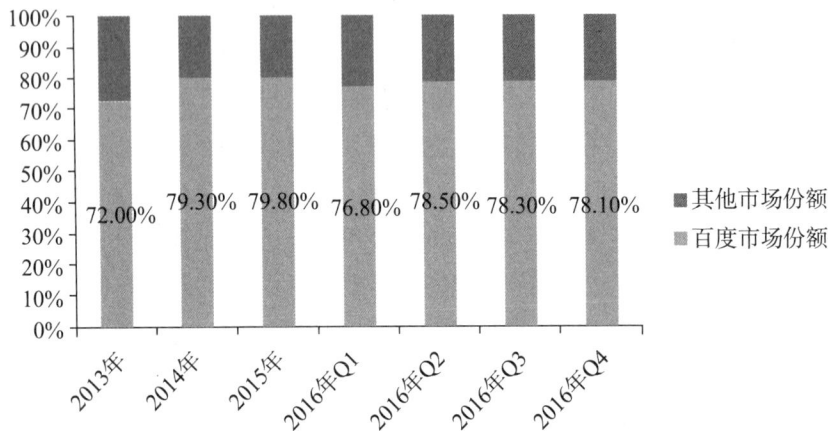

图 9 - 1　2013—2016 年百度在中国移动搜索市场份额

注:数据根据百度 2013 年、2014 年、2015 度财报和 2016 年季报整理,Q1、Q2、Q3、Q4 分别为第一季度、第二季度、第三季度、第四季度,下同。

百度媒体平台在 2008 年上线了百度地图,就开始对 O2O 的布局;2009 年 8 月,百度和《新京报》合作组建北京本地生活服务平台京探网;2010 年 10 月,百度有啊生活频道测试版上线;2011 年 4 月,百度有啊转型为本地生活服务平台,同年 12 月百度把有啊分拆独立运营,改名爱乐活;2012 年 3 月,百度联合投资机构创建的爱乐活新版正式上线;2012 年 9 月,百度地图正式向本地生活服务转型,紧接着 10 月,百度宣布分拆地图业务,成立 LBS(基于地理位置的信息服务)事业部。整体来说,移动互联网之前的百度 O2O 布局虽然较广,但成效一般。2013 年 2 月,百度曾上线自营团购业务,但由于效果一般很快关闭;紧接着 3 月,发展受挫的爱乐活也转型电商导购网站,见表 9 - 1。

①　该百度战略转型目标在 2014 年 9 月的百度 2014 世界大会上首次提出,随后百度 CEO 李彦宏在不同的场合都有提到,如 2015 年 6 月,见《李彦宏谈百度转型:从连接人与信息到连接人与服务》。

表 9 - 1 百度在 PC 端的百度"O2O"布局

时间	进程
2008 年	百度地图上线
2009 年 8 月	百度联合《新京报》组建北京本地生活服务平台京探网
2010 年 6 月	百度 hao123 上线团购导航
2010 年 10 月	百度有啊推出生活频道测试版
2011 年 4 月	百度有啊转型生活服务平台
2011 年 11 月	有啊生活服务平台改名爱乐活,分拆独立运营
2012 年 3 月	爱乐活新版正式上线
2012 年 9 月	百度地图向本地生活服务转型
2012 年 10 月	百度拆分地图业务,成立 LBS 事业部
2013 年 2 月	百度自建团购业务上线,但很快关闭
2013 年 3 月	爱乐活转型电商导购网站

注:数据根据相关网络信息整理。

不过,LBS 应用开发使百度地图慢慢从单一的出行工具升级成为一个为用户提供生活服务的入口,为百度进军移动互联网"O2O"打下基础。2014 年,百度基于移动互联网的"O2O"布局逐渐形成,搜索、分发、地图共同组合成百度移动端的入口,在此基础上做好垂直应用的标准,相关的具体应用,一些自己有基础的项目就自己做,而业内合适的创业公司可以去收购或者入股,只要这些产品能够与百度对接,在百度的大生态体系内生存就可以。以 2011 年百度投资去哪儿网成为其最大股东为例,去哪儿网得到百度的搜索流量支持,同时又完成百度在机票、酒店、旅游方面的 O2O 布局。百度可以通过去哪儿网连接到足够多的服务。

2014 年,百度推出"直达号"产品,专为传统产业向移动互联网转型提供解决方案,启动建立百度媒体平台"O2O"完整的产业链,形成自己在移动互联网上的独家入口。2014 年,百度移动流量首次超过 PC,到年底移动搜索收入已超过 PC,移动营业收入占比总营业收入已达 42%;2015 年一季度,移动营业收入占比总营业收入超过 50%,转型成为名副其实的移动公司。见图 9 - 2 对百度 2013—2015 年移动营业收入占比变化统计。

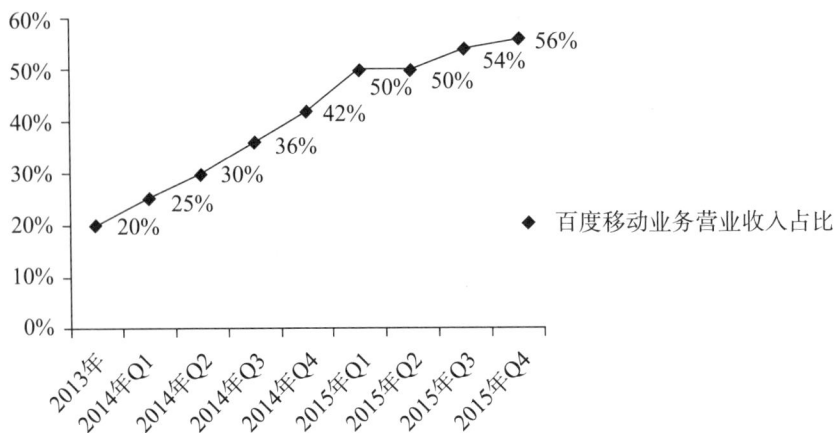

图 9 - 2　百度 2013—2015 年移动营业收入占比变化

注:数据根据百度 2013 年度财报、2014—2015 年季报整理。百度在 2013 年度财报中,首次将移动营业收入作为重要指标体现于报告当中。

截至 2015 年,百度的 O2O 产品和应用已经覆盖基于地图的包括餐饮、电影院、KTV、团购、外卖、优惠券等服务,在高频应用方面产生较有市场影响力的百度外卖、百度糯米、百度电影等生活服务类应用,在低频应用领域覆盖百度医疗、百度房产、百度教育、智客网、去哪儿网旅游,出行行业的 Uber 及各类拼车软件等重要行业领域,利用 UGC 和 BGC 方式共建 LBS 生态圈。百度也由过去主要面向开发者、面向有众多应用分发平台可选择的创业者的受众制造型技术平台,转变为面对终端用户需求的市场制造型产品平台。

表 9 - 2　百度 2014—2015 年 O2O 布局

并购时间	方式	并购合作对象	对象特点
2014 年 1 月	收购	糯米网	团购网站
2014 年 1 月	合作	京东	电商平台
2014 年 4 月	投资	猎豹移动	移动互联网安全
2014 年 4 月	自创	百度钱包	支付业务品牌
2014 年 6 月	合作	万科	房地产
2014 年 7 月	自创	百度贴吧企业平台	网络社区产品
2014 年 8 月	投资	万达电商	电商平台
2014 年 9 月	合作	广发银行	银行

并购时间	方式	并购合作对象	对象特点
2014 年 9 月	自创	百度直达号	移动互联网生态链企业平台
2014 年 11 月	投资	爱奇艺	在线视频网站
2014 年 12 月	投资	UBER	交通出行
2014 年 12 月	自创	百度文库	百度平台战略
2015 年 1 月	投资	宜人贷	互联网金融
2015 年 1 月	投资	我买网	电子商务
2015 年 1 月	投资	美味不用等	餐饮
2015 年 2 月	投资	健康之路	医疗健康
2015 年 3 月	投资	优信二手车	生活服务
2015 年 3 月	投资	51 用车	用车及拼车服务
2015 年 4 月	投资	天天用车	用车及拼车服务
2015 年 4 月	投资	客如云	餐饮
2015 年 6 月	投资	百川快线	电子商务
2015 年 6 月	投资	星美控股	泛娱乐
2015 年 6 月	投资	百姓网	分类信息
2015 年 7 月	投资	e 袋洗	生活服务
2015 年 9 月	投资	蜜芽宝贝	电子商务
2015 年 9 月	投资	趣医院	医疗健康
2015 年 9 月	拆分	百度外卖	餐饮
2015 年 9 月	自创	度秘	智能私人秘书工具
2015 年 10 月	控股	携程、去哪儿网	在线旅游平台
2015 年 11 月	合作	中信银行	百信银行

注:根据相关网络信息整理。

9.1.2 腾讯平台的"再中心化"重构

腾讯 2011 年推出微信产品,在很短时间内形成几亿用户规模,已经成为一个功能强大的"超级 APP"移动互联网的入口,使腾讯赢得移动互联网市场先机,百度 CEO 李彦宏因此曾坦言:"像这种起来的特别快、用户数目也非常大、黏性非常高的产品,会不会对我的业务产生实质性的威胁。答案是 depends,就是有可能。"①微信凭借庞大的基础用户规模,正在演变为一个基于移动互联网的具有无限延展性的巨型媒体平台,微信平台如同PC 时代的 QQ 平台一样,在平台化过程进行"再中心化"重构。

9.1.2.1　微信 vs QQ

微信平台在"再中心化"重构的进程中,首先遇到的竞争对手是来自内部体系的 QQ 平台。QQ 创造腾讯在 PC 时代的媒体平台化发展传奇,并且在基础应用方面,先于微信诞生出"手机 QQ"和"手机 QQ 空间"产品,将 PC 端的 QQ 复制到移动端,实现在移动端的即时通讯功能。微信的横空出世,似乎在移动端和手机 QQ 发生了重叠。但是手机 QQ 产品的理念过多依赖于 PC 时代的经验,并没有很好的契合到移动互联时代的用户体验,而微信从一开始就做到了这一点。

首先是即时通讯功能的有效结合。微信增加语音对讲功能,与手机结合后,让一个并不先进的技术,却在新的应用场景里契合到用户的需求。最重要的是,微信的语音对讲功能比较实时,对方可以很快收到,而且可以很快回应,当对方不方便及时接电话的时候,不至于感到有压迫感,于是微信从某种程度上替代电话的功能,同时优化沟通体验。在移动互联网刚刚兴起的时候,并没有更多的信息内容损耗用户的流量,而语音对讲仅仅只需要损耗不多流量,就可以满足电话的需求,从经济的角度,为用户省下不少电话通信费和短信费用,微信成为目前最为节省流量的移动社交媒体平台之一,表 9 - 3 反映的是微信各类消费流量②。这样的功能为微信平台迅速积累起庞大的用户规模。

表 9 - 3　微信各类消费类型流量说明

消费类型	流量大小
语音流量	0.9—1.2KB/秒
文字流量	1MB 可发约 1000 条文字信息
图片流量	根据原图质量压缩至 50—200KB/张
视频流量	根据原视频质量压缩 1.2—1.8MB/分钟
上传通讯录	2KB/100 人
图片缩略图、视频缩略图	3—5KB/张

---

① 信海光. 当李彦宏被问到是否担心微信时,他如是答道:当然担心……[EB/OL].[2014 - 09 - 02]. https://news.cnblogs.com/n/502903/.

② 郭禹汐. 微信"朋友圈"研究[D]. 北京:北京邮电大学,2015.

其次是通讯录的匹配。通讯录的匹配功能凸显了微信平台"强关系"用户关系特点,真正实现对 QQ 平台的超越。不仅原有的 QQ 好友可以导入微信平台,而且用户自己手机通讯录中的联系人信息也能够自动导入微信平台,当用户输入新的手机联系人信息时,微信会自动提示用户加对方为微信好友。微信以熟人社交的私密性打破虚拟空间里的陌生人社交这一规则,在移动社交领域异军突起。另外,在这个人人都渴望隐私得到保护的时代,一度人脉(朋友圈)要比二度人脉(QQ)更值得信任和交流;再次朋友圈之间的互动基本上没有广告、垃圾信息等骚扰;最后,在营销传播上,只要有朋友接龙,它就可以无限制地传播下去,与手机联系人的独特链接使得用户对微信产生更高的信任感和依赖性,熟人比陌生人更容易提高用户黏性,这是 QQ 平台难以做到的。

最后是微信支付功能的实现。微信支付功能让平台的无限延伸性再一次得到张大,让用户的参与感得到增强。虽然打开手机 QQ 能找到腾讯所有的产品,如社交、游戏、购物、视频、音乐、新闻等,借助移动互联网时代的春风,诸如此类的产品层出不穷,试图重新瓜分新兴市场,QQ 并不占据绝对的优势,而微信支付功能的实现,让既有用户的参与感陡然增强,特别是顺势而来的微信红包应用,让用户欣喜若狂,疯狂争抢,然后是争相模仿,飞入寻常人家。2014 年,微信通过"红包"仅 2 天微信绑定个人银行卡 2 亿张,2014 年红包诞生的第一个春节,从除夕到初八 800 多万中国人共领取 4000 万个红包。快速的产品渗透让微信具有变现的能力[①]。用户在微信红包上找到其平台的存在感,接着微信趁热打铁,在微信支付基础功能上增添了微信钱包、转账、面对面收款、刷卡、卡包等一系列基于用户与用户之间的在线服务。强烈的参与感极大地提高用户的黏性。除此之外,一些第三方服务商微盟、口袋通等借助于微信公众平台玩起众筹,通过众筹的方式帮助商家们在微信上做生意。反观 QQ,很少在怎么激活用户上下功夫,见图 9 - 3[②]。

---

① 刘思婷. 微信的网络经济学分析[J]. 商场现代化,2014(3).

② BAT2014 年度财报解读:腾讯营业收入利最高 阿里市值最高[EB/OL]. [2015 - 03 - 31]. http://www.askci.com/news/chanye/2015/03/20/20930atda.shtml.

腾讯产品同比增长率

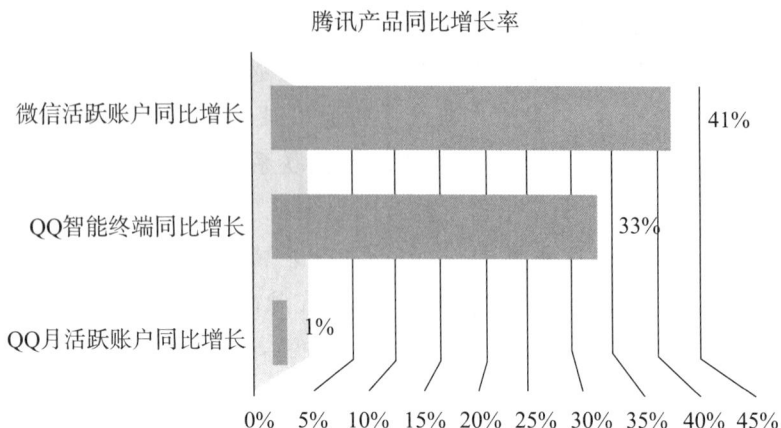

图 9 - 3　2014 年微信与 QQ 平台用户增长对比图

　　微信的社交媒体属性不再是一款单纯的社交工具,更多承载的是人与人、人与事、人与物之间的连接和相互协作和沟通,陌生人变成朋友,朋友变成粉丝,粉丝变成客户,客户变成商家循环往复之中。而在此过程中,参与感是最重要的发动力,没有这个发动力,一切将会以失败而告终。2016 年,微信以 8.89 亿用户量正式超越 QQ 的 8.685 亿用户规模,成为名副其实的腾讯第一大平台和底层基础①。

9.1.2.2　微信 vs 微博

　　2014 年 7 月,腾讯解散其微博事业群②。微博作为网络社交媒体平台,诞生于 PC 时代,而同样具备浓重社交概念属性的媒体平台微信,一开始就是移动互联网时代的产品,本研究把微信定义为一种新的基于移动互联网的社会化媒体形态。本研究在前文对微信和微博两个出生于不同时代的社交网络媒体平台做了比较,两者最显著的差异在于,微信同其他社会化新媒体相比,最大创新点就在于它对人们的社交网络做出一个重要拓展——从原有的"弱关系链接网"向基于手机通讯录的"强关系链接网"转变。

　　2010 年,微博作为新媒体平台形态,发展得如火如荼,腾讯也推出自己的腾讯微博产品参与市场竞争。当时腾讯担心新浪微博作为社交产品会抢走 QQ 的用户,不得不推出微博业务,但是事实证明一年多以后,

---

① 解析腾讯公布 2016 年报:翻转支付宝、翻转自己[EB/OL].[2017 - 03 - 22]. http://chuansong. me/n/1695611152123.

② 文捷.腾讯:"深耕"移动互联[J].中国品牌,2014(9).

微信在手机端的崛起抹去了腾讯当初的担忧,更多的用户迁移到微信上,贡献了极高的活跃度。有了微信和原来的手机 QQ,腾讯在微博方面的势微,也就显得无足轻重。

随着腾讯、搜狐、网易纷纷撤出微博市场,新浪微博成为整个微博市场的一枝独秀,甚至腾讯于 2014 年 3 月在新浪微博上开通自己的微博。然而,正当新浪微博一统微博市场、进行艰难的盈利破冰之时,微信横空出世,以迅雷不及掩耳之势抢夺着移动互联网用户,用户时间瞬间成为稀缺资源,新浪微博虽为一家独大之微博,但面对来自微信的外部竞争,顿时黯然失色。虽然两者不是替换关系,但是用户时间的稀缺性使两者必须直面竞争。

除了用户时间稀缺性因素外,微博在传播机制和用户黏性上存在先天的缺陷。微博的传播原理就是通过不长于 140 字的内容简要的发布新闻、传播信息,或者仅是发表实时的心情或感慨。具备传统传播色彩的微博,140 个字的限制面对微信公众平台作为阅读平台则引入深度阅读成分,且由于基于熟人关系的朋友圈的传播力,在后来的发展中显得捉襟见肘,出现内容荒①,连微博的鼻祖 Twitter 在 2016 年 1 月宣布取消这一传播上的限制以促进其平台用户规模的增长。新浪微博紧随其后,也宣布了 2 月份正式对微博全部用户取消信息字数的限制②。

另外就是终极问题即用户体验。自从微信添加"朋友圈"功能后,用户开始大量使用"朋友圈"。微信"朋友圈"是一个具有强联系社交属性的人际圈子,而微信"朋友圈"中的互动也有别于现实生活基于语言和身体符号的互动模式,而是利用工具性软件转化为一个个语段和文字和拟人化的卡通表情图像,相比较现实社交圈子微信"朋友圈"更加强了圈子的私密性以及多样易得性③。用户从朋友圈上体验到私密社交,这与微博彰显出的公开社交相比,更有新鲜感和个人存在参与感。用户在朋友圈里传递信息,可以设置公开的权限,保持一个私密社交的"圈子"。而且没有内容量的限制,用户在朋友圈发图、发帖的量远远超过微博,进一步增强了用户的黏性。

---

① 随心. Twitter 拟取消 140 字限制 微博会跟进吗?[EB/OL]. [2016 - 01 - 06]. http://app. techweb. com. cn/android/2016-01-06/2253240. shtml.
② 彭丽慧. Twitter 取消 140 字限制后,微博也要这样了[EB/OL]. [2016 - 01 - 20]. http://tech. 163. com/16/0120/14/BDPFS48300094OE0. html.
③ 郭禹汐. 微信"朋友圈"研究[D]. 北京:北京邮电大学,2015.

9.1.2.3 腾讯"O2O+电商"布局

腾讯在确定"一站式在线生活平台"战略目标后,就开始在"O2O"模式上发力。2008年QQ平台上线"QQ电影票",正式开始涉足本地线下生活服务领域;2010年,QQ平台推出"QQ美食"加大对本地生活服务O2O市场的投入力度;2011年,腾讯投资团购网站高朋网和F团,总投资金额超过1亿美元,拟借助互联网应用风口进一步推进O2O市场布局;2012年,腾讯凭借微信平台迅猛发展势头推出微信会员卡,大力吸引包括本地生活服务商户在内的线下商家入驻;同时通过微信平台联合高朋网推出微团购,并计划逐步和财付通打通以形成O2O的闭环;2013年1月,互联网团购风潮渐退,F团、高朋网和QQ团正式合并,新高朋网成为统一品牌,腾讯在团购业务上并没有取得理想战绩,O2O市场布局重心转至微信平台,准备凭借微信平台在移动互联网的强势,整合移动支付平台和搜搜地图,继续参与O2O市场竞争;2014年,腾讯成立微信事业群(WXG),撤销腾讯电商控股公司(2012年组建),将其中的O2O业务并入微信事业群,重新在移动互联网上继续发力O2O模式,2014年腾讯微信平台与旗下投资公司滴滴打车达成战略合作,开启微信支付打车费"补贴"营销活动,开始腾讯在基于移动互联网O2O模式上新的大投入。

表9-4 腾讯在PC端的O2O布局

时间	进程
2008年	腾讯上线QQ电影票
2009年1月	腾讯投资本地生活服务搜索网站爱帮网
2010年9月	腾讯搜搜地图上线
2010年10月	腾讯推出点评类网站QQ美食
2011年	腾讯投资高朋网和F团
2011年11月	微信新增二维码功能
2012年5月	腾讯微生活上线
2012年6月	微信推出"微生活"会员卡
2012年11月	腾讯收购餐饮CRM企业通卡
2012年12月	腾讯联合高朋网推出微团购,并逐步将财付通和微信全面打通
2014年	腾讯宣布成立微信事业群(WXG),撤销2012年组建的腾讯电商控股公司,其中的O2O业务并入微信事业群,实物电商业务并入京东

时间	进程
2014 年 1 月	腾讯微信平台与旗下投资公司滴滴打车达成战略合作,开启微信支付打车费"补贴"营销活动

注:根据相关网络信息整理。

腾讯在 QQ 平台之外,再建具有高用户黏度的微信平台,试图围绕微信平台实施"一站式在线生活平台"在移动互联网的 O2O 战略布局。腾讯意识到,"一站式在线生活平台"在移动互联网环境中,必须与线下资源对接才能产生实际收益。腾讯投资滴滴打车,是腾讯首次整合外部 O2O 资源嫁接于微信平台,同时也引发了"滴滴打车"与阿里巴巴所投资的"快的打车"两家打车软件企业在用户市场争夺的"应用补贴"烧钱大战,从 2014 年年初到 3 月份,短短三个月不到时间,双方投入十几亿资金用于"用户补贴"①,让人们第一次感受到移动互联网用户双边市场争夺的惨烈,也引发了各界对移动互联网环境中平台化发展模式的更强关注。

也是 2014 年年初,腾讯首次推出"微信红包"产品,马上就在当时的春节期间掀起了"红包热潮",微信红包产品意图很明显,旨在培养用户的移动互联网的支付习惯,腾讯对滴滴快车巨资投入营造和培养一个支付场景与此相辅相成。由此可见,腾讯在移动互联网的 O2O 战略布局上对支付环节的重视。与 PC 时代比较,支付环节中阿里巴巴的支付宝一家独大,移动互联网时代的到来,给了腾讯这样的机会。当然,为了实现基于移动互联网的"一站式在线生活平台"O2O 战略布局,支付环节必不可少。2015 年春节,腾讯与春晚合作,在除夕之夜上演"微信红包摇一摇"的营销大作,将其在支付环节上的市场争夺推向高潮,让互联网支付环节老大阿里巴巴也一度紧张应对。

在支付环节上的平台战略布局只是一个环节,圈用户的腾讯为了实现基于移动互联网的"一站式在线生活平台"战略目标,帮助用户在自己的生态下达成一站式服务,电子商务成为腾讯 O2O 模式下平台发展必须延展的业务领域。

2014 年 1 月,腾讯通过收购成为物流公司华南城的股东(2016 年持股比例增至 13%),腾讯与华南城在电子商务、仓储物流等领域展开合作,推

---

① 张少杰,刘凡. 打车软件:烧钱闯"江湖"[N]. 南方都市报,2014 - 03 - 26.

动华南城与腾讯电商业务在仓储物流设施规划上的协同合作,腾讯将通过华南城的仓储物流系统获得完善的供应链管理体系①,这意味着拥有线上资源的腾讯,利用华南城的线下资源布局电商的关键环节——物流。

2014 年 2 月,腾讯以认购新股的方式占股约 20% 投资大众点评网,大众点评网拥有近 2300 个城市的线下商户数据,腾讯可以借此数据构建微信支付在线下的使用场景,使腾讯真正落地生活服务电商市场,大众点评作为第一批进入微信的第三方服务,其在进入微信后,微信支付所带来的交易额增长了 7 倍,微信用户使用数增长了 5 倍②。

2014 年 3 月,腾讯正式宣布与京东建立战略合作伙伴关系。腾讯将通过向京东出资 2.14 亿美元(约合 13.13 亿元人民币),并置入旗下大部分电商资产,获得京东 15% 的股权;而京东将获得腾讯 B2C 平台 QQ 网购和 C2C 平台拍拍网的 100% 权益、物流人员和资产,以及易迅网的少数股权和购买易迅网剩余股权的权利;腾讯还将向京东提供微信和手机 QQ 客户端的一级入口位置及其他主要平台的支持,双方还将在在线支付服务方面进行合作③。2015 年 10 月,腾讯与京东共同宣布推出全新战略合作项目——京腾计划,通过深度整合双方优势资源,共同向品牌商家提供一套有效建立品牌、提升营销效果和顾客体验的完整解决方案,打造"互联网 +"时代的电子商务新模式,助力商家"互联网 +"转型,计划目标打造名为"品商"(Brand-Commerce)的创新模式生意平台④。

2014 年,腾讯通过几次重要的投资、并购、合作,完成"O2O + 电商"的几个关键环节的布局,也意味着互联网媒体经济又出现一个覆盖 B2C、C2C、微信平台、物流的全平台,与凭借"淘宝 + 天猫 + 支付宝"在电商领域一家独大地位的阿里巴巴相抗衡成为可能。2014 年腾讯营业收入和净利润分别为 789.32 亿元和 238.16 亿元人民币,在 BAT 三家企业中位居榜首⑤,见图 9 - 4。

---

① 梁辰.腾讯入股华南城 物流领域挑战阿里巴巴[EB/OL].[2014 - 01 - 16].http://tech. qq.com/a/20140116/008019.htm.
② 卞海峰.腾讯与大众点评在一起将重写 O2O 格局[EB/OL].[2014 - 02 - 19].http:// tech.qq.com/a/20140219/007002.htm.
③ 腾讯与京东达成战略合作[EB/OL].[2014 - 03 - 10].http://tech.qq.com/zt2014/tencentjd/.
④ 腾讯京东发布京腾计划 强强资源打造"品商"平台[EB/OL].[2015 - 10 - 17].http:// tech.qq.com/a/20151017/017157.htm.
⑤ BAT2014 年度财报解读:腾讯营业收入利最高 阿里市值最高[EB/OL].[2015 - 03 - 31].http://www.askci.com/news/chanye/2015/03/20/20930atda.shtml.

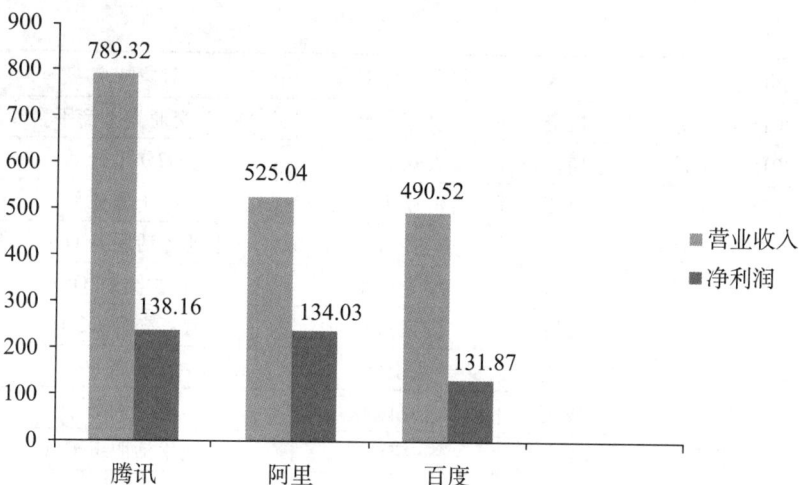

图 9 - 4 BAT2014 年营业收入与净利润比较图

注:数据来源于 BAT2014 年度财报。

2015 年,腾讯继续通过资本市场打造自己的移动互联的"O2O + 电商"平台布局,围绕支付核心,一端投资物流、货运等基础环节,另一端则继续投资垂直类电商和 O2O 品类。2015 年共投资合作 95 家企业,投资总额为 55 亿美元,其中国内 O2O 和电商企业有 25 家,占比达到 26%,投资金额占比达到 43%,见表 9 - 5①。

表 9 - 5 2015 年腾讯投资的国内主要 O2O、电商企业一览表

并购时间	方式	并购合作对象	对象特点
2015 年 1 月	投资	宽途汽车	汽车交通 O2O
2015 年 1 月	投资	每日优鲜	电子商务
2015 年 1 月	投资	回收宝	电子商务
2015 年 1 月	投资	城觅网	O2O
2015 年 1 月	投资	零号线	O2O
2015 年 1 月	投资	饿了么	本地生活服务 O2O
2015 年 2 月	投资	最美花开	电子商务
2015 年 2 月	投资	车生活	汽车交通 O2O
2015 年 3 月	投资	刚泰控股	电子商务

---

① IT 桔子. 2015 年 BAT 三巨头盘点之腾讯帝国[EB/OL]. [2016 - 02 - 06]. https://itju-zi. com/2015.

续表

并购时间	方式	并购合作对象	对象特点
2015 年 3 月	投资	易车商城	汽车交通类电商平台
2015 年 4 月	追加投资	大众点评	O2O 平台
2015 年 5 月	投资	汇通天下	电子商务
2015 年 6 月	投资	美家帮	本地生活服务 O2O
2015 年 6 月	投资	悠先点菜	餐饮类 O2O
2015 年 6 月	投资	蔚来汽车	汽车交通 O2O
2015 年 7 月	自创	买卖宝	电子商务
2015 年 7 月	投资	美克国际	电子商务
2015 年 7 月	投资	e 家洁	本地生活服务 O2O
2015 年 7 月	投资	Magic wifi	O2O
2015 年 7 月	投资	和谐富腾	汽车交通 O2O
2015 年 8 月	自创	物流 QQ 货车帮	电子商务
2015 年 8 月	追加投资	滴滴出行	汽车交通 O2O
2015 年 8 月	投资	人人车	汽车交通类垂直电商
2015 年 8 月	投资	修车易	汽车交通 O2O
2015 年 9 月	投资	天天拍车	汽车交通类垂直电商

注:数据来源于 IT 桔子《2015 年度中国互联网创业投资盘点》。

腾讯平台的"再中心化"重构过程,是对既有平台的颠覆再造过程,正如腾讯 CEO 马化腾所言,移动互联网不只是延伸,而是颠覆,所幸的是微信平台是自身的颠覆,而不是来自外部的其他企业,否则腾讯就会面临生存危机①。

9.1.3 阿里巴巴平台的"再中心化"重构

在 PC 时代,阿里巴巴所构建的 B2B、C2C、B2C 平台模式一直以来关注于交易本身,商业味浓厚,所以它是与我们媒体经济本身属性距离最远的一个网络媒体平台,所以在以往的媒体经济研究中,一般没有把阿里巴巴及相关平台纳入研究的视域。而随着移动互联网时代的到来,阿里巴巴平台的"再中心化"重构,却越来越具有媒体特点,并使既有的交易属性更为丰满、扎实。

---

① 马化腾 13 年十大总结:移动互联网是一场巨大的颠覆[N].电商报,2014 - 02 - 17.

9.1.3.1 去"商业化"的大数据资源布局

2014年9月,阿里巴巴在纽交所挂牌上市后,虽然市值一度突破3000亿美元,但是在2015年遭遇商业信任危机而一路走低,到2016年初,其市值为1700亿美元左右。图9-5反映的是2014年11月到2015年5月阿里巴巴股价走势,可见一斑①。不过,阿里巴巴的业绩从2014年第四季度开始,在营业收入和净利润上全面超过腾讯,成为BAT中发展最为强劲的平台。

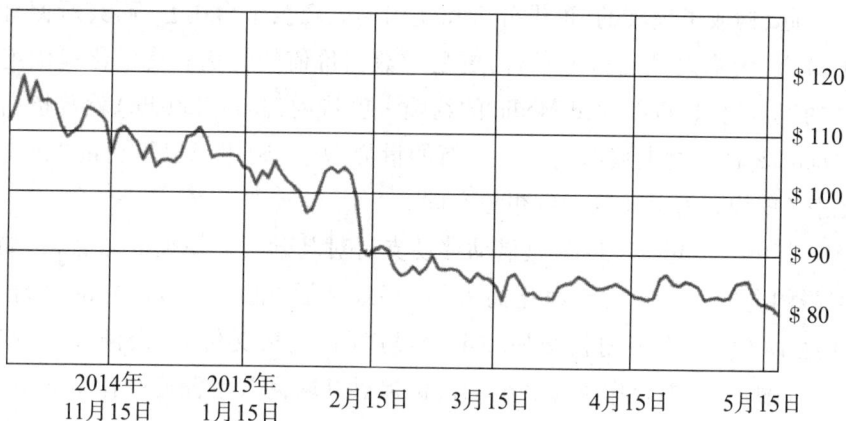

图9-5 2014年11月到2015年5月阿里巴巴股价走势图

从电商起家的阿里巴巴,在移动互联网时代其平台的全面扩张走在了BAT的前列。但是从市值这个指标来看,虽然商业化的基因让其在移动互联网时代迅速超越竞争对手,但是单一的商业化气息有可能阻碍其进一步的发展;同时,阿里巴巴也意识到,随着移动互联网的发展,智能手机和可穿戴设备的迅速普及,让数据搜集变得非常容易,特别是人类日常生活的数据,使人们的偏好、行为、位置,甚至身体生理数据等每一点变化都成为可以被记录和分析的数据,非结构性的数据将成为主流,数据无时不在,无所不在,这就是大数据。作为一个网络媒体的巨型平台,单一的商业数据不足以支撑其未来的发展,需要更加全面和丰富的数据,这些数据能够深入到人们生活的方方面面、点点滴滴,这样的平台才有可能覆盖人类社会的各个角落。于是,阿里巴巴从2014年开始在大数据资源布局上连续发力,招招子落数据,阿里巴巴投资或者并购的新浪微博、陌陌、高德地图、墨迹天气、友盟、美团、虾米、快的、UC浏览

---

① 阿里股创新低,市值较双11时缩水近千亿美元[EB/OL].[2015-05-06]. http://money.163.com/15/0506/07/AOTR73HI00251LK6.html.

器,它们不仅仅是互联网入口,同时也涵盖人类线上线下生活的所有应用数据。阿里巴巴所构建出的平台不再是单纯的交易行为中介和聚合平台,而是一个中心,用户参与并将所有数据储存在那里,他们所要做的线上或者线下的生活都将利用到这个平台中枢。

9.1.3.2 基于移动支付的金融资源布局

阿里巴巴通过并购和投资,将如此众多的、个体的"小数据"集中在了一起,构成了庞大的、可供分析和使用的大数据平台中心,而其所拥有的淘宝、天猫以及支付宝平台,更是为数据价值的物化和货币化提供绝佳的直接出口,Federated Media 的约翰·巴特利(John Battelle)就曾指出Facebook 将通过大数据创造一个新的世界观①。阿里巴巴平台的"再中心化"重构有着无比巨大的想象空间。

其中一个想象空间就是借助移动支付对基础用户规模的黏性,布局互联网金融。由支付宝演化而来的"蚂蚁金服"正在打造这样的平台。在这个平台上不断创新交易和金融类产品,包括支付宝、余额宝、招财宝、金融云等,为合作商家和金融机构提供互联网金融深度合作范式,同时再反哺蚂蚁金服用户、数据、信用资源,不断整合新旧资源,获得马太效应。而马太效应的终极目标就是使"蚂蚁金服"成为互联网金融领域里的交易平台,在这里交易的,不再仅仅是具体的商品或金融品,还包括各类与金融相关的数据。自身的交易规模加速放大,联合更多线上、线下机构构建数据流通的各种场景、入口,进而结成数据往复、来回的闭环,人们在各处的收入、消费、需求、习惯都被转化成数据,为"蚂蚁金融"所洞悉利用。例如,一个人在超市、便利店购买家用,在网上购买服装、缴纳水电费,这些细节数据,通过合作伙伴和关联企业传递给蚂蚁金服,再加上人口属性、地域分布、媒体接触、兴趣爱好、生活形态等多维度资讯,其数据后台就能根据消费频次、货值,结合各种模型分析出可支配收入多少,并形成人或相关团体信用能力的判断。这些数据极具商业价值,传统的漏洞与不便被解决——没有银行信贷记录也能贷款,"买"信用分数不再可行……商家和其他金融机构会争相用自己的数据或金钱来交换这些透明、可信、量化人性与能力的识别符号。这些有价值的数据迅速完成货币化过程。

---

① 许晋豪.阿里并购布局,暗合大数拼图[EB/OL].[2014 – 07 – 31].http://www.afzhan.com/News/Detail/32855.html.

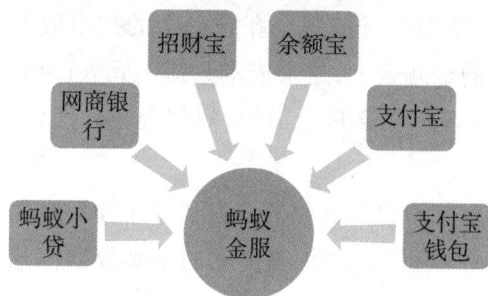

图 9-6　蚂蚁金服平台业务构成图

蚂蚁金服平台适应移动互联网的特点和规律,通过推进更加丰富的应用场景带来更多的巨大的用户规模。应用场景越是刚需、越是高频、越是日常"吃喝玩乐",越能"黏住"使用者,越能带动更多的使用用户。应用场景的多样化和无处不在,又为平台带来巨大的长尾效应。蚂蚁金服已经开始在"未来商圈""未来交通""未来医院"三个方向上打造多样化的应用场景。

大数据资源的布局很好地对接了蚂蚁金服平台应用场景的打造。应用场景的带动和用户规模的扩大,对于平台来说,最有价值的就是所产生的大数据,而大数据的真正价值在于对大数据挖掘后形成的有价值信息。以"未来商圈"为例,蚂蚁金服在推广时候,给商户的一个诱惑是,蚂蚁会用数据分析告诉商家,消费者为什么会来这里,以便更好地将商户信息推送给他们。另外,根据商户和消费者在阿里巴巴平台上交易所形成的大数据,经过挖掘后,可以个人信用评级,蚂蚁金服推出"芝麻信用"这一征信产品,像美国的 FICO 一样[1],成为全社会的基础信用提供者,能被全社会认可的征信,被认为是整个金融行业的"制高点"[2]。当蚂蚁金服平台一边使用用户达到一定规模后,网络效应逐渐形成,平台另一边用户,即金融机构也形成规模,如渤海银行、华润银行、天弘基金、众安在线等超过 100 家金融机构已购买蚂蚁金服平台金融云服务。有

---

[1]　FICO 中文译名费埃哲,全称为美国个人消费信用评估公司。该公司开发出的一种个人信用评级法,已经得到社会广泛接受。FICO 信用分是最常用的一种普通信用分,由于美国三大信用局都使用 FICO 信用分,每一份信用报告上都附有 FICO 信用分,以致 FICO 信用分成为信用分的代名词。如今它是美国 FairIsaac & Company 的专有产品,FICO 信用分由此得名。以上解释来自 360 百科。

[2]　郝凤苓,费戈.马云最值钱的资产:蚂蚁金服在下一盘很大的棋[J].21 世纪商业评论,2014(12).

数据显示,一家小型银行目前每个账户一年的技术成本在 100 元左右,而放到蚂蚁金服的金融云上,这个成本只需 1 元人民币。小型金融机构虽然小,但它们的客户服务是全面的,蚂蚁金融云因此可以大幅度降低它们的成本①。

蚂蚁金服平台基于移动支付的金融资源布局旨在用"平台 + 金融 + 数据"的模式,真正获得真实的、有价值的基础数据信息,而这是未来网络媒体平台的核心竞争力所在。

9.1.3.3 基于移动电商的"O2O"资源布局

基于移动电商的"O2O"资源布局是阿里巴巴平台挖掘大数据、让数据价值具象化的另一个抓手,也是与竞争对手争夺市场最为直接和激烈的一个板块。与腾讯的"O2O + 电商"模式不一样,电商出身的阿里巴巴却是"电商 + O2O"的模式进行移动互联网平台发展的布局。早在 2006 年阿里巴巴就收购口碑网,开始布局本地生活服务 O2O 领域。2010 年 3 月,淘宝平台推出聚划算产品上线,进入团购市场,10 月聚划算宣布与本地生活服务对接。2011 年后,阿里巴巴集团逐步把口碑网并入淘宝本地生活,并在 2011 年 7 月领衔投资了团购领先企业美团网。2012 年,阿里巴巴集团确定了"生活在淘宝,购物在天猫"的战略,2012 年 7 月阿里巴巴进行了架构调整,聚划算升级为事业群,加大引进独立团购网站的力度;10 月,淘宝本地生活推出"地图搜",弥补其在地图方面的弱势地位;11 月,阿里巴巴集团宣布战略投资本地生活搜索服务网站丁丁网,整合更多线上资源。2013 年,阿里巴巴在业务架构调整中把聚划算和本地生活设为独立事业部,到此,阿里巴巴以支付宝为闭环,依靠聚划算和本地生活,完成 PC 端的 O2O 布局,见表 9 – 6。

表 9 – 6　阿里巴巴在 PC 端的百度"O2O"布局

时间	进程
2006 年 10 月	阿里巴巴收购生活服务点评网站口碑网
2010 年 3 月	淘宝聚划算平台上线开团
2010 年 10 月	聚划算宣布进入本地化服务市场
2011 年 7 月	领衔投资团购网站美团网

---

① 郝凤苓,费戈.马云最值钱的资产:蚂蚁金服在下一盘很大的棋[J].21 世纪商业评论,2014(12).

续表

时间	进程
2012 年 10 月	一淘网推出比价工具"一淘火眼"
2012 年 10 月	淘宝本地生活推出地图搜索
2012 年 11 月	阿里巴巴投资本地生活服务网站丁丁网
2012 年 12 月	支付宝新版 APP 推出"卡包"功能
2013 年 1 月	阿里巴巴架构调整,聚划算和本地生活成为独立事业群,对 O2O 重视程度进一步提高
2013 年 4 月	阿里巴巴增持丁丁网

注:根据相关网络信息整理。

伴随移动互联网的发展,圈电商的阿里巴巴,为了防止流量不受用户其他行为的限制和牵制,希望建立一个真正的闭环生态圈,实现"再中心化"的重构,对第三方平台具有排他性。已经对商业驾轻就熟的阿里巴巴也必须将电商平台延伸到"O2O"领域,不仅适应移动互联网发展特点,而且也是对竞争对手平台渗透的制衡。从入股高德地图那一刻开始,阿里巴巴就开始了基于移动互联网的"O2O"布局。

继 2013 年阿里巴巴入股高德地图,2014 年年初即全资收购高德地图。高德地图不再仅仅是一款互联网 LBS 应用产品,而是一个 LBS 平台,这个开放平台有 30 多万开发者和合作公司、机构、产品,每天对其平台发起调用的应用超过一万款,其移动 APP 用户规模达到 2.53 亿,月活跃用户为8500 万,另外在前装车载导航图资方便市场份额占有率第一,拥有巨大的潜在移动用户资源[①]。阿里巴巴首先可以借助高德地图平台建立一个大数据服务体系,这是与它的大数据布局战略是一致的。同时,地图作为移动互联网应用的入口之一,整合旗下淘点点、淘宝本地生活等 O2O 服务平台,不仅可以成为衣食住行等一系列生活服务的入口,也可以衍生出众多移动应用,开发出基于用户位置与线下商户之间关联的各种 O2O 应用。

2014 年年初,阿里巴巴投资市场份额排名第二的叫车 APP 应用快的打车,直接针对腾讯所投的滴滴打车,导致了持续近三个月的基于培养用户移动支付场景的烧钱大战。直到 2015 年 2 月快的打车与滴滴打

---

① 阳淼. 阿里应该如何整合高德? [EB/OL]. [2014 - 02 - 15]. https://www.huxiu.com/article/27854. html.

车宣布实现战略合并,双方的市场直接对抗告一段落。

2014 年 3 月,阿里巴巴投资实体零售公司银泰商业强化线下商业资源,银泰商业在中国经营着 28 家百货商店和 8 家大型购物中心;2015 年 8 月,阿里巴巴与苏宁云商达成全面战略合作,阿里巴巴成为苏宁云商第二大股东。进一步扩大了阿里巴巴在零售商业线上线下融合创新的平台建设上的优势,而且借助苏宁物流体系弥补其菜鸟网络作为一个不参与实际线下物流服务的平台的短板。

2015 年 10 月,阿里巴巴领投的团购网站美团网与大众点评网达成战略合作,共同成立一家新的 O2O 企业,而阿里巴巴在 2016 年 1 月同意出售所持有的美团点评股份,转而大力度投资扶持旗下自建团购网站口碑网,表明 2015 年阿里巴巴在 O2O 最大的动作就在于"集中"——通过重塑口碑网品牌的方式,将阿里巴巴 O2O 业务进行集中,形成新的团购 O2O "三足鼎立"之势。表 6–35 统计了 2015 年阿里巴巴投资、收购的国内主要电商、O2O 企业。

表 9–7 2015 年阿里巴巴投资的国内主要电商、O2O 企业一览表

并购时间	方式	并购合作对象	对象特点
2015 年 1 月	D 轮投资	快的打车	汽车交通 O2O
2015 年 1 月	投资	游友移动	O2O
2015 年 1 月	D 轮投资	百世物流	电子商务
2015 年 4 月	投资	丽人丽妆	电子商务
2015 年 4 月	投资	爱抢购	电子商务
2015 年 5 月	战略投资	圆通快递	电子商务
2015 年 6 月	投资	雅座	O2O
2015 年 6 月	投资	车来了	汽车交通 O2O
2015 年 7 月	D 轮投资	滴滴出行	汽车交通 O2O
2015 年 7 月	投资	魅力惠	电子商务
2015 年 8 月	战略投资	苏宁云商	电子商务
2015 年 8 月	投资	生活半径	O2O
2015 年 9 月	投资	卡行天下	电子商务
2015 年 9 月	投资	阿卡 Artka	电子商务
2015 年 9 月	投资	点我吧	O2O
2015 年 9 月	投资	接我云班车	汽车交通 O2O

并购时间	方式	并购合作对象	对象特点
2015 年 10 月	投资	58 到家	O2O
2015 年 11 月	战略投资	五矿电商	电子商务
2015 年 11 月	投资	北京云纵信息	O2O
2015 年 12 月	D 轮投资	饿了吗	O2O

注:数据来源于 IT 桔子《2015 年度中国互联网创业投资盘点》。

2015 年阿里巴巴共投资合作 65 家企业,数量上不及腾讯,但是投资总额却达到 183 亿美元,在 BAT 中遥遥领先。所投公司中国内 O2O 和电商企业有 20 家,占比达到 31%,投资金额占比达到 44%。马云认为,阿里巴巴如果不与线下结合,一定没有未来[1]。阿里巴巴基于移动互联网的平台战略就是以数据为纽带,开始关注用户。

9.2 基于"平台覆盖"的平台竞争

在需求方规模经济和供给方范围经济的框架内,追求网络效应最大化是平台生存和发展的根本,因此,持续创新和最大限度的扩张是平台的生存状态。在网络效应放大和用户规模扩张的共同作用下,加上网络的互联互通、参与用户的多属性,以及价值关系的网络特征等条件的成熟,平台竞争不可避免地出现了。

移动互联网时代 BAT 发生的"再中心化"的重构,使以往在 PC 时代百度专注搜索、腾讯专注社交以及阿里巴巴专注电商的市场格局正在悄然间发生变化,公司和行业之间的边界正在模糊,平台之间的边界不断消融,平台之间的渗透率越来越高,BAT 三家虽然核心业务和营业收入结构不同,但平台发展方向却有了越来越多的重叠。它们之间的竞争开始转变为综合实力、战略和布局的比拼,而且,随着"互联网 +"概念在各传统行业领域的渗透,加入平台竞争的互联网媒体平台形态更加丰富,涉及范围更加

---

[1] 雷建平,孙宏超. 阿里 283 亿入股苏宁:寡头风雨中抱团取暖[EB/OL]. [2015 - 08 - 11]. http://tech. qq. com/a/20150811/009117. htm.
Thomas Eisenmann, Geoffrey Parker, Marshall W. Van Alstyne. Strategy for Two-sided Markets[J]. HBS, 2006(10).

广阔,市场呈现出基于"平台覆盖"(platform envelopment)的平台竞争态势。

9.2.1 平台覆盖

在管理学概念里,所谓"竞争",是指同性质业务的企业之间,运用类似的商业模式争取相同的用户而产生的对抗,比如门户网络媒体平台之间的竞争,搜索引擎网络媒体平台之间的竞争,以及社交媒体之间的竞争等,在移动互联网时代到来之前,市场的局面基本如此。而"覆盖",指的是一个处于邻近,甚至毫不相关的产业平台所产生的对既有盈利模式的威胁,这些平台产业的核心价值相异,目标客户也不尽相同,但却侵蚀彼此领域,形成两者之间的复杂的冲突关系[①]。

可见,"平台覆盖"传达出这样一个概念,传统工业时代,企业通常基于高度同质的竞争者开参与市场竞争,彼此的盈利模式相似,在垂直价值链条上争抢下游的客源,竞争的形态趋向单一;但是平台化发展瓦解了这种线性关系,特别是互联网时代的到来,平台模式不断颠覆传统模式,互联网模糊了人们熟悉的产业定义,每个平台企业都可以发展为独特的生态圈,从四面八方连接多边市场,侵蚀到来自邻近产业,甚至毫无关联的产业领域,威胁身在其中企业的用户市场;当然,反过来说,潜在的竞争者往往从无法预料的方向出现,市场威胁者可能从任何方向包围过来。

哈佛商学院助理教授 Thomas Eisenmann 等人在研究网络融合背景下的双边平台竞争战略时指出,成功的平台企业需要策略性地应对三大挑战:一是如何为平台产品(双边市场的两边)合理定价;二是如何面对赢家通吃的动态环境;三是如何应对来自跨平台的平台覆盖竞争[②]。可以看到 Eisenmann 所提及的双边平台策略,无论是百度、腾讯,还是阿里巴巴,在它们的网络媒体平台扩张中,都得到充分的体现:找准一个最终注定会形成单归属平台(Single-homing)的关键应用;用正确的策略达成规模优势并合理利用正反馈效应达成趋于垄断的市场份额。

百度平台凭借搜索,腾讯平台凭借即时通讯,阿里巴巴平台凭借电

---

① 陈威如,余卓轩.平台战略——正在席卷全球的商业模式革命[M].北京:中信出版社,2013.

② Thomas Eisenmann,Geoffrey Parker,Marshall W Van Alstyne. Strategy for Two-sided Markets [J].HBS,2006(10).

子商务,在早期通过特殊定位巩固了自身平台基础用户规模,拓展出多维度的庞大的多边市场,它们主导着不断扩张的用户数量,得以将人流引向生态圈的任何地方。也正因如此,这些巨型平台,几乎可以覆盖任何与它们相关甚至无关的产业领域,平台之间彼此相互侵蚀,大量推出重叠的业务功能与多元服务,战略的拟定不再是分析上下游产业竞争者那么简单,因为对于平台企业而言,许多界定客户、用户、合作方、竞争者、威胁者的方式都已改变。平台覆盖竞争已不仅仅是实力相当的平台之间的竞争,甚至一家规模不大的新兴平台企业,也有可能对庞大的平台企业造成颠覆性的威胁。

根据平台企业与潜在覆盖竞争者的相对关系,归纳出以下几种平台覆盖竞争者的来源,见图 9 - 7①。

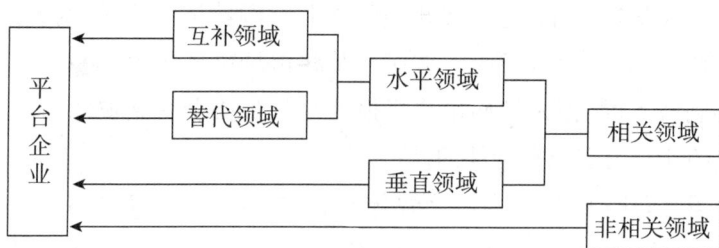

图 9 - 7　覆盖竞争者来源图

在图 9 - 7 里,覆盖竞争者可以来自与自身息息相关的领域,也可以来自完全不相关的领域;相关领域里有可能是处于水平关系的企业,有自己本质相近,但所提供的产品和服务可能是互补关系,也可能是替代关系,而处于垂直领域的竞争者,表示对方的产业环节处于不同的层面,可能是上下游平台企业,也可能是细分领域平台企业。自移动互联网时代的到来,发生的诸如出行领域的滴滴与快的合并,旅游领域的携程与去哪儿合并,生活服务领域的赶集网与 58 同城合并,以及团购领域的大众点评与美团合并,都是平台覆盖竞争的市场结构的反应②。

在以往的市场竞争中,竞争者以彼此间类似的方式争夺有限的利

---

① 陈威如,余卓轩.平台战略——正在席卷全球的商业模式革命[M].北京:中信出版社,2013.

② 剖析 2015 四大合并案:滴滴快的、58 赶集、美团大众点评、携程去哪儿 1 + 1 > 2[EB/OL].[2015 - 10 - 30].http://news.pedaily.cn/201510/20151030389865.shtml.
2015 年电商业十大并购投资事件:腾讯投资"饿了么"[EB/OL].[2015 - 12 - 25].http://www.sohu.com/a/50503746_115512.

润,然而平台覆盖模式却改变了竞争的重心,利润是要夺取的,但是夺取的方式变了。根据目前的平台竞争格局,依然主要以BAT三大媒体平台的产业实践为研究内容,本研究把平台覆盖竞争分为三个阶段:平台覆盖竞争初级阶段的用户之争,平台覆盖竞争中级阶段的入口之争,平台覆盖竞争高级阶段的数据之争。

9.2.2 平台覆盖竞争的初级阶段:用户之争

这一阶段的主要特征表现为,两个平台,当它们之间的距离足够远,相互间隔的市场空间足够大,基于不同核心竞争力吸聚不同类型用户需求时,它们之间并不存在直接竞争,反而会形成正反馈机制,吸引更多的用户加入平台,双方甚至可以通过一定的协作关系实现共赢。然而,随着它们各自发展中对双边市场规模经济和范围经济的追求,两者的边界和势力范围都不断往外推移,从而在某些市场领域产生重叠或交叉,虽然核心利益不同,但是基础用户规模的增长势必会受到彼此的影响,毕竟用户的注意力资源是稀缺的。

中国互联网BAT三大网络媒体平台,在进入移动互联网时代的时候,才真正开始平台覆盖竞争。在PC时代,百度倚仗搜索,腾讯依靠即时通讯,阿里巴巴凭借网购(C2C\B2C),市场份额都在各自的领域占到60%以上。平台之间相安无事,但是在移动互联网时代,用户互联网应用的习惯和方式发生巨大的变化,既有的时空区隔被打破,BAT通过投资或收购垂直领域的移动互联网应用平台进行平台覆盖时,终于发生垂直领域市场的重叠和交叉,三者之间的平台覆盖用户之争由此拉开序幕,见表9-8。

表9-8 BAT在2014—2015年并购与合作主要领域的比较

	腾讯	阿里巴巴	百度
投资或收购	滴滴打车,王老吉,京东,易车,人人网,华南城等	高德地图,快的打车,美团,丁丁网,银泰,恒大,易传媒等	糯米网,搜狐,新浪,优酷网,携程旅行网等
产品体系延伸	基于微信平台的微购物,微生活,微商户,QQ,广点通,QQ音乐等	淘淘点,微淘,来往,天猫,聚划算等	百度快照,百度云,框计算等
支付工具	微信支付	支付宝钱包	百度钱包

续表

	腾讯	阿里巴巴	百度
地图	腾讯地图	高德地图	百度地图
合作伙伴	王府井百货,上品百货,新世界百货,滴滴打车,华南城,同程网,大众点评,王老吉,京东等	银泰,美宜佳便利店,易传媒,魅族科技,阿里健康信息技术有限公司,云锋基金,圆通,优酷土豆集团等	地图开放平台上集成的餐饮,酒家商店,亚马逊,苏宁电器,中国联通等
涉及场景	餐饮,服装,百货,打车,自动售货机,软件,网站等	服装,百货,便利店,打车,自动售货机,快递,网站等	餐饮,打车,酒店,网站,电器等

本研究前述观点,基于单一信息流的商业模式不足以支撑未来网络媒体平台的发展,构建信息流和资金流、物流平台整合的商业模式是网络媒体平台发展的未来趋势,因此,电商领域的平台覆盖竞争首当其冲。

2014年,腾讯先后两次对京东(JD. NSDQ)战略投资,第一次以2.147亿美元现金＋拍拍网全部股权＋QQ电商全部股权＋易迅物流全部资产,换取京东新发行的3.517亿股股票,总金额为87.98亿元,占京东扩大股本后的15%;第二次是在京东IPO招股之时,腾讯再次斥资13.11亿美元(折合人民币81.3亿元),按招股价9.5美元/股(19美元/ADS)购入京东1.38亿股股票,使其在京东的持股比例进一步提升至17.9%。两次认购京东股票金额共计169.28亿元,同时腾讯在微信及手机QQ两大移动端向京东提供一级流量入口。腾讯通过联合京东平台开始对电商领域的平台覆盖竞争,京东也因此超预期完成IPO,市值一举突破300亿美元大关,成为中国第四大互联网平台。虽然这样的市场行为在当时并没有起到立竿见影的效果,当时有评价说腾讯在移动电商领域遭遇水土不服[1],但是后来京东在电商领域与阿里巴巴逐渐形成分庭抗礼之势,可见腾讯在平台竞争策略方面是具有前瞻性的。不过,被外界大幅看空的阿里巴巴移动端,当时的实际效果却出乎人们的意料,阿里巴巴的移动端成交占比仅一年时间达到40%左右,将竞争对手远远甩在后面。

社交领域是平台覆盖竞争的第二战场。阿里巴巴的C2C平台淘宝,

---

① sulongfei1980. BAT 移动端对决:迄今最全面的评估报告[J]. 新财富,2014(12).

在移动互联网时代之前,对社交属性的打造投入甚小,淘宝的很多优秀卖家通过腾讯 QQ 群来管理买家,而且,阿里也尝试通过打造口碑网、增加"生活圈"功能涉足社交领域,但效果不佳,不过市场各方也都相安无事,但腾讯微信的横空出世,让阿里巴巴意识到平台覆盖竞争的来临,于是阿里巴巴淘宝平台 2016 年迅速推出和升级淘宝头条、淘宝客、iFash-ion、淘宝直播等社交功能,通过当时红极一时的网红经济占得竞争的上风。如影视明星柳岩在淘宝直播,10 分钟卖出 2 万件核桃、4500 件柠檬片、2000 多件面膜和太阳镜;网红 papi 酱通过淘宝的拍卖活动,一天就有 50 万人通过淘宝直播平台围观①。阿里巴巴 CEO 张勇表示,淘宝完成向移动端转移之后,已不再仅仅是单纯的电商交易平台,而是变成非常重要的帮助商家吸引和保持与用户互动的平台,手机淘宝应用中添加越来越多的社交功能,有效增加用户打开淘宝应用的频次,目前淘宝用户平均每天打开淘宝应用七次,用户的黏性大幅增强;用户现在到淘宝应用,不只是购买商品,而且也在寻找各种内容,包括直播类内容,用户从中获得很多娱乐的乐趣,也可以说淘宝是一个娱乐的平台②。

对于阿里巴巴淘宝平台的强势进入社交领域,腾讯 2017 年宣布全面封杀淘宝客,因为淘宝客大部分都是基于微信和 QQ 群存在,每年淘宝客给阿里巴巴贡献 10% 的交易,按照阿里巴巴 2016 年 3.6 万亿交易额计算,淘宝客带来的交易额为 3600 亿。"微信营销,淘宝成交"的现象让平台覆盖竞争对用户的争夺趋于白热化。

再来看搜索领域。移动搜索成为新的平台必争之地。百度是当仁不让地成为市场份额最高的中文移动搜索引擎,但是移动互联网改变了用户的使用方式和习惯,用户在手机上使用搜索的频率远不及微信及手机 QQ,同时腾讯开发出适应移动互联网的 QQ 浏览器(当然,微信本身就是基于移动互联网而开发),阿里巴巴收购中国第二大移动端搜索引擎平台企业UC Web,通过收购,增加移动搜索市场份额以及新闻信息信息流为电商引流。移动搜索领域形成百度浏览器、QQ 浏览器、UC 浏览器三足鼎立之势。

最后就是 O2O 领域。O2O 领域是极具移动互联网特色的互联网平台应用,催生出不少垂直领域的网络媒体平台,从团购,到外卖,再到出

---

① 马云的移动社交野心:淘宝和支付宝都成直播间[J].中国企业家,2016(6).
② 木语.阿里 CEO 张勇:淘宝增加社交功能后,一天被打开七次[EB/OL].[2016 - 08 - 11].http://tech.qq.com/a/20160811/049396.htm.

行、旅游,不断创造出新的互联网平台用户需求增长点,BAT 三大平台主要通过投资和收购来完成新的用户规模的积累,当然这里面也不乏小的垂直领域的网络媒体平台参与 BAT 之间的平台覆盖竞争,比如 2016 年阿里巴巴 9 亿美元出售所持有美团点评股份,而腾讯在美团与大众点评合并的新一轮融资中处于领投的角色①。

　　由此可见,在用户之争阶段的平台覆盖竞争,BAT 各自的核心利益并没有受到太大影响,所以它们核心业务在移动端的市场占有率,基本延续了其在 PC 端的霸主地位,见图 9 − 8。

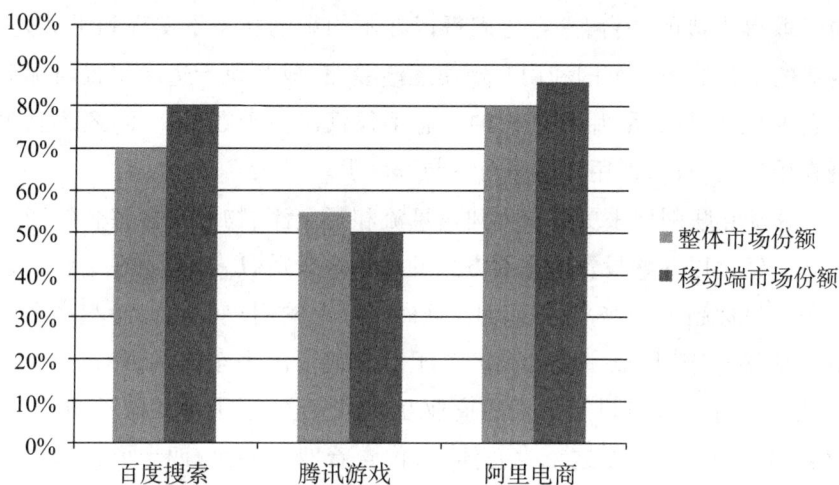

图 9 − 8　BAT 核心业务 PC 端市场份额与移动端市场份额比较图

　　从图 9 − 8 中我们可以看到,百度在移动端的搜索市场份额约为 80%,明显高于其在 PC 端 70% 的市场份额,百度来自移动端的搜索流量也超过了 PC 端。因此,百度一直保持着广告营销收入排名第一的位置,据有关机构发布的 2017 版的《全球媒体公司 30 强》,百度广告收入位列中国第一、全球第四②。腾讯在社交领域主要依靠手游完成营业收入,腾讯手游的市场份额占到 50% 以上,此份额与其在 PC 端的游戏市场份额大体相当,2017 年《王者荣耀》手游的火爆,将继续为腾讯手游市场份额的增加做出贡献,整体而言,手游的用户数量已经大大超越页游和端游的用户量。而

① 雷建平,孙宏超.阿里巴巴 9 亿美元出售美团点评股份[EB/OL].[2016 − 01 − 28].http://tech.qq.com/a/20160128/041316.htm.

② 周林.全球媒体公司 30 强:百度广告收入全球第四 谷歌第一[EB/OL].[2017 − 05 − 04].http://www.techweb.com.cn/world/2017-05-03/2519435.shtml.

阿里巴巴淘宝和天猫在移动端的市场份额已经突破80%,超过PC端的市场份额。

9.2.3 平台覆盖竞争的中级阶段:入口之争

这一阶段的主要特征表现为,两个实力相当、某些市场领域与利益范围已经形成交叉关系的平台,当相互进入触及双方的核心利益时,任何开放的姿态都将消失,你死我活的替代性竞争不可避免,竞争的结果就是以其中一个平台取得压倒性的胜利,其他竞争平台中的用户纷纷趋向于取得优势的平台,平台之间得以在不均衡的状态下实现和平共处,弱势的平台的势力范围和用户规模逐渐萎缩,成为位于边缘位置与优势平台形成互补关系,用户规模的概念不仅仅停留于数量上面,还逐渐表现在用户的质量,即用户的平台参与程度上。

移动互联网似乎更强调构建信息流和资金流、物流平台整合的商业模式。经过以并购投资为主要方式的用户之争后,BAT三家在平台覆盖竞争上目标趋于一致,通过移动互联网将线上的用户(消费者)与线下的资源衔接起来,形成一个庞大的基于信息的资源生态体系,并且令线上与线下通过关系链进行自发的商业互动,进而实现平台无限延伸、无限整合的平台价值。而这个生态体系,包含着四个要素,四个要素形成的逻辑关系是"入口(线上用户来源)—支付(实时结算)—线下(传统商家衔接)—场景(消费者使用习惯)"在这样的一个闭环里,BAT对于要素,所表现出的能力和禀赋各异。

腾讯与百度移动端的流量优于阿里巴巴,而腾讯与百度的流量又有差异,百度的流量是分散的,远不及强关系链的微信。对于阿里巴巴来说,线下商家希望O2O平台将用户引流过来,而阿里巴巴淘宝天猫都有比价因素的存在,往往是将可能线下的用户引流到了线上。在商家日后的粉丝营销及客户关系管理方面,百度不及阿里巴巴淘宝和腾讯微信,因为多数人都不会为了搜索目的而去注册账号,即便有百度账号的用户也不会单纯为了搜索而去登录,于是百度的商家很难积累粉丝,进行后续的互动与营销。

在支付方面,阿里巴巴的支付宝钱包的用户数量大大高于微信支付的用户数量,虽然目前微信支付在奋起直追,但在支付习惯上用户还是天然倾向于支付宝。微信支付唯一的优势是,因为与微信捆绑为一体,而微信的用户黏性大大高于支付宝钱包,随着时间的积累会大大激活微信支付的使用数量及频率。而百度虽然也布局了百度钱包,但基本无法对百度的O2O战略形成有效支撑,百度钱包与百度旗下的糯米网的捆绑,无形中与互联网的开放属性背道而驰。

线下资源则是阿里巴巴最优。移动互联网平台价值闭环,最终的落脚点还在线下的商家资源,也即是说要有足够多的线下商家接入到平台上满足所有用户的需求。线下资源与平台的对接也最为复杂,不仅涉及地面扫街式的商业拓展,还涉及线下商家后台IT系统的改造,使之能够无缝对接。对线下商家IT系统的技术改造,对于BAT来说可能并不是什么瓶颈,关键是对线下商家的拓展速度的比拼,而在这方面以强大运营能力著称的阿里巴巴有着天然的优势。此外,如何培育商家在平台上进行有效的营销与客户关系管理,阿里巴巴在电商领域已经积累了相当的经验,而百度及腾讯几乎需要从头来过。

在这样的一个闭环的生态体系里,就会出现"赢家通吃"的局面,就会产生平台的核心利益将受到其他平台的覆盖,等同于战场上补给线被直接切断,来自不同领域的竞争对手以其拥有的迥异的核心价值与盈利模式,运用其他渠道补给而来的利润空间放手一搏,直接以高度补贴的战略(甚至完全免费)的战略来破坏对方的商业模式和盈利模式,侵蚀对方的核心利益。因此入口之争将成为构建自身生态体系参与平台竞争的桥头堡。

2014年爆发的抢红包是平台覆盖竞争入口之争的首战。腾讯微信在当年春节之际,推出抢红包功能,将腾讯微信的声势造到顶峰,当时外界疯传微信支付"一夜绑定一亿银行卡",正是2014年微信的用户数量达到5亿。借助抢红包功能,微信直指阿里巴巴核心优势——支付宝,而阿里巴巴情急之下推出类微信的"来往"APP进行对抗,却犹如沙粒落入湖面,市场反响并不大。阿里巴巴清醒地意识到腾讯入口级平台覆盖的威胁,于是以保护用户安全的名义,迅速在手机淘宝平台上关闭微信通道,用户点击微信中发布的淘宝商品及店铺链接,会跳转到手机淘宝下载安装页面,用户必须安装手机淘宝才能进行购物,不能直接通过微信中发布的淘宝商品或店铺链接进行操作;同时宣布手机淘宝的公众账号平台"微淘"全面对外公测,微淘将发挥传播和推广商品信息的功能。不仅如此,阿里巴巴的相关媒体平台,包括新浪微博、虾米音乐等都在为移动客户端取消"分享到微信"的按钮,关闭了微信通道。另外,阿里巴巴也暂停其平台上的微信第三方应用服务,屏蔽微信淘宝客类营销的数据接口。面对阿里一系列的封杀组合拳,微信也在当年的天猫"双11"前夕,以安全为名屏蔽了所有带有"来往"后缀的链接。有评述说,对于阿里巴巴而言,微信能够串联起移动电商、移动支付等环节,已经威胁到阿里巴巴生存的根基;对于腾讯而言,微信目前已建立起竞争壁垒,来往在用户基础、产品设计等方面差距较大,但微信也不可小视。IBM战略分析师王祺却据此表达了一个观点:互联网是无边界的行业,垄断是它的天然属性。伴随着移动互联网的发展,两者的渗透率越来越高,基于用户的腾讯为了帮助用户在自己的生态下达成一站式服务,就免不了去构建电商业务;而基于电商的阿里巴巴,为了防止流量不受用户其他行为的限制,希望建立一个真正的闭环生态圈,在这个生态圈里只有阿里巴巴处于至高无上的地位,任何第三方平台想要分一杯羹都会遭到封杀①。

百度和腾讯之间,却以"技术"的名义展开了平台覆盖的入口之争。百度在BAT三大媒体平台中,是最具技术背景的平台企业。所以在这三个平台中,百度是在流量入口方面是最具竞争优势,无愧是中国广告收入最多的媒体平台企业。但是移动互联网与传统互联网最大的不同就在于流量入口的分散性,也就是本书所提到的观点"基于单一信息流的商业模式不足以支撑未来网络媒体平台的发展",这就需要寻找或者构建适应移动互联网的新的入口。正如本研究前文所述,百度2013年收购91就是百度在入口之争方面的一次战略选择。但是此一时彼一时,当进入平台覆盖竞争新阶段的时候,91无线以往的优势却成了羁绊,使百度自认为自己掌握了入口,其实软件市场是一个出口,派发的软件越多,用户装的软件越多,用户用手机上网的入口就越分散,移动互联网的流量似乎并不那么容易掌控。所以,百度力推轻应用试图重新掌握入口,让用户只用浏览器上网而不用下载APP。

针对百度"轻应用"入口级应用的打造,腾讯实施了"微信小程序"的入口级应用开发,并与2017年1月,由腾讯微信平台正式发布上线。"微信之父"张小龙对"微信小程序"的概念描述如下:小程序是一种不需要下载安装即可使用的应用,它实现应用"触手可及"的梦想,用户扫一扫或搜一下即可打开应用;也体现"用完即走"的理念,用户不用关心是否安装太多应用的问题;应用将无处不在,随时可用,但又无须安装卸载。通俗地讲,小程序就是一个APP应用推广平台,用户关注一个应用

---

① 一飞.阿里腾讯撕破脸移动生态之战白热化[N].第一财经日报,2015-01-26.

号就如同安装一个 APP 一样,某种程度上相当于另一个 APP Store,主要
功能就是应用推广①。其目的,就是希望用户使用一众 APP 的行为都留
在微信平台上。"微信小程序"的概念起源于"应用号",按照张小龙的
说法,微信的本意并不是要做成一个只是传播内容的平台,而是要做一
个提供服务的平台。所以微信开发了三种类别的公共号:订阅号、服务
号、企业号。"应用号"则是继这三类公共号之后微信开发的一种新的公
共号形态,这种形态下面用户关注了一个公众号,就像安装了一个 APP
一样。他要找这个公众号的时候就像找一个 APP,在平时这个号不会向
用户发送内容,APP 就很安静地存在那里,等用户需要的时候找到它就
好了,与 APP 相比,它是一种更轻量的形态。但是又更好使用的一种形
态来存在。无论是百度的"轻应用",还是腾讯微信的"小程序",却并没
有被市场普遍认可,其平台覆盖竞争没有对市场绩效产生作用,缺乏场
景也许是症结所在,须待更多时日以验证。

　　再来看看阿里巴巴与百度之间平台覆盖竞争的入口之争。地图应
用是竞争的焦点,腾讯也一度有加入战局的冲动,但因其太过弱小而无
力角逐。百度地图与阿里巴巴的高德地图竞争了一年多后,才发现,即
使 LBS(基于位置定位的服务)与线下结合有天然优势,却并非 O2O 的
天然最佳入口,因为培养用户以地图为媒介到线下进行各种衣食住行的
生活消费习惯相当困难。最后不得不放弃地图作为入口级应用的竞争,
后来阿里巴巴又尝试了淘点点、手机淘宝等作为 O2O 的突破口,但基本
都收效甚微。表 9 - 9,是 BAT 平台覆盖竞争中入口之争的要素比较。

表 9 - 9　BAT 平台覆盖竞争中入口之争的要素比较

	百度	腾讯	阿里巴巴
入口	百度浏览器(移动搜索)	微信	手机淘宝
支付	百度钱包	微信支付	支付宝钱包
线下	糯米网、百度外卖	美团—大众点评、京东	淘宝、天猫、银泰百货、无人超市
场景	团购、外卖	团购、外卖、出行	网购、外卖、出行

　　在平台覆盖的入口之争中,腾讯掌握的是人和人的关系,阿里巴巴
掌握的则是企业和企业的关系,百度掌握的是单一的流量,而移动互联

---

① 张小龙.微信小程序入口在哪? 有什么用? [J].计算机与网络,2017(2).

网的入口是分散的,是没人可以垄断的。双边平台(媒体)的价值在于其包容性和用户黏性:基于网络外部性的双边平台有趋向加速垄断的特征,因而未来媒体平台的竞争更多发生于跨平台的竞争;所以如何提升平台的包容性扩大平台效用成为未来的关键因素。而支撑构建单归属垄断平台(准确地讲是接近垄断)的基础是关键主导应用的黏性。各平台的利润池来源均不同,因此我们看到平台间的平台覆盖竞争已经呈现威胁之势,在切断对手利润源的同时,自己又必须积极开拓新的利润池,避免新的覆盖者在不经意间从无法预料的领域出现。

9.2.4 平台覆盖竞争的高级阶段:数据之争

这一阶段的主要特征表现为,平台竞争的主要标的,已不再仅仅是用户规模,而是更看重对用户价值的追求,即如何将用户规模转化为用户价值。平台核心竞争优势体现于对用户大数据的掌控,这个平台有可能是众多平台竞争后的融合产物,也有可能是强势平台恒强下,其他平台被整合、依附于这个强势平台。用户大数据的掌控程度决定了是平台领导者或者是平台参与者,两者在微观层面上是会发生转换,这也正符合平台的开放性和动态性特质。

互联网时代,一个重大的贡献便是数据的互联互通,彻底改变了当时信息孤岛的主流现实状态。数据能够流动,存在于无处不在的网络,让数据搜集变得非常容易。BAT是数据互联互通的受益者,百度拥有基于用户搜索行为的需求数据,腾讯掌握着用户社交关系数据,阿里巴巴则占据着用户交易行为及信用数据。在传统互联网时代,是数据积累的阶段,以搜索引擎媒体平台为例,其就是基于互联网数据积累的直接受益者。当这样的数据积累到一定的时候,当移动互联网时代环境的形成,数据的概念发生了质的变化,数据已经渗透到人类日常生活的方方面面,已不再是单纯信息的存在,而是没有局限性的扩展。

BAT三大平台在平台覆盖竞争的过程中,一直关注着数据的存在,在用户之争和入口之争阶段,拼的是谁的用户数据多,多反映平台优势,这是符合平台经济规律的。然而当平台覆盖竞争进入到高级阶段,平台对数据的运用和掌控成了构筑平台核心竞争力的关键,具体而言,就是对大数据的收集、存储、清洗,然后脱敏,归类,接着标签化、结构化,最后建模分析,直至挖掘利用,真正发挥数据的价值,包括经济价值和社会价值。这也就是我们现在常说的"大数据"的概念,大数据时代成为平台覆盖竞争的一个标签。虽然 BAT 拥有了比其他平台更多的用户数据,但是如何运用和掌控,目前依然是摸索的阶段。正如阿里巴巴技术委员会主席王坚博士所说,对大数据的理解深度,阿里巴巴不会超过苏宁对电子商务的理解,也就是说,数据的机会在哪里,连阿里巴巴都没搞清楚。

当然,机会总是留给有准备的人。以阿里巴巴为例,阿里巴巴在平台覆盖竞争的前两个阶段,就密集投资或者并购新浪微博、陌陌、高德、墨迹天气、友盟、美团、虾米、快的、UC 浏览器,它们不仅仅是互联网入口,更涵盖人类线上线下生活的所有应用数据。阿里通过并购和投资,将如此众多的、个体的"小数据"集中在了一起,构成了庞大的,可供分析和使用的大数据中心,用户参与并将所有数据储存在这里,用户所要做的线上与线下的生活都将利用到阿里巴巴这个中枢。2017 年,阿里巴巴旗下物流平台菜鸟驿站与顺丰大战的案例,可以看作一次平台覆盖竞争的数据之争。

2017 年 6 月,菜鸟网络突然对外公告,顺丰在 2 日内暂停了所有与菜鸟网络的数据接口,关闭蜂巢自提柜的数据信息向菜鸟网络的回传,也关闭整个淘宝平台物流信息的回传,所以,为了保护商家和消费者免遭损失,建议淘宝商家暂时停止使用顺丰发货,改用其他快递公司的服务。而另一方的顺丰对此则表示,此事的始作俑者正是菜鸟。2016 年,顺丰为主导的丰巢快递柜正式上线,丰巢快递柜作为顺丰快递业务的主要载体,一年时间内就实现 2 万网点的布局,随后与菜鸟建立合作关系,菜鸟将消费者快递过程中联系的手机号码提供给丰巢,而丰巢反馈快递的出入库信息给菜鸟,然而,在今年双方续约时,菜鸟提出丰巢所有的快递柜信息的触发必须通过菜鸟裹裹,取件码信息要无条件给菜鸟,丰巢要返回所有包裹信息给菜鸟,包括非淘宝、天猫等阿里巴巴系平台的订单。这对于顺丰而言是不能接受的,只能中止与菜鸟的合作,才发生了前述的场景。顺丰也借此声称"希望所有快递行业同人警惕菜鸟无底线染指快递公司核心数据行为"。数据之争彰显若揭。

阿里巴巴作为中国最大的电商平台,在 C2C 和 B2C 领域的市场份额遥遥领先,通过电商平台收集用户的购物信息,还通过支付宝收集用户的支付信息,现在支付宝早就不仅仅是实现支付功能的工具,而是一个用户支付信息的搜集平台,货币基金、P2P 产品以及各种理财产品的用户信息都可以收集到,同时从线上到线下的延伸,可以将用户几乎每一笔交易的信息都收集起来,不仅你在淘宝买东西,你在线下买水果(通过支付宝支付),网约车打车(通过支付宝支付)等,这样的数据基本上全部都收集到位。除此之外,支付宝还用芝麻信用收集用户的信用卡数据、征信数据,并通过芝麻信用的多应用收集用户的出行数据、居住数据、水电煤使用数据等。阿里巴巴掌控着用户交易的绝大多数数据,平台利用数据为用户的行为实时画像,数据越是全面对于用户的掌握也就越精细,以此对用户精准锁定,从而实现从精准销售、精准营销甚至生活习惯把握的一整套基于大数据应用的用户价值实现。而菜鸟网络作为物流数据和消费者数据的主要收集渠道,是阿里巴巴平台覆盖竞争中的重要一环,它要尽可能地多收集数据发挥它的作用,如发货时间信息,依赖于快递企业收件时间数据,从哪里发货信息,依赖于收件的地点/网点数据(2017 年 5 月震惊市场的海淘造假事件正是由于物流公司伪造了境外的收件路由数据),确认签收和退货信息,依赖于快递签收数据,收派时间的考核信息取决于快递收件与签收的时间差数据。因此,顺丰这样的平台用户,或者是平台的合作方,就成了阿里巴巴必须要覆盖的对象。所以,菜鸟与顺丰的大战,实质就是双方对于数据收集权和制高点的争夺,一个想要尽可能多地收集数据,一个想要将数据捂在自己手上,而且,顺丰虽然作为一家快递物流企业,但是对于丰巢这样好不容易打造出来的物流平台级产品,是十分担心被阿里巴巴的菜鸟覆盖掉。跨平台覆盖竞争的格局也就这样形成了。

大数据时代的来临,对于平台企业而言,大数据的存在正在形成巨大的覆盖效应,一旦平台数据优势形成,其他平台如果想要进入去竞争用户的话,将会受到来自四面八方的大数据打击,几乎没有抵抗机会,这样的数据之争,远比用户之争、入口之争重要得多,对于平台甚至是关系到生死存亡的关键所在。难怪腾讯创始人马化腾曾坦言:"不管你在移动互联网的大浪面前有多强,稍微疏忽,一个月就可能翻船。不要看很多公司好像很大、很强,其实都可能是不堪一击的,所以要本着对行业演变的敬畏之心,战战兢兢地做好每一件事情,把服务做好。"①

数据之争,不仅使 BAT 三大网络媒体平台在平台覆盖竞争中全力以赴,曾经辉煌却显没落的三大通信运营平台也纷纷参与进来,平台覆盖竞争的局面变得更加复杂与多元。

---

① 许晋豪. 阿里并购布局,暗合大数拼图[EB/OL]. [2014 – 07 – 31]. http://www. afzhan. com/News/Detail/32855. html.

通信行业作为目前数据量最大、覆盖面最广的行业之一,拥有大量具有社会属性、消费属性的数据资源,使三大通信运营商有着得天独厚的大数据优势。中移动率先提出"大连接"战略,做优连接服务,推动连接服务从管道接入型连接向平台级连接与端到端基础设施服务拓展;做强连接应用,从信息消费向垂直行业的数字化生活、生产服务拓展,实现连接应用的实质性突破,并搭建生态。中国电信发布"星图""鲲鹏"和"飞龙"全新大数据产品体系,其中,"星图"是金融大数据风控平台,"鲲鹏"是旅游大数据平台,"飞龙"是地产大数据平台。中国联通则建设存储容量达 85PB 的大数据平台,平台上集中全国超过 4.1 亿的用户数据和用户实时位置数据,建立涵盖行为偏好类、身份属性类、APP 终端类等九大类,共计 3800 多个用户标签体系;可轻松识别 4 亿个用户上网网址、20 万个互联网产品、约 4200 个手机品牌、10.5 万个终端型号;可日处理 5480 亿条上网记录信息、670 亿条位置信息、170 亿条计费详单。每月可支撑公司内部各种数据查询服务 6000 万次[1]。

三大通信运营商可以合情合理采集到庞大的用户数据,并对用户消费习惯、服务记录、行为轨迹等有较为全面的理解,这是通信运营商开展大数据业务得天独厚的优势。同时,拥有强大的技术能力与运营能力。三大通信运营商在网络基础设施建设、技术更新以及网络运维方面拥有丰富的经验,这是运营商掘金大数据的强大后盾。另外三大通信运营商还有庞大的渠道系统,包括营业厅、代理点、一线服务人员等直接接触用户的渠道资源,这也是积累数据并挖掘商业价值的重要途径,而且,三大通信运营商有着优于 BAT 的社会公信力也是其拓展大数据业务的先天优势。2017 年 9 月,三大通信运营商将取消收费 20 多年的国内手机长途费和漫游费[2],可视为三大通信运营商在数据之争的一种积极表现。不可忽视的是,2016 年,中国广电获得基础电信业务牌照,成为我国第四大通信运营商[3]。

我们已经进入大数据的时代,在这个时代里面得数据者得天下,平台覆盖竞争的数据之争将给网络媒体平台的发展带来莫大的想象空间。

① 郭晓峰. 三大运营商新战场:与 BAT 争夺大数据金矿[EB/OL]. [2017 - 05 - 23]. http://tech. qq. com/a/20170523/003955. htm.
② Erlonggong. 三大运营商宣布 9 月 1 日起取消国内手机长途费和漫游费[EB/OL]. [2017 - 07 - 27]. http://www. xinhuanet. com/info/2017-07/28/c_136479747. htm.
③ 周雷. 中国广电获颁基础电信业务牌照 四家运营商将同台竞技[N]. 经济日报,2016 - 05 - 06.

10 中国媒体经济平台化发展趋势

有着"互联网女皇"之称的玛丽·米克尔在其 2017 年度的《互联网趋势报告》中，对 2012—2016 年的五年，描绘为"史诗般的 5 年"①，本研究论述所依据的数据和案例正好主要也是来自这五年，可谓不谋而合，中国的互联网领域同样也经历了这"史诗般的五年"。中国媒体经济平台化发展实践也是可圈可点，是对网络媒体平台化发展道路的探索过程，也是对媒体经济发展平台经济规律和特征的认识过程。在这个过程中，犹如大数据的应用，我们能够"画像"出中国媒体经济平台化发展趋势。

10.1 传统媒体"内容"竞争力的颠覆再造

我们对传统媒体在媒体经济平台化发展过程中有了一个判断，就是其基于"内容"竞争力不会因网络媒体平台的覆盖而消亡，但是对"内容"竞争力有了全新的注解，也就是进行颠覆式的再造。2017 年，令业界侧目的亚马逊对《华盛顿邮报》的"内容"竞争力的再造成功，正是一个带来积极影响的样本。

亚马逊创始人贝索斯 2013 年收购江河日下的《华盛顿邮报》，就是看中其原创新闻能力。亚马逊通过销售 kindle 阅读器改变人们的阅读方式，并宣告电子出版时代的来临，在拥有数千万的阅读终端用户规模和自己的支付渠道基础上，最渴望的就是原创内容。贝索斯在收购《华盛顿邮报》后，并没有像人们预期的那样大量裁人，而是大举增加新闻采编团队力量，在刚刚收购邮报一年多的时间里，邮报招募 100 多名编辑，

---

① 段永朝. 史诗般的五年——2017 年互联网女皇报告述评[EB/OL]. [2017 – 06 – 04]. http://tech. qq. com/a/20170604/028490. htm.

编辑数量净增近 60 人。而报纸网站每天发布的内容超过 1200 篇。短短不到三年时间,用户数量从最初的 2600 万人已增至 7200 万,远远超越了《纽约时报》[1]。当然《华盛顿邮报》的起死回生离不开贝索斯运用互联网 A/B 测试用户至上的理念,以及建立近 400 人的技术团队,将其转型为新型内容制造者等一系列经营举措。可见《华盛顿邮报》的核心竞争力经历了颠覆式的再造过程,"媒体和科技公司"重新定位精准地反映出这一点[2]。

　　一直走在我国传统媒体转型前列的浙报传媒,则从另一个角度对"内容"竞争力颠覆式再造进行了诠释。2017 年 2 月,浙报传媒发布公告,向控股股东浙报控股出售包括《浙江日报》《钱江晚报》在内的新闻传媒类资产,本次出售的资产均为旗下新闻媒体,2015 年营业收入为 23 亿元,占浙报传媒 2015 年度营业收入的 67.45%。业务剥离后,浙报传媒的主营业务将转变为数字娱乐产业及大数据相关业务[3]。浙报传媒将这一次的资产重组,视作企业优化产业结构,集中资金及资源重点发展优势业务,从而提升公司的资产质量和盈利能力,实现业务的转型升级和公司的可持续发展的重要一环。浙报传媒剥离出贡献了近 7 成营业收入的业务,决心再造"内容"竞争力可见一斑。

10.2　网络媒体平台由综合型平台向垂直型平台的两极分化

　　基于 Web1.0 的第一代网络媒体的平台化发展无法代表网络媒体未来发展趋势。门户网站作为网络媒体的基本形态启动互联网时代的平台经济,但却依赖传统媒体商业模式而生存,在寻求转型的过程中一直无法寻找到实质性的突破方向,2013 年 3 月,新浪微博召开招商发布会,发布基于微博平台的信息流推广产品"粉丝通",这款产品对推广信息流采用两种收费模式,第一种采取 CPM(展示广告)的收费模式,每千次展

① 王雪莹.用电商的思路做新闻 贝索斯救了《华盛顿邮报》[EB/OL].[2015 - 12 - 22]. http://www.sohu.com/a/49817388_114942.
② 金错刀.连续 7 年巨亏 每年亏 3 亿 贝索斯用一招救活华盛顿邮报[EB/OL].[2016 - 05 - 19]. http://business.sohu.com/20160519/n450289478.shtml.
③ 陈宇曦.浙报传媒甩包袱 作价近 20 亿出售浙江日报等 21 家新闻传媒类资产[EB/OL].[2017 - 02 - 25]. http://news.163.com/17/0224/22/CE2T58L30001 87VE.html.

示收费 5 元;第二种采取类似百度竞价排名的收费模式,按照微博有效互动计费,互动包括转发、点击链接、加关注、收藏,其中每一个有效互动收费底价 0.5 元,可按照每次 0.1 元的价格继续加价竞拍。这一举措再一次证明门户网站即使借助基于 Web2.0 技术的网络媒体形态也无法真正实现平台的无限延展性,同年,阿里巴巴入股新浪微博,新浪微博获得新一轮增长。2017 年搜狐宣布,创建于 1999 年、运行已有 18 年的搜狐社区正式停止服务,搜狐社区拥有 19 个频道分区、2000 个论坛,注册用户 5700 万,日发帖量 50 万,日访问量 1.2 亿①。2016 年,网易分拆网易新闻,专注网络游戏、电商业务,淡化门户网站形象,强化游戏公司品牌形象②。搜索引擎因门户网站而生,在信息运作模式上寻找到突破口建立起新商业模式,成为带动互联网经济发展的强大动力,但仍依赖于广告盈利的实质限制了它平台延展的空间,不能担当起建立网络媒体新商业模式的旗手,至少目前没有,它只能是网络媒体平台化发展的过渡时期的产物,这一点,在 Facebook 之类社交媒体的崛起之时,研究学者就多有对搜索引擎的未来表示担忧。2017《全球媒体公司 30 强》中,百度广告收入全球排名第 4,中国排名第 1,入围的还有另外两家中国媒体平台,腾讯排名第 14,中央电视台(CCTV)第 20③。值得关注的是,一直不认为自己是媒体平台的"今日头条",却似有赶超百度、腾讯和央视这三家上榜的媒体平台。今日头条和腾讯新闻的 DAU 差距逐步缩小,同时与其他新闻客户端拉开距离,仿效百度的商业模式精准投放广告,做的是以往只有央视才做得到的品牌广告,由 2014 年的 3 亿广告收入,到预计 2017 年的 150 亿广告收入④,成长速度堪比昔日百度。而百度的李彦宏宣称,移动互联网时代已经结束,未来的机会在人工智能⑤。Web1.0的生命注定是短暂的,要么在封闭中自取灭亡,要么在开放中获得重生。

---

① Jimmonzang. 18 年的搜狐社区 4 月 20 日起正式停止服务[EB/OL].[2017 - 03 - 24]. http://tech.qq.com/a/20170324/015208.htm.

② 方砚. 分拆成定局,网易新闻是丁磊的弃子还是新棋?[EB/OL].[2016 - 09 - 14]. http://tech.qq.com/a/20160914/007954.htm.

③ 周林. 全球媒体公司 30 强:百度广告收入全球第四 谷歌第一[EB/OL].[2017 - 05 - 04]. http://www.techweb.com.cn/world/2017-05-03/2519435.shtml.

④ Adeleyuan. 今日头条正在抢谁的生意,百度,还是央视?[EB/OL].[2017 - 06 - 12]. 腾讯科技.

⑤ Sayaliu. 百度李彦宏:移动互联网时代结束 未来机会在人工智能[EB/OL].[2016 - 11 - 26]. http://tech.qq.com/a/20161116/032112.htm.

10.3　网络媒体平台成为整合"用户—入口—数据"的超级平台

兴起于 Web2.0、竞争于移动互联网的网络媒体平台代表了网络媒体未来发展趋势。互联网时代由 Web1.0 向 Web2.0 演进,平台无限延展性得以充分施展。以腾讯为代表的网络媒体不仅实现双边平台经济,而且以免费 QQ 平台和微信平台用户为基础,不断再造新的双边市场结构,实现新的、多元性的双边平台经济,从而建立起实现多变平台经济的商业模式,无限张大平台网络效应。世界顶级创业孵化器 Y Combinator 合伙人阿努—哈里兰(Anu Hariharan)如是评价说,微信当前统治中国移动市场,短短 6 年积累 8.89 亿月活跃用户规模,令人震惊;微信平台不仅完全改变了中国人在线交流与社交的方式,还改变了他们日常支付和消费的方式。微信已不再是一款应用,它创造出新类别的"消息即平台"概念,西方世界的所有人都已间接体验到微信的服务,包括苹果 iMessage 和 Facebook Messenger 平台,都在效仿微信①。而以阿里巴巴淘宝、天猫为代表的网络媒体平台,将信息流、物流和资金流整合实现全平台经济,将线上的卖方和买方的商业关系演绎到极致,2016 年"双十一"一天平台交易额突破千亿,再次因全球惊叹的同时,阿里巴巴布局互联网金融已初有成效,用做淘宝的方式,践行它所提出的互联网金融的"八二理论",致力于帮助支持那些 80% 没有得到金融支持的小企业、消费者,为此,阿里巴巴创始人马云宣布,未来的目标是在 2036 年,整个阿里集团将为全世界解决 1 亿的就业机会,让全世界 1000 万家企业利用互联网经济体,变成盈利企业,也希望能够支撑全世界 20 亿的消费者②。此举将真正打通虚拟经济和实体经济,创造出人类社会新实体经济的未来。短短的数十年间,这两类网络媒体已经发展为中国网络媒体市场中的超大型平台,也成为中国网络媒体市场规模最大的网络媒体企业。在 2017 年《财富》杂志公布的世界 500 强企业榜单里,全球市值领先的 20 强企

---

① 无忌.微信让老外震惊:6 年时间如何发展了 8 亿多用户?[EB/OL].[2017 – 04 – 24].http://tech.qq.com/a/20170424/018047.htm.

② 王潘.马云:未来两三百年金融是"八二理论"最大机会在互联网金融[EB/OL].[2016 – 10 – 16].http://tech.qq.com/a/20161016/021338.htm.

业,新增加的两个中国企业,正是腾讯和阿里巴巴,分别位居第九、第十位,市值分别为 3350 亿美元和 3140 亿美元①。

更具无限想象空间的是,两者所代表的基于平台无限延展性的商业模式,在平台覆盖竞争的过程中真正会形成超大型的全平台,例如腾讯向社交电商(微商)的渗透,其 2012 年财报首次独立公布电子商务业务类营业收入可见一斑。这个超大型的全平台,可以预见到是,平台就像一个黑洞式的入口,让所有的用户吸聚在这个平台上,让所有的应用开发人员集聚在这个平台上,大家共同遵循一个平台标准,用数据对竞争者构筑起难以逾越的竞争壁垒,这一切正是网络媒体平台未来发展趋势:网络媒体平台将成为整合用户—入口—数据的超级平台。

移动互联网时代的到来,只能说是一种新型平台的能量聚集的前奏,它带来的一个关键转变就是重视"人"的存在,让人参与进来,不仅仅把"人"当受众和用户。人的智慧和力量是无穷的,无限延展的、开放的平台就这样不断汲取每个人的智慧和力量,在这样的大趋势下,网络媒体平台最终发展成为怎样的一个可突破现在几乎所有产业界线的复合型超级垄断者,恐怕连平台自身都无法预测和想象。

---

① 2017 年《财富》杂志公布的世界 500 强企业榜单里,互联网公司 20 强中,中国互联网公司占有七席,分别是:腾讯、阿里巴巴、百度、蚂蚁、京东、滴滴、小米,均是平台型企业。

11 无限延展,无限整合,全平台媒体经济

互联网时代的到来,刺激和释放人们无限的信息需求空间,媒体经济平台化发展正是顺应这个时代发展的结果。无论是传统媒体企业,还是网络媒体企业,作为媒体经济的主体,都将面临平台经济视域下的发展问题。而创新成为解决问题的唯一关键词。在本研究视角中,传统媒体由于负交叉网络外部性的特征无法适应平台的无限延展性,注定要将其在媒体经济发展中的主导地位相让与网络媒体,当然,这并不等于说传统媒体失去生存和发展的空间,传统媒体的创新着力点就在于围绕内容供给核心竞争优势,建设专业化、特色化的内容平台来完成平台化转型,既回避平台扩张之市场竞争劣势,又寻求到适合自身的网络媒体化生存路径。同样,基于本研究的视角看网络媒体,网络媒体数十年间完成传统媒体 100 多年的市场积累,网络媒体利用正反馈机制使基础平台用户规模的迅速扩张,极大冲击传统媒体赖以生存的受众基础,同时网络媒体在交叉网络外部性的基础上,充分张大直接网络外部性和间接网络外部性,力图突破传统的基于单一信息流的盈利方式,探索平台无限延展性下的无限发展空间,具体来说,正如本研究所提出的构建基于增值服务平台延展的多边经济商业模式,以及构建信息流与资金流、物流的平台整合商业模式的观点。

所以,可以这样归纳,在媒体经济发展过程中,传统媒体的平台化转型解决的是内容供给问题,而网络媒体的平台化发展解决的是商业模式问题。网络媒体将依靠不断创新的、独特的商业模式来优化整个媒体经济产业结构,主导着整个媒体经济产业价值链重构,而传统媒体随着新的媒体经济产业价值链的形成,作为内容领域的优势创造者也将成为其中的受益者。可以判断的是,未来的媒体经济平台化发展,网络媒体和传统媒体将在相当长的一段时间里相互依存、不断融合,网络媒体不断

汲取传统媒体所创造的内容平台的养分,以持续增强基础平台用户的黏度,而传统媒体逐渐真正理解网络媒体平台的网络效应以及开放性、社会性、人性化等特征,并将其采纳结合到日常内容生产流程中,最终实现网络媒体与传统媒体相辅相成,形成完整的媒体经济产业新的价值链。不仅网络媒体,而且包括传统媒体,都应以整合的思路打造一体化媒体经营平台。

在这里,需要说明的是,本研究一直强调传统媒体的平台化转型的重要标志在于其盈利模式方面改变对广告收入的依赖,而网络媒体的平台化发展的重要指标也是摆脱从传统媒体借用或改进得来的"广告盈利模式"或"类广告盈利模式"而实现媒体经济的增长,但这并不等于说对媒体经济平台化发展研究可以忽略广告这一盈利模式。时至今日,广告这一盈利模式自始至终贯穿于整个媒体经济的发展,即使在网络媒体形态发展日新月异的今天,广告盈利模式也是网络媒体实现商业模式创新不可或缺的组成部分,特别是广告的泛形态化和资讯化,将给传统广告商业模式带来新的活力。

正所谓创新无止境,互联网时代已经呈现出由移动互联网、智能便携终端、云计算为主要技术力量对信息交流和提供方式、社会关系的经营方式、社会结构演进方式进行纵深性的变革。特别值得一提的是,移动互联网之后的大数据技术的应用,以及人工智能的长足进步,正在开启一个大规模生产、分享和应用数据的时代,将人类社会带入一个以"PB"(1024TB)为单位的结构与非结构数据信息的发展新阶段。而以大数据解构和重构平台经济即将带领我们进入又一个全新的视野,媒体经济的发展理所当然又将成为这一次的变革的排头兵。

毋庸置疑,网络媒体平台将是这场变革的主角,平台的无限延展性正好为创新的无止境提供足够的想象空间。要全体不要抽样,要效率不要绝对精确,要相关不要因果,新时代因技术的变革而发生理念的变革,方式的变革,效果衡量的变革,网络媒体平台目前的数据之争正拉开这场变革的序幕。而结果对于我们来说充满了想象力,或许并没有结果。

毫无疑问,未来的媒体平台竞争会继续沿着这样的趋势演变下去。平台竞争的优势在于开放,平台的开放是平台无限延展的必要条件,而开放后带来的标准之争将是决定平台竞争优势的绝对必要条件。谁能够掌握最终的平台标准制定权，谁就能整合平台并加以控制。未来的那些第三方开发人员如果只会并心甘情愿地在某个平台上开发应用程序，那么，这个平台就是霸主，我们谓之无限延展，无限整合，实现全平台媒体经济。

参考文献

一、外文文献

[1] Anderson P S, Coate S. Market Provision of Broadcasting: A Welfare Analysis[J]. Review of Economic Studies, 2005(72).

[2] Armstrong M. Competition in Two-Sided Markets [R]. University College London, 2004.

[3] Armstrong M, Wright J. Two-sided markets, Competitive Bottlenecks and Exclusive Contracts[J]. Economic Theory, 2007(32).

[4] Evans D S. The Antitrust Economics of Multi-sided Platform Markets[J]. Yale Journal on Regulation, 2003(20).

[5] Evans D. Some Empirical Aspects of Multi-sided Platform Industries[J]. Review of Network Economics, 2003(9).

[6] Fullerton H S. Technology Collides with Relative Constancy: The Pattern of Adoption for a New Medium[J]. Journal of Media Economics, 1988(1).

[7] Hagiu A. Two-sided Platforms: Pricing and Social Efficiency[R]. DEI, 2005.

[8] Herning S C. Slouching Towards the Ordinary[J]. New Media and Society, 2004(6).

[9] Jeon D S, Rochet J. The Pricing of Academic Journals: A Two-sided Market Perspective[R]. University of Toulouse, 2006.

[10] Kai Chen. Dynamic Competition of Two-sided Platforms: Differentiation, Pricing, and Strategies[R]. Stanford University, 2008.

[11] Kind H J, Nilssen T, Sørgard L. Advertising on TV: Under-or Overprovision? [R]. Norwegian School of Economics and Business Administration, 2005.

[12] Lacy S. The Effect of Growth of Radio on Newspaper Competition, 1929 – 1948[J]. Journalism Quarterly, 1987(64).

[13] Lacy S, Noh G. Theory, Economics, Measurement and the Principle of Relative Constancy[J]. Journal of media Economics, 1997(10).

[14] Levy J, Pitsch P. Statistical Evidence of Substitutability among Video Delivery System [M]//Noam E M. Video Media Competition: Regulation, Economics, and Technology. New York: Columbia University Press, 1985.

[15] LIN M,Li S J,Whinston A B. Innovation and Price Competition in a Two-sided Market[J]. Journal of Management Information Systems, 2011(28).

[16] Mahadevan B. Business Models for Internet-based E-commerce:An Anatomy[J]. California Management Review, Summer 2000(42).

[17] McCabe M,C Snyder. Open Access and Academic Journal Quality[J]. American Economic Review Paper and Proceedings, 2005(95).

[18] McComb M E. Mass Media in the Marketplace[J]. Journalism Monographs, 1972 (8).

[19] Peitz M,Valletti T. Content and Advertising in the Media:Pay-TV Versus Free-to-air [R]. CEPR Discussion Paper 4771,2005.

[20] Porter M. Strategy and the Internet[J]. Harvard Business Review, 2001(3).

[21] Reisinger M. Two-sided Markets With Negative Externalities[R]. University of Munich, 2004.

[22] Rochet J,Tirole J. Defining Two-sided Markets[R]. University of Toulouse, 2004.

[23] Roehet J,Tirole J. Platform Cmpetition in Two-sided Markets[J]. Journal of European Economic Association, 2003(1).

[24] Rochet J,Tirole J. Tying in Two-sided Markets and the Honor All Card Rule[J]. International Journal of Industrial Organization, 2008(26).

[25] Roson R. Auctions in a Two-sided Network:The Case of Meal Vouchers[R]. CaFoscari University of Venice, 2004.

[26] Russell T. Business Value Analysis:Coping with Unruly Uncertainty, Strategy & Leadership[J]. Information Economics and Policy, 2001(29).

[27] Schiff A. Open and Closed Systems of Two-sided Networks[J]. Information Economics and Policy, 2003(15).

[28] Scripps C E. Economic Support of Mass Communication in the United States,1929 – 1964[J]. Cincinnati:Scripps-Howard Research, 1965(1).

[29] Sun M C. Dynamic Network Platform Competition in Two-sided Markets [R]. Standford University, 2006.

[30] Wright J,Kaiser U. Price Structure in Two-sided Markets:Evidence from the Magazine Industry[R]. National University of Singapore, 2004.

[31] Weyl Eric G. A Price Theory of Multi-sided Platforms[J]. American Economic Review,2009(100).

[32] Economies N, Tag J. Net Neutrality on the Internet:A Two-sided Market Analysis [R]. NYU Center for Law and Economics, 2007.

二、中文译著及著作类文献

[33] 埃弗雷特·M. 罗杰斯. 创新的扩散[M]. 辛欣译. 北京：中央编译出版社,2002.

[34] 艾利森·亚历山大. 媒介经济学理论与实务[M]. 丁汉青译. 北京：中国人民大学出版社,2008.

[35] 爱德华·赫尔曼,罗伯特·麦克切斯尼. 全球媒体：全球资本主义的新传教士[M]. 甄春亮等译. 天津：天津人民出版社,2001.

[36] 安澜·B. 艾尔巴兰. 全球传媒经济[M]. 王越译. 北京：中国传媒大学出版社,2007.

[37] 安澜·B. 艾尔巴兰. 传媒经济学[M]. 陈鹏译. 北京：中国传媒大学出版社,2009.

[38] 安澜·B. 艾尔巴兰. 传媒经济与管理学导论[M]. 崔保国译. 北京：清华大学出版社,2010.

[39] 保罗·莱文森,新新媒介[M]. 何道宽译. 上海：复旦大学出版社,2011.

[40] 彼得·德鲁克. 21 世纪的管理挑战[M]. 朱雁斌译. 北京：机械工业出版社,2009.

[41] 陈宏民,胥莉. 双边市场：企业竞争环境的新视角[M]. 上海：上海人民出版社,2007.

[42] 陈威如,余卓轩. 平台战略——正在席卷全球的商业模式革命[M]. 北京：中信出版社,2013.

[43] 戴维·莫谢拉. 权力的浪潮[M]. 高铦,高戈,高多译. 北京：社会科学文献出版社,2002.

[44] 丹尼斯·麦奎尔. 大众传播理论[M]. 5 版. 崔保国,李琨译. 北京：清华大学出版社,2010.

[45] 方兴东,刘伟. 阿里巴巴正传[M]. 南京：江苏凤凰文艺出版社,2015.

[46] 谷虹. 信息平台论——三网融合背景下信息平台的构建、运营、竞争与规制研究[M]. 北京：清华大学出版社,2012.

[47] 韩耀,张春法,曹宝明等. 网络经济学：基于新古典经济学框架的分析[M]. 南京：南京大学出版社,2006.

[48] 贺宏朝. 平台：培育未来竞争力的必然选择[M]. 北京：机械工业出版社,2005.

[49] 黄升民,周艳. 互联网的媒体化战略[M]. 北京：中国市场出版社,2012.

[50] 吉莉安·道尔. 理解媒介经济学[M]. 李颖译. 北京：清华大学出版社,2004.

[51] 姜奇平. 后现代经济：网络时代的个性化和多元化[M]. 北京：中信出版社,2009.

[52] 蒋宏,徐剑.新媒体导论[M].上海:上海交通大学出版社,2006.

[53] 柯林·霍斯金斯.媒介经济学:经济学在新媒介与传统媒介中的应用[M].支庭荣等译.广州:暨南大学出版社,2005.

[54] 克里斯·安德森.免费:商业的未来[M].蒋旭峰,冯斌,璩静译.北京:中信出版社,2009.

[55] 琳达·S.桑福德,戴夫·泰勒.开放性成长——商业大趋势:从价值链到价值网络[M].刘曦译.北京:东方出版社,2008.

[56] 刘琦琳.免费经济:中国新经济的未来[M].北京:商务印书馆,2011.

[57] 罗伯特·G.皮克特.媒介经济学[M].赵丽颖译.北京:中国人民大学出版社,2005.

[58] 罗杰·菲德勒.媒介形态变化:认识新媒介[M].明安香译.北京:华夏出版社,2000.

[59] 迈克尔·波特.竞争优势[M].陈小悦译.北京:华夏出版社,2005.

[60] 尼葛洛庞帝.数字化生存[M].胡泳译.海口:海南出版社,1997.

[61] 彭兰.中国网络媒体的第一个十年[M].北京:清华大学出版社,2005.

[62] 冉华,张金,程明等.报业数字化生存与转型研究——基于产业发展的视角[M].武汉:武汉大学出版社,2010.

[63] 舒咏平,陈少华,鲍力泉.新媒体与广告互动传播[M].武汉:华中科技大学出版社,2006.

[64] 唐·泰普斯科特,安东尼·D.威廉姆斯.维基经济学:大规模协作如何改变一切[M].何帆,林季红译.北京:中国青年出版社,2007.

[65] 汪民安.色情、耗费与普遍经济:乔治·巴塔耶文选[M].长春:吉林人民出版社,2003.

[66] 汪向东.面向互联网时代的"新经济"[M].北京:三联书店,2003.

[67] 王菲.媒介大融合:数字新媒体时代下的媒介融合论[M].广州:南方日报出版社,2007.

[68] 王谢宁.互联网双边平台的企业行为、模式与竞争策略[M].大连:东北财经大学出版社,2012.

[69] 小艾尔弗雷德·钱德勒.规模与范围:工业资本主义的原动力[M].北京:华夏出版社,2006.

[70] 徐晋.平台经济学——平台竞争的理论与实践[M].上海:上海交通大学出版社,2007.

[71] 叶笑凡等.香港新媒体产业链分析—以凤凰新媒体与电讯盈科为例,世界传媒产业评论(第5辑)[M].北京:中国国际广播出版社,2009.

[72] 殷俊.新媒体产业导论——基于数字时代的媒体产业[M].成都:四川大学出版

社,2009.

[73] 张金海,梅明丽.世界十大传媒集团产业发展报告[M].武汉:武汉大学出版社,2007.

[74] 张静敏.互联网络的经济学分析[M].北京:中国金融出版社,2010.

[75] 张雷.媒介革命:西方注意力经济学派研究[M].北京:中国社会科学出版社,2009.

[76] 张小蒂,倪云虎.网络经济[M].北京:高等教育出版社,2002.

[77] 周其仁.数网竞争[M].北京:三联书店,2001.

[78] 周滢.内容平台:重构媒体运营的新力量[M].北京:中国传媒大学出版社,2012.

[79] 周振华.信息化与产业融合[M].上海:上海人民出版社,2003.

[80] 朱彤.网络效应经济理论:ICT 产业的市场结构、企业行为与公共政策[M].北京:中国人民大学出版社,2004.

三、期刊与报纸类中文文献

[81] sulongfei1980. BAT 移动端对决:迄今最全面的评估报[N].新财富,2014 - 12 - 30.

[82] 笨狸.搜狗阳谋[J].商界(评论),2013(11).

[83] 彼得·德鲁克.企业经营理论[J].哈佛商业评论,1994(72).

[84] 毕晓梅.国外新媒体研究溯源[J].国外社会科学,2011(3).

[85] 蔡静康.门户网站类与传统纸媒类新闻客户端的新闻选择研究——以"搜狐"和"澎湃"新闻客户端为例[J].科技传播,2015(3).

[86] 陈力丹."用户体验"的新型媒体生存模式[J].新闻爱好者,2015(5).

[87] 陈丽洁,肖慧莲,陈文富.四大门户网站商业模式的规范分析[J].湛江师范学院学报,2010(4).

[88] 陈琼.搜索的十六年流变[J].互联网周刊,2006(8).

[89] 程贵孙,陈宏民,孙武军.双边市场视角下的平台企业行为研究[J].经济理论与经济管理,2006(9).

[90] 程明,林翔.2011 年中国新媒体发展研究述评[J].中国媒体发展研究报告(2012 年媒体卷),2013(6).

[91] 崔文花.多场景打造热传播[J].成功营销,2014(7).

[92] 丹尼斯·麦奎尔,罗萨里奥·德马里奥,海伦娜·塔珀.90 年代欧洲媒介变革分析框架[J].孙吾三译.新闻与传播研究,1994(4).

[93] 邓建国.速度与深度:Twitter 对美国报业内容生产流程的重构[J].新闻记者,2011(3).

[94] 邓炘炘.加入WTO之后,中国大陆地区传媒产业整合与新媒体发展环境[C].第二届中国传播学论坛论文汇编(上册),2002.

[95] 东航.2011年移动互联网年终盘点之SoLoMo概念风靡[J].卫星与网络,2011(12).

[96] 樊拥军.BAT"三国争霸"的传媒经济战略共性[J].传媒观察,2015(4).

[97] 方汉奇.十四大以来的中国新闻事业[J].郑州大学学报(哲学社会科学版),1994(4).

[98] 符星华.新媒体产业呈现三种商业模式[N].人民邮电,2008-06-04.

[99] 付玉辉.2014年中国新媒体传播研究综述[J].国际新闻界,2015(1).

[100] 付玉辉.后移动互联网时代:数字文明融合新阶段[J].互联网天地,2011(6).

[101] 付玉辉等.手机媒体2010:移动互联网时代的平台型融合新媒体—2010年我国手机媒体研究综述[J].中国传媒科技,2010(12).

[102] 高钢.多网融合趋势下信息集散模式的改变[J].国际新闻界,2011(10).

[103] 高亢.传统媒体与新兴媒体融合发展的难点与对策[J].新闻爱好者,2014(12).

[104] 高丽华,林翔等.全媒体时代下的电视媒体品牌策略观[J].中国电视,2012(5).

[105] 宫承波,翁立伟.网络媒体产业的中国模式审视[J].中国广播电视学刊,2011(4).

[106] 谷虹.信息平台:三网融合的产业制高点[J].国际新闻界,2012(3).

[107] 谷虹,黄升民.融合产业没有王者只有盟主——互联网平台运行机制的四个基本向度[J].现代传播,2012(4).

[108] 郭宁宁,卢宝周.阿里巴巴与亚马逊的跨境经营之争[J].对外经贸实务,2015(4).

[109] 郭全中.网络媒体商业模式探析[J].中国记者,2010(2).

[110] 郭全中.融合的主体应是互联网[J].南方传媒研究,2014(9).

[111] 郭水文,肖文静.网络效应的作用机制研究[J].经济评论,2011(4).

[112] 郭泽德.澎湃新闻的移动战略研究[J].新闻研究导刊,2014(9).

[113] 郝凤苓,费戈.马云最值钱的资产:蚂蚁金服在下一盘很大的棋[J].21世纪商业评论,2014(12).

[114] 胡正荣.移动互联时代传统媒体的融合战略[J].传媒评论,2015(4).

[115] 胡正荣.传统媒体与新兴媒体融合的关键与路径[J].新闻与写作,2015(5).

[116] 黄朝钦,钟瑛.从"媒体平台"到"关系网络"——综合门户网站的经营现状与模式转型[J].现代传播,2014(7).

[117] 黄升民.看八仙如何过海[J].传媒,2010(9).

［118］黄升民,谷虹.数字媒体时代的平台建构与竞争[J].现代传播,2009(5).

［119］黄升民,刘珊.关于中国媒介产业转型的五个论点[J].现代传播,2014(6).

［120］黄孝俊,洪真.媒介经济解读:概念和运作的分析框架[J].浙江大学学报(人文社会科学版),2007(5).

［121］黄芝晓.正视"静悄悄"的变革[J].新闻大学,2013(4).

［122］冀勇庆,袁茵.土豪进化攻略[J].中国企业家,2013(10).

［123］金碚.信息技术产业与媒介经济的发展[J].经济理论与经济管理,2002(12).

［124］寇紫遐,张金海.互联网交互式信息平台营销传播探析[J].新闻界,2010(6).

［125］匡文波,汪昕.盈利模式始终是新媒体发展的支点[J].中国传媒科技,2011(3).

［126］匡文波.微信时代的对外传播[J].对外传播,2015(3).

［127］雷鸣,夏雨.京东商城的创新发展路径分析[J].市场研究,2014(4).

［128］李东,苏江华.技术革命,制度变革与商业模式创新——论商业模式理论与实践的若干重大问题[J].东南大学学报(哲学社会科学版),2011(3).

［129］李纲,林翔.网络经济的新亮点:有线互联和无线互联的资源整合[J].中国信息导报,2002(3).

［130］李文明,吕福玉."粉丝经济"的发展趋势与应对策略[J].福建师范大学学报(哲学社会科学版),2014(6).

［131］林娜,黎斌.Ipad给力,新闻集团引领"平板"策略[J].新闻界,2011(1).

［132］林翔.基于网络交互式平台系统的传播模式实现[J].东南传播,2012(1).

［133］林翔.新媒介经济发展逻辑的理论破题:平台概念和运作分析框架[J].新闻界,2014(9).

［134］林翔.传统媒体和新兴媒体融合发展的新媒体经济理论建构[J].青年记者,2015(1).

［135］林翔,池薇.平台经济悖论:互联网环境下传统媒体的独播策略[J].新闻界,2014(12).

［136］林翔,池薇.平台竞争:电视媒体独播策略的经济学分析[J].电视研究,2015(6).

［137］林翔,何绍华.基于网络交互式平台的信息服务协同模式研究[J].情报理论与实践,2013(7).

［138］刘佳.百度进入"框"时代[J].互联网周刊,2010(9).

［139］刘梅.从商业模式看京东阿里之争[J].商业价值,2014(2).

［140］刘启,李明志.双边市场与平台理论研究综述[J].经济问题,2008(7).

［141］刘文涛.谁决定SoLoMo的未来[J].广告大观综合版,2011(9).

［142］刘晓萍.新媒体发展对经济生活模式的影响——以淘宝网为例[J].今传媒,

2011(8).

[143] 刘彦娣.腾讯 SNS 战略研究[J].当代经济,2010(6).

[144] 刘怡,苟小妹.互联网思维下媒介传播形态的变化——以澎湃新闻多媒体产品为例[J].新闻研究导刊,2015(5).

[145] 卢强.双边平台形成机制初探——以 ICT 行业为例[J].技术经济,2007(12).

[146] 陆峰.路在脚下:中国门户网站二十年[J].互联网经济,2015(3).

[147] 吕岩梅等.全媒体——广电媒体发展的方向[J].电视研究,2011(10).

[148] 罗珉.商业模式的理论框架述评[J].当代经济管理,2009(11).

[149] 罗珉,曾涛,周思伟.企业商业模式创新:基于租金理论的解释[J].中国工业经济,2005(7).

[150] 罗小鹏,刘莉.互联网企业发展过程中商业模式的演变——基于腾讯的案例研究[J].经济管理,2012(2).

[151] 罗仲伟,任国良,焦豪等.动态能力、技术范式转变与创新战略——基于腾讯微信"整合"与"迭代"微创新的纵向案例分析[J].管理世界,2014(8).

[152] 马旗戟.LBS:From SOLOMO To SOLOMOCO[J].广告大观综合版,2011(8).

[153] 马云的移动社交野心:淘宝和支付宝都成直播间[J].中国企业家,2016(6).

[154] 慕名.微信们要革谁的命?[J].通信企业管理,2011(8).

[155] 聂洲.论传媒经济形态[J].经济问题,2012(10).

[156] 彭兰.Ipad 传播:新空间与新模式[J].对外传播,2011(2).

[157] 彭兰.数字技术推动下的信息传播趋势[J].军事记者,2011(4).

[158] 彭兰.推动中国网络媒体变革的七大博弈[J].编辑之友,2014(5).

[159] 彭兰.场景:移动时代媒体的新要素[J].新闻记者,2015(3).

[160] 祁金华.Web2.0 环境下企业级产品信息传播方式探讨[J].现代企业文化,2010(2).

[161] 琼·玛格丽塔.商业模式的缘由[J].哈佛商业评论,2002(80).

[162] 尚秀芬,陈宏民.双边市场特征的企业竞争策略与规制研究综述[J].产业经济研究,2009(4).

[163] 随心.解密蚂蚁金服:跟阿里、马云啥关系?[N].华夏时报,2015 - 02 - 14.

[164] 孙宏超.百度社交化折戟[J].中国经济和信息化,2011(16).

[165] 谭天.基于关系视角的媒介平台[J].国际新闻界,2011(9).

[166] 王斌.从多元主体到参与式网络:媒介生产的空间扩散[J].新闻大学,2011(2).

[167] 王虎.媒介融合背景下传统电视与新媒体的整合营销策略[J].视听界,2009(1).

[168] 王思齐.传统媒体转型亟需互联网基因——以上海报业集团的移动客户端为

例谈传统媒体转型[J].新闻世界,2015(8).

[169] 王秀丽,刘子健.互联网企业战略并购与财务协同效应研究——基于百度并购去哪儿网的案例分析[J].北京工商大学学报(社会科学版),2014(11).

[170] 魏武挥.谁来照耀新浪?[J].二十一世纪商业评论,2013(1).

[171] 文捷.腾讯:"深耕"移动互联[J].中国品牌,2014(9).

[172] 翁轶丛,陈宏民,倪苏云.基于网络外部性的企业横向兼并研究[J].系统工程学报,2008(4).

[173] 吴小坤,吴信训.国际视野下新媒介研究的沿革与动向[J].新闻与传播研究,2011(1).

[174] 吴信训.4G前景下我国媒体融合的新变局与进程展望[J].新闻记者,2015(9).

[175] 吴信训等.国际视野下新媒介研究的沿革与动向[J].新闻与传播研究,2011(1).

[176] 谢新洲.我国跨媒体经营战略分析[J].新闻与传播评论,2005(5).

[177] 徐琦,胡喆."澎湃新闻"PK"今日头条"——解码移动互联网背景下新闻媒体融合之道[J].新闻研究导刊,2014(9).

[178] 徐俏俏.阿里蚂蚁金服为什么开始让人颤抖了?[N].浙商杂志,2014-11-14.

[179] 杨国强.再造门户[J].IT经理世界,2011(1).

[180] 杨状振.舆论场与产业革命:传统媒体与新兴媒体融合的知与行[J].南方电视学刊,2014(5).

[181] 一飞.阿里腾讯撕破脸皮移动生态之战白热化[N].第一财经日报,2014-01-26.

[182] 殷俊.传统媒体与新兴媒体的融合策略[J].新闻与写作,2014(9).

[183] 由佳.顺丰怒怼菜鸟 马云大战王卫到底为了什么?[N].金融界,2017-06-02.

[184] 余晓阳,张金海.传统媒体的数字化转型与新媒体的平台化发展——基于双边市场理论的经济学分析[J].新闻界,2012(5).

[185] 喻国明.跨界与混搭:中国传媒业当前发展的一道景观[J].新闻与写作,2011(1).

[186] 喻国明.媒介的一体化经营平台的构建[J].新闻与写作,2011(7).

[187] 喻国明.媒体融合是一场革命[N].综艺报,2014-10-23.

[188] 喻国明,樊拥军.集成经济:未来传媒产业的主流经济形态——试论传媒产业关联整合的价值构建[J].编辑之友,2014(4).

[189] 喻国明,胡杨涓.互联网逻辑下传媒经济研究的探索与困顿——2014年中国传媒经济研究文献综述[J].国际新闻界,2015(1).

[190] 喻国明,刘旸."互联网＋"背景下传媒产业创新的五力模型[J].新闻与写作,

2015(5).

[191] 昝廷全,刘静忆,王燕萍.传媒经济学研究的历史、现状与对策[J].现代传播,2007(6).

[192] 昝廷全等.传媒产业融合——基于系统经济学的分析[J].中国传媒大学学报(自然科学版),2007(9).

[193] 张建春.新浪,巨人之痛[J].新经济杂志,2010(2).

[194] 张金海.广告的现实生存与未来发展[J].武汉大学学报(人文科学版),2009(7).

[195] 张金海,陈玥.2011年中国媒介经济与媒介产业研究综述[J].中国媒体发展研究报告(2013年版),2013(6).

[196] 张金海,黄玉波.我国传媒集团新一轮扩张的态势[J].江西社会科学,2005(5).

[197] 张金海,林翔.基于网络交互式平台的广告资讯化趋势分析[J].武汉理工大学学报(社会科学版),2012(6).

[198] 张金海,林翔.网络媒体商业模式的建构[J].现代传播,2012(8).

[199] 张金海,秦祖智.中国传媒经济学理论体系的建构思路[J].新闻与传播研究,2015(5).

[200] 张金海,王润珏.数字技术与网络传播背景下的广告生存形态[J].武汉大学学报(人文科学版),2009(4).

[201] 张金海,余晓阳.从甄别选择到精准匹配:互联网互动平台的广告运作模式[J].广告人,2011(6).

[202] 张京科.腾讯押宝微信,短信将成历史?[J].第一财经日报,2011 - 12 - 12.

[203] 张军杰.中国互联网企业发展模式探析——以腾讯为例[J].经济与管理,2011(2).

[204] 张利飞,张运生.智能手机产业操作系统平台竞争战略研究[J].中国软科学,2013(4).

[205] 张锐.阿里传媒帝国渐趋成型[N].上海证券报,2015 - 12 - 14.

[206] 张伟.京东快速发展对我国电商企业的启示[J].财务与会计(理论版),2014(6).

[207] 张小龙.微信小程序入口在哪?有什么用?[J].计算机与网络,2017(2).

[208] 赵峰.基于需求方规模经济的长尾理论研究[J].现代商贸工业,2009(19).

[209] 周雷.中国广电获颁基础电信业务牌照　四家运营商将同台竞技[J].经济日报,2016 - 05 - 06.

[210] 周笑.理解新媒体的产业价值[J].视听界,2011(1).

[211] 周笑.新媒体产业格局及发展趋势解析[J].电视研究,2011(1).

［212］周笑.新媒体产业文化特质：免费,分享,垄断与混沌盈利［J］.新闻大学,2011
（3）.

［213］周星秀.基于系统经济学分析社交新媒体机理——以微信为例［J］.中国传媒
大学学报（自然科学版）,2013（10）.

［214］朱振中,吕廷杰.双边市场经济学研究的进展［J］.经济问题探索,2005（7）.

［215］纵凯,王玉霞.国外双边市场理论的最新进展［J］.东北财经大学学报,2012
（3）.

四、网络资源文献

［216］2015 年电商业十大并购投资事件:腾讯投资“饿了么”［EB/OL］.［2015 – 12 –
25］.http://www.sohu.com/a/50503746_115512.

［217］Adeleyuan.今日头条正在抢谁的生意,百度,还是央视?［EB/OL］.［2017 – 06 –
12］.http://tech.qq.com/a/20170612/007756.htm.

［218］BAT2014 年度财报解读:腾讯营业收入利最高 阿里市值最高［EB/OL］.
［2015 – 03 – 31］.http://www.askci.com/news/chanye/2015/03/20/
20930atda.shtml.

［219］Erlonggong.三大运营商宣布 9 月 1 日起取消国内手机长途费和漫游费［EB/OL］.
［2017 – 07 – 27］.http://www.xinhuanet.com/info/2017-07/28/c_136479747.htm.

［220］Jimmonzang.18 年的搜狐社区 4 月 20 日起正式停止服务［EB/OL］.［2017 – 03 –
24］.http://tech.qq.com/a/20170324/015208.htm.

［221］Sayaliu.百度李彦宏:移动互联网时代结束 未来机会在人工智能［EB/OL］.
［2016 – 11 – 26］.http://tech.qq.com/a/20161116/032112.htm.

［222］Zhongzhang.雅虎终于死了:从千亿到破产贱卖 连名字都没留住［EB/OL］.
［2017 – 05 – 23］.https://finance.qq.com/a/20170523/007392.htm.

［223］阿里收购《南华早报》,互联网和媒体优势结合［EB/OL］.［2015 – 12 – 11］.
http://tech.sina.com.cn/i/2015-12-11/doc-ifxmpnqf 9577324.shtml.

［224］阿柳.阿里大物流与菜鸟网络合并［EB/OL］.［2013 – 09 – 04］.http://www.
enkj.com/idcnews/Article/20130904/2331.

［225］百度扑朔迷离的 O2O 布局逐渐浮出水面［EB/OL］.［2015 – 06 – 17］.http://
news.91.com/it/1506/21840233.html? 1434525220? = alad.

［226］曹政.贴吧的水有多深? 在百度商业化贴吧之前 其利益链已触目惊心!［EB/
OL］.［2016 – 01 – 14］.http://www.cyzone.cn/a/20160114/288429.html.

［227］产业关注:芒果“独播战略”带来的蝴蝶效应［EB/OL］.［2014 – 05 – 29］.ht-
tp://www.ce.cn/culture/gd/201405/28/t20140528_2887584.shtml.

［228］陈宇曦.浙报传媒甩包袱 作价近 20 亿出售浙江日报等 21 家新闻传媒类资产

[EB/OL]. [2017 – 02 – 25]. http://news. 163. com/17/0224/22/ CE2T58L30001 87VE. html.

[229] 褚伟. 微信势如破竹,QQ 的参与感越来越让用户感觉疲惫?[EB/OL]. [2014 – 11 – 14]. https://news. domain. cn/html/hulianwangzixun/2014/1114/38183. html.

[230] 方砚. 分拆成定局,网易新闻是丁磊的弃子还是新棋?[EB/OL]. [2016 – 09 – 14]. http://tech. qq. com/a/20160914/007954. htm.

[231] 葛甲. 百度 2014 财报:成 BAT 首家移动公司[EB/OL]. [2015 – 02 – 12]. https://www. tuicool. com/articles/BzUJ3ii.

[232] 郭晓峰. 三大运营商新战场:与 BAT 争夺大数据金矿[EB/OL]. [2017 – 05 – 23]. http://tech. qq. com/a/20170523/003955. htm.

[233] 解析腾讯公布 2016 年报:翻转支付宝、翻转自己[EB/OL]. [2017 – 03 – 22]. http://chuansong. me/n/1695611152123.

[234] 金错刀. 连续 7 年巨亏 每年亏 3 亿 贝索斯用一招救活华盛顿邮报[EB/OL]. [2016 – 05 – 19]. http://business. sohu. com/20160519/n450289478. shtml.

[235] 阑夕. 陈彤离职新浪:传统门户时代的告别[EB/OL]. [2014 – 10 – 22]. https://www. huxiu. com/article/45062/1. html.

[236] 雷建平. 百度 O2O 尝试:搜索巨头的移动互联网新逻辑[EB/OL]. [2012 – 11 – 28]. http://tech. qq. com/a/20121128/000044. htm.

[237] 雷建平,孙宏超. 阿里巴巴 9 亿美元出售美团点评股份[EB/OL]. [2016 – 01 – 28]. http://tech. qq. com/a/20160128/041316. htm.

[238] 李成东. 2015 年,阿里腾讯京东三分天下[EB/OL]. [2013 – 09 – 25]. http:// news. youth. cn/kj/201309/t20130925_3932888. htm.

[239] 李萌. 2015 年网剧数量井喷 有"反哺"影视剧趋势[EB/OL]. [2015 – 12 – 23]. http://ent. ifeng. com/a/20151223/42549694_0. shtml.

[240] 梁辰. 腾讯入股华南城 物流领域挑战阿里巴巴[EB/OL]. [2014 – 01 – 16]. http://tech. qq. com/a/20140116/008019. htm.

[241] 刘青焱. 开放平台的经济模型[EB/OL]. [2009 – 02 – 17]. http://oplatform. org/archives/73.

[242] 马海燕. 习近平重互联网思维 拓媒体融合改革新路[EB/OL]. [2014 – 08 – 19]. http://www. chinanews. com/gn/2014/08-19/6509380. shtml.

[243] 米迦勒. 澎湃了你的澎湃的澎湃,谁的澎湃?[EB/OL]. [2014 – 09 – 14]. http://www. dooo. cc/2014/09/31399. shtml.

[244] 木语. 阿里 CEO 张勇:淘宝增加社交功能后,一天被打开七次[EB/OL]. [2016 – 08 – 11]. http://tech. qq. com/a/20160811/049396. htm.

[245] 彭丽慧. Twitter 取消 140 字限制后,微博也要这样了[EB/OL]. [2016 – 01 –

20]. http://tech. 163. com/16/0120/14/BDPFS48300094OE0. html.

[246] 评湖南台独播战略:逆袭还是退步?[EB/OL].[2014 – 06 – 02]. http://
www. chinanews. com/cul/2014/06-03/6239530. shtml.

[247] 剖析 2015 四大合并案:滴滴快的、58 赶集、美团大众点评、携程去哪儿 1 + 1 > 2
[EB/OL].[2015 – 10 – 30]. http://news. pedaily. cn/201510/20151030389865.
shtml.

[248] 瑞雪,明轩,小贝. 阿里巴巴递交赴美上市招股书[EB/OL].[2014 – 05 – 07].
http://tech. qq. com/a/20140507/003745. htm.

[249] 随心. Twitter 拟取消 140 字限制 微博会跟进吗?[EB/OL].[2016 – 01 – 06].
http://app. techweb. com. cn/android/2016-01-06/2253240. shtml.

[250] 孙铁翔等. 业内人士和专家学者把脉推动传统媒体和新兴媒体融合发展[EB/
OL].[2014 – 08 – 22]. http://news. ifeng. com/a/20140822/41690587_0. shtml.

[251] 腾讯京东发布京腾计划 强强资源打造"品商"平台[EB/OL].[2015 – 10 –
17]. http://tech. qq. com/a/20151017/017157. htm.

[252] 王潘. 马云:未来两三百年金融是"八二理论"最大机会在互联网金融[EB/
OL].[2016 – 10 – 16]. http://tech. qq. com/a/20161016/021338. htm.

[253] 王鑫. 优秀的媒体,失败的生意:《纽约时报》打了一场败仗[EB/OL].[2014 –
08 – 01]. http://tech. qq. com/original/biznext/b051. html.

[254] 王鑫. 用户数据打了《纽约时报》的脸[EB/OL].[2014 – 12 – 01]. http://
tech. qq. com/a/20141201/004484. htm.

[255] 王雪莹. 用电商的思路做新闻 贝索斯救了《华盛顿邮报》[EB/OL].[2015 –
12 – 22]. http://www. sohu. com/a/49817388_114942.

[256] 无忌. 微信让老外震惊:6 年时间如何发展了 8 亿多用户?[EB/OL].[2017 –
04 – 24]. http://tech. qq. com/a/20170424/018047. htm.

[257] 小郝子. 马云未来的王牌就是它:蚂蚁金服[EB/OL].[2014 – 10 – 17]. ht-
tp://tech. sina. com. cn/zl/post/detail/i/2014-10-17/pid_8463127. htm.

[258] 信海光. 当李彦宏被问到是否担心微信时,他如是答道:当然担心……[EB/
OL].[2014 – 09 – 02]. https://news. cnblogs. com/n/502903/.

[259] 余玥. 评湖南台独播战略:逆袭还是退步?[EB/OL].[2014 – 06 – 04]. ht-
tp://www. chinanews. com/cul/2014/06-03/6239530. shtml.

[260] 郁闷头头. 顺丰菜鸟大战背后真实原因,也许没有这么复杂[EB/OL].[2017 –
06 – 03]. http://tech. qq. com/a/20170603/032734. htm.

[261] 张小龙. 2016 在广州举行的微信公开课 PRO 版活动上的演讲[EB/OL].
[2016 – 01 – 11]. http://www. zjscdb. com/detail. php? newsid = 145493.

[262] 贞元. 从财务对比分析看京东商城的商业模式和核心竞争力[EB/OL].[2014 –

02 – 02〕. http://www.huxiu.com/article/27305/1.html.

〔263〕中国互联网络信息中心.第39次中国互联网络发展状况统计报告〔EB/OL〕.
〔2017 – 01 – 22〕. http://www.cac.gov.cn/cnnic39/index.htm.

〔264〕周林.全球媒体公司30强:百度广告收入全球第四 谷歌第一〔EB/OL〕.〔2017 –
05 – 04〕. http://www.techweb.com.cn/world/2017-05-03/2519435.shtml.

后　记

　　学海无涯,学无止境。

　　一分耕耘,一分收获。

　　无问西东,上下求索。

　　心存敬畏,胸怀感恩。

　　以上 32 个字,乃十年磨一剑后的心境。

　　2008 年,是个值得纪念的年份,我的小女呱呱坠地,我也做出了我人生中最重要的决定,重新拿起了书,开始了漫漫转型路。2010 年,我从广州回到武汉,重返武大校园攻读博士研究生。三年时间,不分八小时工作之内或之外的刻苦学习,跌跌撞撞一路走来,承受着进入一个新领域重新奋斗的艰辛与孤独。所幸的是,在恩师张金海老师的谆谆教诲下,渐入佳境,以《互联网时代媒体经济发展研究——基于平台经济理论》为题完成博士论文的创作与答辩。我在博士学位论文后记中写道:

　　"读博三年,让我受益终身的收获是,对任何事物都抱以敬畏的心态。任何事物的存在都有其必然的客观因素和价值,自己能把握的唯有自己——自己的态度,自己的行为,自己的人生观和价值观。"

　　2013 年,我终于完成了人生中最后的校园求学生涯,成为一名大学老师,那年 36 岁。

　　已不再是风华正茂,但是对于教书育人,我仍然是新人一枚。转型尚未成功,我等还需努力。我不敢丝毫松懈,尽管不是在"双一流"平台上奋斗,但"天道酬勤"一直在我心中,一定要对得起自己,对得起对我有所期望的人。期间,我举家搬迁回武汉,2014 年女儿上小学,老人年事渐高……人生无法再靠想象支撑,谈不上追求,只有凭着孜孜不倦的信念,对互联网时代媒体平台经济持续深入研究。2014 年、2015 年连续两个暑假的付出为日后成果的成型奠定坚实的基础。2016 年,我终于完成《互联网时代媒体平台经济发展的理论与实践》初稿的撰写,同时申报了当年的国家社科基金后期资助项目。

2016 年 9 月的一个早晨,起床的时候看到同事凌晨发来的信息,告诉我申报的国家社科后期资助项目中了! 此时,离我 39 岁的生日不到一个月。

命运对我当年的决定终于给了一个肯定的回答,也给了我感恩的资格。

正是广州原单位的领导一直以来给予的莫大帮助,让我的家得以在风雨中前行;

正是导师武汉大学张金海教授的栽培,让我开启了新的人生之旅;

正是导师武汉大学李纲教授的指点,让我明确了人生的方向和目标;

正是导师武汉大学何绍华教授毫无条件的支持,让我一直勇往直前,乘风破浪⋯⋯

所有我的亲人,和我人生中遇到的师长、领导、同学、同事、朋友,还有我教过的学生们,都让我有了信心,有了勇气,有了希望。虽无法在这里一一致谢,但感恩长存心间。

2018 年,时间的年轮推进到第十个年头,已过不惑的我,用时不我待、只争朝夕的心态,完成了《互联网时代媒体平台经济发展的理论与实践》整个成果的撰写,提交了结项材料,并在国家图书馆出版社高爽编辑耐心、细致的指导下,完成了书稿出版定稿。这一刻的到来让我感到由衷的自豪和骄傲! 不过,我必须告诫自己:这只是我人生转型的第一步。

后记的结尾,我想留给我的家人——大恩不言谢。

父母,从 60 岁到 70 岁,这是怎样的十年,不敢去直视今昔的对比,只有好好接受他们的付出,才是对他们最好的报答。

妻子,跟随着从广州来到武汉,用她的方式给予我最大的理解与付出,承受着面对新生活环境带来的巨大压力,弹指一挥间也十年了。

女儿,似乎她从小就能理解大人所做的一切,积极跟随整个家庭在风雨中前行;她的乖巧与伶俐,她的懂事与贴心,成为我最大的慰藉。在她的作文里有这样一段话:

"我出生在广州。作为独生子的爸爸为了照顾年事渐高的爷爷奶奶,在我 5 岁的时候举家搬迁回了武汉⋯⋯我从小严格要求自己,少了一些独生子女的娇惯和任性,多了一些自我约束的自强、自立和自信⋯⋯"

　　2018 年，女儿十岁了，她以获得市级优秀学生光荣称号，为自己准备了一份很有意义的礼物！那爸爸送你什么礼物呢？

　　定稿付梓之时，正值女儿生日之际。谨以此书，献给我爱、爱我的宝贝女儿。

林翔

2018 年 5 月 9 日